맛있는 중국어 듣기

워크북

听力

워크북

맛있는 중국어 听力 듣기

**단계별 체계적인 방법으로
중국어 듣기와 말하기 능력을 트레이닝 해보세요.**

1 단계 [들어 보기] 녹음을 듣고 대략적인 내용을 파악해 보세요.
[듣고 대답하기] 녹음을 듣고 간단히 대답해 보세요.

2 단계 [집중해서 듣기] 녹음을 들으며 빈칸에 알맞은 단어를 써 보세요.

3 단계 [핵심 문장 입으로 말해 보기] 다음 문장을 중국어로 소리 내어 말해 보세요.

4 단계 [통문장 암기하기] 한국어 문장을 보고 중국어로 말해 보세요.

맛있는 중국어 듣기 听力

워크북

1 단계 들어 보기 │ 녹음을 듣고 대략적인 내용을 파악해 보세요.

2 단계 집중해서 듣기 │ 녹음을 들으며 빈칸에 알맞은 단어를 써 보세요.

❶ 你要＿＿＿＿＿吗?

❷ 现在有点儿＿＿＿＿, 一会儿再给你＿＿＿＿＿＿＿, 好吗?

❸ 这儿没有＿＿＿王力的, 你＿＿＿＿＿了。

❹ ＿＿＿＿＿这样吧, 再见。

❺ 您＿＿＿＿＿的电话已＿＿＿＿＿＿。

3 단계 핵심 문장 입으로 말해 보기 │ 다음 문장을 중국어로 소리 내어 말해 보세요.

＋ 당신은 남기실 말씀이 있으세요?

1 단계 들어 보기 │ 녹음을 듣고 대략적인 내용을 파악해 보세요.

2 단계 집중해서 듣기 │ 녹음을 들으며 빈칸에 알맞은 단어를 써 보세요.

❶ 现在电话＿＿＿＿＿。

❷ 请＿＿＿＿留学生楼。

❸ 我＿＿＿＿＿, 请您大点儿声。

❹ 号码错了, 不是＿＿＿＿＿＿＿。

❺ ＿＿＿半个小时以后你再打过来, 她现在＿＿＿＿＿。

3 단계 핵심 문장 입으로 말해 보기 | 다음 문장을 중국어로 소리 내어 말해 보세요.

+ 지금은 통화 중입니다.

mission 2 　전화 걸기 　　　　　　　　　　　　　　　　　　Track 03

1 단계 들어 보기 | 녹음을 듣고 대략적인 내용을 파악해 보세요.

2 단계 집중해서 듣기 | 녹음을 들으며 빈칸에 알맞은 단어를 써 보세요.

❶ ＿＿＿＿，请问王老师＿＿＿＿吗?

❷ 你好! 我＿＿＿＿张总，我是他的朋友。

❸ 你怎么＿＿＿＿＿＿电话?

3 단계 핵심 문장 입으로 말해 보기 | 다음 문장을 중국어로 소리 내어 말해 보세요.

+ 당신은 왜 전화를 안 받나요?

mission 3 　상대방을 바꿔 달라고 요청하기 　　　　　　　　Track 04

1 단계 듣고 대답하기 | 녹음을 듣고 간단히 대답해 보세요.

+ 小花的手机怎么了?

2 단계 집중해서 듣기 | 녹음을 들으며 빈칸에 알맞은 단어를 써 보세요.

男: 喂，你干嘛呢?

女: 刚才我＿＿＿＿小花、丽丽一起＿＿＿＿＿＿＿了。

　　现在在＿＿＿＿＿＿。

男: 小花也在? 我想和小花说几句。

女 : 她说＿＿＿＿＿得回家，所以她先＿＿＿＿了。

男 : 她的手机好像＿＿＿＿＿了。

女 : 那我＿＿＿＿＿你她家的电话，你有笔吗? ＿＿＿一下。

1. 그녀의 핸드폰에 배터리가 없나 봐요.

2. 내가 그녀의 집 전화번호를 알려줄게요. 펜 있어요? 적어 봐요.

mission 4 약속 내용 전달하기 — Track 05

✦ 李健让女的转告路路什么?

男. 喂，路路在吗?

女 : 她有事出去了，你＿＿＿她的＿＿＿＿＿吧。

男 : 她不＿＿＿电话。

女 : 是吗? 那你＿＿＿两个小时以后，＿＿＿打电话吧。

男 : 我是路路的朋友李健。麻烦您帮我＿＿＿＿＿她明天晚上
＿＿＿＿＿＿＿在开心饭馆儿有同学聚会。

女 : 好的，我会告诉她的。＿＿＿＿＿!

1. 두 시간 후에 다시 전화해 보세요.

2. 알겠어요. 내가 그녀에게 알려줄게요.

mission 5　상황 전달하기　Track 06

1 단계 듣고 대답하기　녹음을 듣고 간단히 대답해 보세요.

✦ 女的跟谁讲电话？

2 단계 집중해서 듣기　녹음을 들으며 빈칸에 알맞은 단어를 써 보세요.

女：喂，＿＿＿＿＿＿＿，您好！

男：小花，你去跟客户＿＿＿＿＿＿＿＿了吗？

女：我在去的路上。

男：你也知道这次＿＿＿＿＿非常重要。再看看＿＿＿＿＿，

　　有没有什么＿＿＿＿＿。还有，你＿＿＿迟到了。

女：您＿＿＿＿＿吧，我约的时间是＿＿＿＿＿＿＿。

　　时间还＿＿＿＿＿＿。我离他只有几站地。

男：好，＿＿＿＿＿＿＿＿＿了，我给你发红包。

女：谢谢老板，拜拜。

3 단계 핵심 문장 입으로 말해 보기　다음 문장을 중국어로 소리 내어 말해 보세요.

1. 시간은 아직 여유가 있어요.

2. 계약이 체결되면, 보너스를 줄 거예요.

1 단계 듣고 대답하기 | 녹음을 듣고 간단히 대답해 보세요.

+ 李健为什么找李老师?

2 단계 집중해서 듣기 | 녹음을 들으며 빈칸에 알맞은 단어를 써 보세요.

李健　　喂，我＿＿＿＿李老师。

职员　　请＿＿＿＿＿＿＿。我去叫他。

李老师　喂，＿＿＿＿＿＿＿＿＿＿＿＿啊?

李健　　李老师，我是李健。

　　　　不知道您＿＿＿＿＿＿＿＿＿＿＿

　　　　＿＿＿＿我?

李老师　哦，是李健啊。当然＿＿＿＿＿＿＿了。你还好吗?

李健　　我很好。我现在在　　　　　　呢。

李老师　什么风把你吹来了?

李健　　我＿＿＿＿家人来上海玩儿，＿＿＿＿＿＿＿＿带了些东西，

　　　　＿＿＿＿＿＿＿＿给您送过去。

李老师　你看你，大老远的还带什么东西啊。

李健　　这是＿＿＿＿＿＿＿＿的。您什么时候＿＿＿＿＿＿＿＿?

李老师　这样吧，＿＿＿＿＿＿＿＿＿＿＿晚上你过来吧。

李健　　行。

李老师　那咱们星期五晚上见吧。

李健　　那就这样，再见!

3 단계 핵심 문장 입으로 말해 보기 | 다음 문장을 중국어로 소리 내어 말해 보세요.

1. 잠시 기다리세요. 제가 그를 불러드릴게요.

2. 무슨 바람이 불어서 왔어요?

3. 저는 가족을 데리고 상하이에 놀러 왔어요. 그 김에 뭘 좀 가져왔어요.

이건	여보세요? 리 선생님을 찾습니다(找).
직원	잠시 기다리세요. 제가 그를 불러드릴게요(叫).
리 선생님	여보세요? 누구세요?
이건	리 선생님, 저는 이건입니다. 저를 기억하실지(记得) 못 하실지 모르겠네요.
리 선생님	아, 이건이군. 당연히 기억하지. 잘 지냈나?
이건	잘 지냈어요. 지금 상하이에 있어요.
리 선생님	무슨 바람이 불어서 왔나(把)?
이건	저는 가족을 데리고(帶家人) 상하이에 놀러 왔어요. 그 김에(順便) 뭘 좀 가져왔는데, 선생님께 가져다드리려고요(送).
리 선생님	자네 좀 보게. 그 먼 곳에서(大老远) 또 무슨 물건을 가져오고 그래.
이건	당연히 해야 하는 거죠. 언제 시간이 되세요(空)?
리 선생님	이렇게 하세. 금요일 저녁에 오게나.
이건	그럴게요.
리 선생님	그럼 우리 금요일 저녁에 보세.
이건	그럼 그렇게 하겠습니다. 안녕히 계세요.

듣고 따라 읽는 **핵심 문장** — Track 08

1 단계 들어 보기 │ 녹음을 듣고 대략적인 내용을 파악해 보세요.

2 단계 집중해서 듣기 │ 녹음을 들으며 빈칸에 알맞은 단어를 써 보세요.

❶ 我来______________。

❷ 这个苹果____________?

❸ ________别的吗?

❹ 不能再便宜了, ____________我就要赔本了。

❺ 太贵了, ____________便宜点儿?

3 단계 핵심 문장 입으로 말해 보기 │ 다음 문상을 중국어로 소리 내어 말해 보세요.

✚ 너무 비싸네요. 좀 싸게 해주실 수 있나요?

mission 1 생필품 사기 — Track 09

1 단계 들어 보기 │ 녹음을 듣고 대략적인 내용을 파악해 보세요.

2 단계 집중해서 듣기 │ 녹음을 들으며 빈칸에 알맞은 단어를 써 보세요.

男: 请你给我一块________。

女: 好的，您还要买点儿什么?

男: 我还要一包________、一卷____________

和一盒________。

女: 您要什么________的?

男: 随便。

3 단계 핵심 문장 입으로 말해 보기 │ 다음 문장을 중국어로 소리 내어 말해 보세요.

✚ 어떤 상표를 원하세요?

mission 2 상품 고르기 — Track 10

1 단계 들어 보기 │ 녹음을 듣고 대략적인 내용을 파악해 보세요.

2 단계 집중해서 듣기 │ 녹음을 들으며 빈칸에 알맞은 단어를 써 보세요.

❶ 还有别的＿＿＿＿＿的吗?

❷ 这件＿＿＿＿＿＿＿＿＿。我要大一号的。

❸ 你可以给我换＿＿＿＿＿＿＿＿＿吗?

3 단계 핵심 문장 입으로 말해 보기 │ 다음 문장을 중국어로 소리 내어 말해 보세요.

✚ 새것으로 바꿔 주실 수 있으세요?

mission 3 물건 교환하기 — Track 11

1 단계 듣고 대답하기 │ 녹음을 듣고 간단히 대답해 보세요.

✚ 女的为什么来这儿?

2 단계 집중해서 듣기 │ 녹음을 들으며 빈칸에 알맞은 단어를 써 보세요.

女: 您好! 上次我在这里买了一本书，＿＿＿＿＿＿＿＿＿＿。

男: ＿＿＿＿＿什么问题吗?

女: 第＿＿＿＿页到＿＿＿＿页根本就＿＿＿＿＿。

男: 是吗? 我看看。真对不起。＿＿＿＿＿带来了吗?

女: 带来了。给您。

男: 我马上去______________。

3 단계 핵심 문장 입으로 말해 보기 다음 문장을 중국어로 소리 내어 말해 보세요.

1. 영수증 가져오셨나요?

2. 제가 바로 교환해 드릴게요.

mission 4 · 마트에서 계산하기 · Track 12

1 단계 듣고 대답하기 · 녹음을 듣고 간단히 대답해 보세요.

+ 男的现在在哪儿？

2 단계 집중해서 듣기 · 녹음을 들으며 빈칸에 알맞은 단어를 써 보세요.

男: 一共多少钱？

女: 两_____牙刷、一_____饼干、两_____可乐、三_____牛奶、两

_____圆珠笔、一_____练习本，一共______________块。

男: 给您________块。

女: 您给了我________块，找您____________块。谢谢光临！

再见！下一位。

3 단계 핵심 문장 입으로 말해 보기 · 다음 문장을 중국어로 소리 내어 말해 보세요.

1. 볼펜 두 자루, 연습장 한 권, 전부 156위안입니다.

2. 찾아주셔서 감사합니다.

mission 5　물건 환불하기　　Track 13

1 단계 듣고 대답하기　녹음을 듣고 간단히 대답해 보세요.

+ 男的买了什么?

2 단계 집중해서 듣기　녹음을 들으며 빈칸에 알맞은 단어를 써 보세요.

女: 你在干什么?

男: 我在和一个网上的卖家__________。在网上买了一台打印机,

　　但是__________________。

女: 什么问题?

男: 一些我__________________, 它没有。

女: 卖家怎么说?

男: 他说我应该__________认真地看介绍。

女: 那倒是。

男: 我想退款。买家在__________是可以退款的,

　　但是我要__________运费。

3 단계 핵심 문장 입으로 말해 보기　다음 문장을 중국어로 소리 내어 말해 보세요.

1. 인터넷에서 프린터를 한 대 샀는데, 문제가 약간 있어요.

2. 나는 환불을 하고 싶어요.

1 단계 듣고 대답하기 　녹음을 듣고 간단히 대답해 보세요.

✦ 路路觉得这条裤子怎么样?

2 단계 집중해서 듣기 　녹음을 들으며 빈칸에 알맞은 단어를 써 보세요.

小米	你看，这件连衣裙很漂亮。
路路	(过去看了看价格) 哇！ ＿＿＿＿＿＿＿＿＿＿＿＿＿贵呀！
小米	就是，你看， 这条裤子怎么样？
路路	＿＿＿＿＿＿＿＿＿， 不过颜色太扎眼了。 平时＿＿＿＿＿＿＿＿穿呢？
小米	要不，你看那件衬衫怎么样？ 样子＿＿＿＿＿＿＿，颜色＿＿＿＿＿＿。 拿一件＿＿＿＿＿＿。
路路	这件不是我的风格。
小米	好吧，不过你＿＿＿＿＿＿＿＿＿＿。
路路	我从来不后悔。以后肯定＿＿＿＿＿＿＿＿＿＿＿＿＿。

3 단계 핵심 문장 입으로 말해 보기 　다음 문장을 중국어로 소리 내어 말해 보세요.

1. 좋긴 좋은데, 색깔이 너무 튀네요.

2. 이 옷은 제 스타일이 아니에요.

3. 저는 여태껏 후회란 건 안 했어요.

4 단계 | 통문장 암기하기 |　한국어 문장을 보고 중국어로 말해 보세요.

샤오미	봐봐, 이 원피스(连衣裙)는 정말 예쁘다.
루루	(가서 가격을 본다) 와! 왜 이렇게(怎么这么) 비싸?
샤오미	그러게. 봐봐, 이 바지는 어때?
루루	좋긴 좋은데(……是……), 색깔이 너무 튄다(扎眼).
	평소에 어떻게 입겠어?
샤오미	아니면 저 블라우스(衬衫)는 어때?
	모양도 예쁘고, 색깔도 선명하네(正). 한 벌 갖다가 입어 봐(试).
루루	이 옷은 내 스타일(风格)이 아니야.
샤오미	알았어, 근데 너 후회하지(后悔) 마라.
루루	난 여태껏 후회란 건 안 했어(从来不……).
	나중에 분명히 더 예쁜 것이 있을 거야(会).

듣고 따라 읽는 **핵심 문장** — Track 15

1 단계 들어 보기 녹음을 듣고 대략적인 내용을 파악해 보세요.

2 단계 집중해서 듣기 녹음을 들으며 빈칸에 알맞은 단어를 써 보세요.

❶ 我肚子_________咕咕叫_____。

❷ 趁_____吃吧。

❸ 给客人___________茶。

❹ 这汤___________，凉了。

❺ 不知道___________________________。

3 단계 핵심 문장 입으로 말해 보기 다음 문장을 중국어로 소리 내어 말해 보세요.

+ 뜨거울 때 드세요.

mission 1　음식을 먹을 때 — Track 16

1 단계 들어 보기 녹음을 듣고 대략적인 내용을 파악해 보세요.

2 단계 집중해서 듣기 녹음을 들으며 빈칸에 알맞은 단어를 써 보세요.

❶ 我吃饱了，___________________了。

❷ 这个菜我以前___________。

❸ 中国菜很___________________。

❹ 我吃得___________，再来一碗面条。

❺ 味道挺好的，就是___________________。

3 단계 핵심 문장 입으로 말해 보기 | 다음 문장을 중국어로 소리 내어 말해 보세요.

+ 맛이 아주 좋아요. 그런데 좀 맵네요.

mission 2 음식 주문하기 Track 17

1 단계 들어 보기 | 녹음을 듣고 대략적인 내용을 파악해 보세요.

2 단계 집중해서 듣기 | 녹음을 들으며 빈칸에 알맞은 단어를 써 보세요.

❶ 请问＿＿＿＿＿＿什么?

❷ 酒水＿＿＿＿吗?

❸ ＿＿＿＿＿＿卷心菜。

3 단계 핵심 문장 입으로 말해 보기 | 다음 문장을 중국어로 소리 내어 말해 보세요.

+ 음료나 술이 필요하세요?

mission 3 식당에서 음식을 재촉할 때 Track 18

1 단계 듣고 대답하기 | 녹음을 듣고 간단히 대답해 보세요.

+ 菜为什么还没上来?

2 단계 집중해서 듣기 | 녹음을 들으며 빈칸에 알맞은 단어를 써 보세요.

男: 小姐, 菜怎么＿＿＿＿＿＿＿?

女: 不好意思, 马上就来。

男: 我们等了＿＿＿＿＿＿＿了。能快点吗?

女: 对不起，今天________________了。

可能还要等____________。

男: 还要等____________啊？麻烦你帮我们____________。

 다음 문장을 중국어로 소리 내어 말해 보세요.

1. 아가씨, 요리가 왜 아직 안 나오죠?

2. 죄송한데 가서 재촉 좀 해주세요.

mission 4 식당에서 음식을 먹고 난 후 Track 19

 녹음을 듣고 간단히 대답해 보세요.

+ 糖醋鱼味道怎么样？

 녹음을 들으며 빈칸에 알맞은 단어를 써 보세요.

李健：菜的味道怎么样？不辣吧？

路路：挺不错的，就是____________。

李健：汤不咸吧？

路路：不咸，还____________。

李健：鱼有点儿酸吧？

路路：有点儿酸，还____________。

李健：这叫糖醋鱼，________和________都有。

 다음 문장을 중국어로 소리 내어 말해 보세요.

1. 음식 맛이 어때요? 안 맵죠?

2. 안 짜요. 오히려 좀 싱거워요.

mission 5　중국인의 집에 초대 받아 갔을 때　Track 20

1 단계 듣고 대답하기　녹음을 듣고 간단히 대답해 보세요.

✤ 中国菜讲究什么?

2 단계 집중해서 듣기　녹음을 들으며 빈칸에 알맞은 단어를 써 보세요.

男 : 怎么做了这么多菜?

女 : 你多吃点儿, 别__________。

男 : 这些菜看起来很好吃。

女 : 中国菜讲究____、____、____俱全。

　　______________不行, 味道也得好。

男 : 这些都是我爱吃的。

女 : 这个糖醋鱼是我的______________, 你__________。

男 : 做得像______________________________。

女 : 是吗? 那你别客气。

3 단계 핵심 문장 입으로 말해 보기　다음 문장을 중국어로 소리 내어 말해 보세요.

1. 중국 음식은 색, 향, 맛 모두 갖춰야 해요.

2. 이 탕수어는 내가 제일 잘 만드는 음식이에요. 맛 좀 보세요.

1 단계 듣고 대답하기 녹음을 듣고 간단히 대답해 보세요.

✚ 小米觉得中国菜怎么样?

2 단계 집중해서 듣기 녹음을 들으며 빈칸에 알맞은 단어를 써 보세요.

马力　想吃什么＿＿＿＿＿＿＿，

　　　今天我＿＿＿＿＿!

小米　我一看菜单就＿＿＿＿＿，

　　　我不知道这些菜名＿＿＿＿＿

　　　＿＿＿＿＿。

　　　我们＿＿＿服务员推荐一下吧。

马力　别，他们推荐的菜，＿＿＿＿＿＿＿＿＿我们的口味。

　　　我来点，你爱吃鱼，红烧鱼怎么样?

小米　里面不要放香菜。我＿＿＿＿＿＿香菜。

马力　好的，再来一个鱼香茄子吧。他们这儿虽然不是川菜馆，

　　　可是这些菜＿＿＿＿＿＿＿＿＿。

小米　我觉得中国菜＿＿＿＿＿＿＿＿＿，

　　　就是＿＿＿＿＿＿，怕胖。

马力　别担心，你这么瘦，＿＿＿＿＿＿＿＿＿。

小米　我想吃辣的，再要一个麻婆豆腐怎么样?

马力　好，麻婆豆腐是＿＿＿＿＿＿＿＿＿。

3 단계 핵심 문장 입으로 말해 보기 다음 문장을 중국어로 소리 내어 말해 보세요.

1. 먹고 싶은 거 마음대로 시켜요. 내가 밥 살게요.

2. 난 메뉴만 보면 머리가 어지러워요.

3. 그들이 추천해 주는 게 꼭 우리 입맛에 잘 맞는 건 아니에요.

4 단계 통문장 암기하기 한국어 문장을 보고 중국어로 말해 보세요.

마리	먹고 싶은 거 마음대로 시켜. 내가 밥 살게(请客).
샤오미	난 메뉴만 보면 머리가 어지러워(一……就……).
	나는 이 음식들 이름이 무엇을 가리키는지(指) 모르겠어.
	종업원한테 추천해(推荐) 달라고 하자.
마리	그러지 마. 종업원이 추천해 주는 게 꼭 우리 입맛에 잘 맞는 건 아니야 (不一定).
	내가 시킬게. 너는 생선을 잘 먹으니까, 홍샤오위(红烧鱼)가 어때?
샤오미	안에 고수(香菜)는 넣지 마. 난 고수가 입맛에 안 맞아(吃不惯).
마리	알았어. 위샹체쯔(鱼香茄子) 하나 더 시키자.
	여기는 쓰촨 요리 전문 식당(川菜馆)은 아니지만, 이 음식들을 아주 제대로(地道) 만들어.
샤오미	중국 음식이 내 입맛에 잘 맞는 것 같아. 근데 기름이 너무 많아서, 살찔까 봐 겁나.
마리	걱정하지 마. 이렇게 말랐는데, 살이 좀 쪄도 괜찮지 뭐.
샤오미	나는 매운 거 먹고 싶어. 마파두부(麻婆豆腐) 하나 더 시키는 게 어때?
마리	그래. 마파두부는 내가 제일 좋아하는 음식이야.

듣고 따라 읽는　핵심 문장 ━━━━━━━━━━━━━━━━━━━━━━━━━━ Track 22

1 단계 들어 보기 ｜ 녹음을 듣고 대략적인 내용을 파악해 보세요.

2 단계 집중해서 듣기 ｜ 녹음을 들으며 빈칸에 알맞은 단어를 써 보세요.

❶ ＿＿＿＿＿＿＿＿＿＿＿就行了。

❷ 到站的时候，请＿＿＿＿＿＿＿＿＿＿＿。

❸ 一直＿＿＿＿＿＿＿，到前边拐弯儿就是学校。

❹ 去图书馆要＿＿＿＿＿＿＿＿？

❺ 上下班的时候，车里＿＿＿＿＿＿＿。

3 단계 핵심 문장 입으로 말해 보기 ｜ 다음 문장을 중국어로 소리 내어 말해 보세요.

＋ 도서관에 가려면 몇 번 차를 타야 하나요?

mission 1　버스를 탔을 때 ━━━━━━━━━━━━━━━━━━━━━━━━ Track 23

1 단계 들어 보기 ｜ 녹음을 듣고 대략적인 내용을 파악해 보세요.

2 단계 집중해서 듣기 ｜ 녹음을 들으며 빈칸에 알맞은 단어를 써 보세요.

女：　请问车费多少钱?

司机：＿＿＿＿＿，请＿＿＿＿＿＿走，后边有很多空位。

女：　请问，这辆车到不到天安门?

司机：＿＿＿＿＿。还有7、8站。

女：　到站的时候，你可以＿＿＿＿＿＿＿＿吗?

司机：可以。

3 단계 핵심 문장 입으로 말해 보기   다음 문장을 중국어로 소리 내어 말해 보세요.

+ 안으로 들어가세요. 뒤에 빈 좌석이 많이 있습니다.

mission 2   택시 타기   Track 24

1 단계 들어 보기   녹음을 듣고 대략적인 내용을 파악해 보세요.

2 단계 집중해서 듣기   녹음을 들으며 빈칸에 알맞은 단어를 써 보세요.

❶ 您_____________________?

❷ 进了门再______________?

❸ 这是70块，不用______________。

3 단계 핵심 문장 입으로 말해 보기   다음 문장을 중국어로 소리 내어 말해 보세요.

+ 여기 70위안이에요. 잔돈은 필요 없습니다.

mission 3   전철 이용하기   Track 25

1 단계 듣고 대답하기   녹음을 듣고 간단히 대답해 보세요.

+ 男的要去哪儿?

2 단계 집중해서 듣기   녹음을 들으며 빈칸에 알맞은 단어를 써 보세요.

男：_____新街口_____灯市口要______________?

女：你_____坐4号线到西单，__________________号线坐到东单。

男：坐到东单吗?

女：对，__________________号线，再______________就是灯市口。

男 : 我怕______________。

女 : 你看地铁线路图就行了。

1. 우선 4호선을 타고 시단(西单)까지 가서, 그런 후에 1호선으로 갈아탑니다.

2. 저는 차를 잘못 탈까 봐 걱정됩니다.

---

mission 4 길을 물어볼 때 ━━━━━━━━━━━━━━━━━━━━ Track 26

1 단계 듣고 대답하기 녹음을 듣고 간단히 대답해 보세요.

✚ 美术馆对面有什么？

2 단계 집중해서 듣기 녹음을 들으며 빈칸에 알맞은 단어를 써 보세요.

男 : 请问，去博物馆怎么走？

女 : 哦，博物馆啊。你沿着这条路______________，到十字路口
时，______________。大概走______________，右边有个美
术馆。

男 : 美术馆旁边吗？

女 : 不是，美术馆对面有______________，______________
就是博物馆。到那儿你再问问。

男 : 谢谢你。

3 단계 핵심 문장 입으로 말해 보기 다음 문장을 중국어로 소리 내어 말해 보세요.

1. 당신은 이 길을 따라서 앞으로 가세요.

2. 사거리가 나오면 오른쪽으로 꺾으세요.

mission 5　차를 기다릴 때　　　Track 27

1 단계 듣고 대답하기　녹음을 듣고 간단히 대답해 보세요.

+ 他们为什么决定打的去?

2 단계 집중해서 듣기　녹음을 들으며 빈칸에 알맞은 단어를 써 보세요.

男：哟，这么多人＿＿＿＿＿＿＿＿＿＿。

女：这是起点站，人很多。

男：我们＿＿＿＿＿＿＿吗?

女：上不去，得再等一辆。

男：不知道还＿＿＿＿＿＿＿＿＿。

女：现在是上下班时间，车上＿＿＿＿＿＿＿。

男：今天我觉得＿＿＿＿＿＿＿＿＿＿＿。

　　上了车可能＿＿＿＿＿＿＿。

女：你身体不舒服，挤车一定＿＿＿＿＿＿＿。

　　那咱们不等车了，＿＿＿＿＿＿＿吧。

3 단계 핵심 문장 입으로 말해 보기　다음 문장을 중국어로 소리 내어 말해 보세요.

1. 지금은 출퇴근 시간이니까, 차에 사람이 엄청 붐벼요.

2. 몸이 안 좋을 때, 차가 붐비면 분명히 괴로울 거예요.

1 단계 듣고 대답하기 ｜ 녹음을 듣고 간단히 대답해 보세요.

+ 李健觉得坐地铁怎么样?

2 단계 집중해서 듣기 ｜ 녹음을 들으며 빈칸에 알맞은 단어를 써 보세요.

路路　明天没有课，咱们去世界公
　　　园玩儿，怎么样?

李健　好! 我_________________
　　　那儿呢。你说咱们怎么去?

路路　坐公交车吧。
　　　应该____________啊?

李健　我们看看线路图吧。

路路　啊，在前门先坐310路，____________913路，
　　　____________就到了。没想到这么方便。

李健　明天路上____________。上次去颐和园，
　　　堵车堵了____________。

路路　堵车的时候，坐在车上____________。

李健　对，那天我还有点儿晕车。那你说坐地铁怎么样?
　　　不堵车，而且____________。

路路　不好，坐地铁____________。还是坐公交车去吧。

3 단계 핵심 문장 입으로 말해 보기 ｜ 다음 문장을 중국어로 소리 내어 말해 보세요.

1. 다시 913번으로 갈아타서 끝까지 가면 도착이에요.

　　이렇게 편리할 줄 생각도 못했네요.

2. 내일 길에서 제발 막히면 안 되는데요.

3. 지난번에 이화원에 가는데, 차가 거의 1시간이나 막혔어요.

4 단계 통문장 암기하기　한국어 문장을 보고 중국어로 말해 보세요.

루루	내일 수업이 없으니까, 우리 세계공원(世界公园)에 가자. 어때?
이건	좋아! 나는 줄곧(一直) 그곳에 가고 싶었어. 우리 어떻게 갈까?
루루	버스 타고 가자. 몇 번(路)을 타고 가야 하지?
이건	우리 노선도(线路图) 보자.
루루	아, 첸먼(前门)에서 310번을 탄 후에, 다시 913번으로 갈아타서(倒) 끝까지 가면 도착이야(先……然后……).
	이렇게 편리할 줄 생각도 못했네(没想到).
이건	내일 길에서 제발(千万) 막히면 안 되는데(堵车).
	지난번에 이화원(颐和园)에 가는데, 차가 거의(差不多) 1시간이나 막혔어.
루루	차가 막힐 때, 차 안에 앉아 있으면 굉장히 괴로워(难受).
이건	맞아. 그날 나는 차멀미까지 했다니까(晕车).
	그럼 지하철 타는 건 어때? 차도 안 막히고 게다가 버스보다 빠르잖아.
루루	별로야. 지하철을 타면 사람이 너무 붐벼(挤).
	아무래도 버스를 타는 게 좋겠어.

듣고 따라 읽는 핵심 문장   Track 29

1 단계 들어 보기   녹음을 듣고 대략적인 내용을 파악해 보세요.

2 단계 집중해서 듣기   녹음을 들으며 빈칸에 알맞은 단어를 써 보세요.

❶ 他是妻管严，什么事都得＿＿＿＿＿＿的。

❷ ＿＿＿成家，＿＿＿立业。

❸ 你＿＿＿＿＿＿了没有？

❹ 孩子＿＿＿＿＿＿＿了吗？

❺ 他是典型的＿＿＿＿＿＿＿＿＿。

3 단계 핵심 문장 입으로 말해 보기   다음 문장을 중국어로 소리 내어 말해 보세요.

✛ 그는 공처가예요. 무슨 일이든 아내의 말을 들어야 해요.

mission 1   가족 수 묻기   Track 30

1 단계 들어 보기   녹음을 듣고 대략적인 내용을 파악해 보세요.

2 단계 집중해서 듣기   녹음을 들으며 빈칸에 알맞은 단어를 써 보세요.

我家有＿＿＿＿＿＿，爸爸、妈妈、两个哥哥和我。爸爸是

＿＿＿＿＿＿，妈妈＿＿＿＿＿＿工作。大哥工作很忙，

＿＿＿＿＿＿工作，有女朋友。二哥在新加坡＿＿＿＿＿＿，

六个月＿＿＿＿＿＿＿。

3 단계 핵심 문장 입으로 말해 보기 │ 다음 문장을 중국어로 소리 내어 말해 보세요.

✚ 둘째 형은 싱가포르에서 유학 중인데, 6개월에 한 번 한국에 옵니다.

mission 2 가정에 관련된 질문하기 ───────────────── Track 31

1 단계 들어 보기 │ 녹음을 듣고 대략적인 내용을 파악해 보세요.

2 단계 집중해서 듣기 │ 녹음을 들으며 빈칸에 알맞은 단어를 써 보세요.

❶ 你＿＿＿＿＿＿＿＿了没有?

❷ 你孩子的高考＿＿＿＿＿＿＿＿＿＿＿＿?

❸ 听说你＿＿＿＿＿＿＿。

3 단계 핵심 문장 입으로 말해 보기 │ 다음 문장을 중국어로 소리 내어 말해 보세요.

✚ 결혼 상대자를 찾았어요?

mission 3 가사 분담에 대해 묻기 ───────────────── Track 32

1 단계 듣고 대답하기 │ 녹음을 듣고 간단히 대답해 보세요.

✚ 丽丽的丈夫怎么样?

2 단계 집중해서 듣기 │ 녹음을 들으며 빈칸에 알맞은 단어를 써 보세요.

쯔쯔: 丽丽，在家里你丈夫帮你＿＿＿＿＿＿＿吗?

丽丽: 别提了，他是典型的＿＿＿＿＿＿＿＿＿＿＿。

쯔쯔: 一点儿都不帮吗?

丽丽：_______________。他说自己在公司也很累。

　　兰兰，你丈夫怎么样？

兰兰：家务我们两个人________。他负责洗碗、_______________，

　　我负责洗衣服、________。

丽丽：你丈夫还_______________！

1. 말도 마요. 남편은 전형적인 가부장적인 남자예요.

2. 남편이 참 자상도 하네요.

mission 4 　가족에 대해 알아보기　Track 33

1 단계 듣고 대답하기 녹음을 듣고 간단히 대답해 보세요.

+ 哥哥现在做什么？

2 단계 집중해서 듣기 녹음을 들으며 빈칸에 알맞은 단어를 써 보세요.

这是我家的全家福。在这张照片上，坐在前排中间的是我奶奶。

奶奶_______________，身体还_______________。站在

左边的是我爸爸。表情很严肃，可是_______________。爸爸旁

边的是我妈妈。________现在有点胖了，________年轻时，

非常________。奶奶右边的是姑姑。姑姑是导游，________

________。戴眼镜的是哥哥，我和哥哥_______________。

他现在_______________。

3 단계 핵심 문장 입으로 말해 보기 다음 문장을 중국어로 소리 내어 말해 보세요.

1. 비록 지금은 약간 살이 찌셨지만, 젊었을 때는 매우 날씬했어요.

2. 저와 오빠는 많이 닮았어요.

mission 5　아이 교육에 관해 묻기　　　　Track 34

1 단계 듣고 대답하기　녹음을 듣고 간단히 대답해 보세요.

+ 她以前怎么打发时间？

2 단계 집중해서 듣기　녹음을 들으며 빈칸에 알맞은 단어를 써 보세요.

男：你去哪儿？

女：＿＿＿＿＿＿＿＿去辅导班。

男：孩子上课的时候，你干什么？

女：以前我一般做美甲、QQ聊天＿＿＿＿＿＿＿＿＿＿。

　　可是我最近参加了一个培训班，＿＿＿＿＿＿＿。

男：陪读很辛苦啊！

女：只要＿＿＿＿＿＿＿＿＿＿＿＿＿，我就不累。

3 단계 핵심 문장 입으로 말해 보기　다음 문장을 중국어로 소리 내어 말해 보세요.

1. 아이를 데리고 학원에 가요.

2. 아이가 공부만 잘 한다면, 전 안 힘들어요.

1 단계 듣고 대답하기　녹음을 듣고 간단히 대답해 보세요.

✤ 明天女儿得去干什么?

2 단계 집중해서 듣기　녹음을 들으며 빈칸에 알맞은 단어를 써 보세요.

爸爸　你也快30了。

　　　_________________?

女儿　结婚的事以后再说吧。

　　　_____立业，_____成家。

爸爸　以后_________________

　　　怎么办? 你不着急，我都

　　　_________________。

女儿　虽然我不是_________________，可是一个人生活也挺好的。

爸爸　一个女孩子不结婚怎么行啊?

女儿　真是有代沟啊。结婚的事，我_________________。

　　　你_____________。

爸爸　不管有没有代沟，反正明天你_________________，

　　　我都给你_________________。

女儿　爸爸，你_________________。怎么都不问问我的意见?

爸爸　就这么决定了。如果你明天不去相亲，

　　　你就_________________。

女儿　好了，好了，我去!

3 단계 핵심 문장 입으로 말해 보기　다음 문장을 중국어로 소리 내어 말해 보세요.

1. 먼저 일에서 성공하고 결혼해야죠.

2. 당신은 조바심이 나지 않는 모양인데, 나는 당신 때문에 조바심이 나요.

3. 결혼은 제가 알아서 할게요. 아빠는 신경 쓰지 마세요.

4 단계 통문장 암기하기 ┃ 한국어 문장을 보고 중국어로 말해 보세요.

아빠	너도 서른이 다 되어가는데, 언제 결혼할 거니(成家)?
딸	결혼 얘기는 나중에 다시 얘기해요. 먼저 일에서 성공하고 결혼해야죠(先……后……).
아빠	이후에 아무도 널 원하지 않으면 어쩌냐?
	넌 조바심이 나지(着急) 않는 모양인데, 내가 너 때문에(替) 조바심이 난다.
딸	비록 저는 독신주의(不婚主义)는 아니지만 혼자서 사는 것도 좋아요(虽然……可是……).
아빠	여자가 결혼을 안 하면 어떡하냐?
딸	정말 세대 차이(代沟) 느껴요. 결혼은 제가 알아서 할게요(处理).
	아빠는 신경 쓰지 마세요(管).
아빠	세대 차이가 있든 없든, 어쨌든 내일 너는 선보러(相亲) 가야 한다. 내가 다 준비해(安排) 놨다.
딸	아빠, 너무하세요(过分). 어떻게 제 의견은 물어보지도 않을 수 있어요?
아빠	그렇게 하기로 결정한 거다.
	만일 내일 선보러 안 갈 거면, 너는 집 나가서 혼자 살거라.
딸	알겠어요! 알겠어요! 갈게요!

PART 06 병원

듣고 따라 읽는 핵심 문장 — Track 36

1 단계 들어 보기 녹음을 듣고 대략적인 내용을 파악해 보세요.

2 단계 집중해서 듣기 녹음을 들으며 빈칸에 알맞은 단어를 써 보세요.

❶ 你怎么了？ ________________。

❷ 听说抽烟容易________________。

❸ 巧克力吃多了，牙________________。

❹ 一天三次，一次吃两片，饭后________________。

❺ 脚脖子扭伤了，________________。

3 단계 핵심 문장 입으로 말해 보기 다음 문장을 중국어로 소리 내어 말해 보세요.

✦ 담배를 피우면 암에 쉽게 걸린대요.

mission 1 접수하기 1 — Track 37

1 단계 들어 보기 녹음을 듣고 대략적인 내용을 파악해 보세요.

2 단계 집중해서 듣기 녹음을 들으며 빈칸에 알맞은 단어를 써 보세요.

病人： 你好！我要挂号。

挂号员：请问您要挂________________？

病人： ________________，请问，有专家门诊吗？

挂号员：________________李大夫的了。

病人： 那我挂一个李大夫的专家门诊。

3 단계 핵심 문장 입으로 말해 보기 │ 다음 문장을 중국어로 소리 내어 말해 보세요.

✛ 그럼 이 선생님의 특진으로 접수하겠습니다.

mission 2 · 접수하기 2 — Track 38

1 단계 들어 보기 │ 녹음을 듣고 대략적인 내용을 파악해 보세요.

2 단계 집중해서 듣기 │ 녹음을 들으며 빈칸에 알맞은 단어를 써 보세요.

❶ 我＿＿＿＿＿＿！

❷ 请把病历卡＿＿＿＿＿＿。

❸ ＿＿＿＿在哪儿?

3 단계 핵심 문장 입으로 말해 보기 │ 다음 문장을 중국어로 소리 내어 말해 보세요.

✛ 진료 카드를 작성해 주세요.

mission 3 · 진료를 받을 때 — Track 39

1 단계 듣고 대답하기 │ 녹음을 듣고 간단히 대답해 보세요.

✛ 病人哪儿不舒服?

2 단계 집중해서 듣기 │ 녹음을 들으며 빈칸에 알맞은 단어를 써 보세요.

大夫: 你哪儿＿＿＿＿＿＿?

病人: 头和嗓子疼，＿＿＿＿＿＿。

大夫: 我看看，＿＿＿＿＿＿, 说"啊"。

扁桃腺＿＿＿＿＿＿。流鼻涕吗?

病人: 不流鼻涕。

大夫: 你这是重感冒。

　　　＿＿＿＿＿＿＿＿＿＿＿，＿＿＿＿＿＿＿＿＿＿＿，就会好的。

病人: 谢谢。

3 단계 핵심 문장 입으로 말해 보기 | 다음 문장을 중국어로 소리 내어 말해 보세요.

1. 머리와 목이 아프고, 계속 기침을 해요.

2. 약 좀 드시고 며칠 쉬시면 괜찮을 거예요.

mission 4 진료비 납부 및 약 타기 ————————————— Track 40

1 단계 듣고 대답하기 | 녹음을 듣고 간단히 대답해 보세요.

+ 在哪儿划价？

2 단계 집중해서 듣기 | 녹음을 들으며 빈칸에 알맞은 단어를 써 보세요.

病人： 请问，是在这儿＿＿＿＿＿吗?

收费员: 是。＿＿＿＿＿＿＿＿＿呢?

病人： 这儿呢，给你。

收费员: 你这药方还没划价呢，

　　　 你先去划价，然后＿＿＿＿＿＿＿＿＿。

病人： 请问在哪儿划价？

收费员: 左边＿＿＿＿＿＿＿＿＿＿＿。

- -

病人： 我＿＿＿＿＿＿。

药剂师: 这种药一天＿＿＿＿＿，一次＿＿＿＿＿，

　　　 饭后＿＿＿＿＿＿＿＿＿。

3 단계 핵심 문장 입으로 말해 보기 다음 문장을 중국어로 소리 내어 말해 보세요.

1. 먼저 계산하시고, 다시 납부하러 오세요.

2. 이 약은 하루 세 번, 한 번에 두 알씩, 식후 30분에 드세요.

mission 5　병의 증세를 말할 때

1 단계 듣고 대답하기 녹음을 듣고 간단히 대답해 보세요.

✦ 男的为什么得了胃病?

2 단계 집중해서 듣기 녹음을 들으며 빈칸에 알맞은 단어를 써 보세요.

男：哎呀，胃又疼了。

女：要是＿＿＿＿＿＿＿＿＿＿＿，得去医院看看。

男：先吃点儿药试试，我有治胃病的药。

女：你别吃药，＿＿＿＿＿＿＿＿＿＿＿＿＿＿。

男：我也知道，吃了药也不能把胃病治好。

　　可是现在＿＿＿＿＿＿，吃药能＿＿＿＿＿。

女：你经常＿＿＿＿＿＿吃饭，所以＿＿＿＿＿＿＿＿。

男：对，要是还疼，我就去医院＿＿＿＿＿＿＿＿。

3 단계 핵심 문장 입으로 말해 보기 다음 문장을 중국어로 소리 내어 말해 보세요.

1. 만일 심하게 아프면 병원에 가봐요.

2. 자주 제때 식사를 하지 않으니까, 위병에 걸리는 거예요.

1 단계 듣고 대답하기　녹음을 듣고 간단히 대답해 보세요.

◆ 路路为什么三天没去上课?

2 단계 집중해서 듣기　녹음을 들으며 빈칸에 알맞은 단어를 써 보세요.

马力　你最近干什么了?

　　　______________________你。

路路　三天没去上课了，今天刚从

　　　家里出来。

马力　没去上课? 你______________

　　　______吗? 严重吗?

路路　没什么，______________从楼梯上摔下来，______________。

马力　伤到哪里了?

路路　脚脖子扭伤了。

马力　只是脚脖子扭伤，______________不能上课吧?

路路　可是______________，______________了。

　　　医生说不______________不行。

马力　现在恢复得怎么样了?

路路　没问题了，又______________了。

马力　以后你______________。

3 단계 핵심 문장 입으로 말해 보기　다음 문장을 중국어로 소리 내어 말해 보세요.

1. 실수로 계단에서 떨어져서 다쳤어요.

2. 겨우 발목이 접질린 것 가지고 수업에 못 나올 정도는 아니지 않아요?

3. 의사가 집에서 쉬지 않으면 안 된대요.

4 단계 통문장 암기하기　한국어 문장을 보고 중국어로 말해 보세요.

마리	너 요즘에 뭐했어? 계속(一直) 안 보이더라.
루루	3일 동안 수업에 안 갔어. 오늘 막(剛) 집에서 나왔어.
마리	수업에 안 갔어? 병 났었어? 심각해?
루루	별거 아니야. 실수로(不小心) 계단(楼梯)에서 떨어져서(摔) 다쳤어.
마리	어디를 다쳤는데?
루루	발목(脚脖子)이 접질렸어.
마리	겨우 발목이 접질린 것 가지고 수업에 못 나올 정도는 아니지 않아(不至于)?
루루	그런데 심하게 부었고(肿), 걸을 수가 없었어.
	의사가 집에서 쉬지 않으면 안 된대(不……不行).
마리	지금 회복(恢复) 정도가 어때?
루루	문제없어. 다시 걸을 수 있어.
마리	다음에는 꼭(可) 조심해.

날씨

듣고 따라 읽는 **핵심 문장** ━━━━━━━━━━━━━━━━━━━ Track 43

1 단계 들어 보기 │ 녹음을 듣고 대략적인 내용을 파악해 보세요.

2 단계 집중해서 듣기 │ 녹음을 들으며 빈칸에 알맞은 단어를 써 보세요.

❶ 气温比这儿高＿＿＿＿＿＿＿＿。

❷ 天气预报说明天白天＿＿＿＿＿＿＿＿＿＿。

❸ 这儿比首尔＿＿＿＿＿＿，而且非常＿＿＿＿＿＿。

❹ 春天很＿＿＿＿＿＿，但是经常＿＿＿＿＿＿。

❺ 今天＿＿＿＿＿＿＿＿。

3 단계 핵심 문장 입으로 말해 보기 │ 다음 문장을 중국어로 소리 내어 말해 보세요.

✚ 일기 예보에 의하면 내일 낮에는 흐리고 비가 조금 온대요.

mission 1 일기 예보 듣기 ━━━━━━━━━━━━━━━━━━━ Track 44

1 단계 들어 보기 │ 녹음을 듣고 대략적인 내용을 파악해 보세요.

2 단계 집중해서 듣기 │ 녹음을 들으며 빈칸에 알맞은 단어를 써 보세요.

❶ 北京：＿＿＿＿＿＿，−6°C ~ −＿＿＿°C

❷ 哈尔滨：雨，＿＿＿°C ~ −9°C

❸ 沈阳：晴，＿＿＿°C ~ ＿＿＿°C

❹ 天津：晴转＿＿＿＿＿＿，−2°C ~ 4°C

❺ 西安：＿＿＿＿＿＿＿＿＿，3°C ~ ＿＿＿°C

3 단계 핵심 문장 입으로 말해 보기 ┃ 다음 문장을 중국어로 소리 내어 말해 보세요.

✦ 맑은 후 구름 많이 낌, −2℃ ~ 4℃

mission 2 날씨로 화제 삼기　Track 45

1 단계 들어 보기 ┃ 녹음을 듣고 대략적인 내용을 파악해 보세요.

2 단계 집중해서 듣기 ┃ 녹음을 들으며 빈칸에 알맞은 단어를 써 보세요.

❶ 今天天气＿＿＿＿＿＿＿。

❷ 天气预报说明天白天＿＿＿＿＿＿＿。

❸ 听说今天＿＿＿＿＿，可是一滴也＿＿＿＿＿。

3 단계 핵심 문장 입으로 말해 보기 ┃ 다음 문장을 중국어로 소리 내어 말해 보세요.

✦ 오늘 비가 내린다고 했는데, 한 방울도 내리지 않았어요.

mission 3 일기 예보 시청하기　Track 46

1 단계 듣고 대답하기 ┃ 녹음을 듣고 간단히 대답해 보세요.

✦ 明天白天最高气温是多少度？

2 단계 집중해서 듣기 ┃ 녹음을 들으며 빈칸에 알맞은 단어를 써 보세요.

各位观众晚上好，让我们一起＿＿＿＿＿＿＿＿明天的天气。
从今晚开始，＿＿＿北方冷空气的＿＿＿＿＿，气温会＿＿＿＿＿
＿＿＿＿＿，今晚最低气温将＿＿＿＿＿零下5摄氏度。明天上午
开始＿＿＿＿＿＿，将会＿＿＿＿＿＿晚间。

明天白天最高气温______________摄氏度，请市民朋友们注意

__________。

3 단계 핵심 문장 입으로 말해 보기 ┃ 다음 문장을 중국어로 소리 내어 말해 보세요.

✚ 오늘 저녁부터 북쪽의 찬 공기의 영향을 받아서 기온이 내려갈 것입니다.

mission 4 계절에 대해 이야기하기 ━━━━━━━━━━ Track 47

1 단계 듣고 대답하기 ┃ 녹음을 듣고 간단히 대답해 보세요.

✚ 李健为什么喜欢夏天？

2 단계 집중해서 듣기 ┃ 녹음을 들으며 빈칸에 알맞은 단어를 써 보세요.

我是李健，我最喜欢夏天。虽然有很多烦人的蚊子，可是有很多
地方____________________。我刚开始学游泳，所以很期待
____________________。

我是路路，我最喜欢春天，因为一到春天______________，草绿
了，很美。而且天气也很暖和，能__________________。

我是马力，我最喜欢冬天，因为我__________________，受不
了热天气。冬天虽然很冷，可是还__________________。

我是小米，我最喜欢秋天，我认为秋天是一年中最好的季节。
没有夏天的__________，没有春天的__________，更没有冬日的
__________！天高气爽，走在街上__________________。

3 단계 핵심 문장 입으로 말해 보기　다음 문장을 중국어로 소리 내어 말해 보세요.

1. 비록 짜증 나는 모기가 기승을 부리지만, 놀러 갈 수 있는 곳이 많습니다.

2. 저는 더위를 많이 타서 더운 날씨를 못 견뎌 합니다.

mission 5　**장마에 관해 대화하기**　Track 48

1 단계 듣고 대답하기　녹음을 듣고 간단히 대답해 보세요.

✦ 梅雨季节什么时候结束?

2 단계 집중해서 듣기　녹음을 들으며 빈칸에 알맞은 단어를 써 보세요.

男：昨天雨＿＿＿＿＿＿＿＿＿＿＿＿。

女：可不是，＿＿＿＿＿＿都没停。

男：我这次去旅游，真＿＿＿＿＿＿＿＿。

女：怎么了? 是不是因为天气不好啊?

男：就是啊，这几天不是＿＿＿＿＿就是＿＿＿＿＿，

　　没见过太阳呢。

女：现在正是梅雨季节。

男：梅雨季节什么时候结束呢? 我想＿＿＿＿＿＿＿＿＿＿。

女：大概7月末就结束了。

3 단계 핵심 문장 입으로 말해 보기　다음 문장을 중국어로 소리 내어 말해 보세요.

1. 그러게 말이에요. 밤새 멈추지를 않더라고요.

2. 요 며칠 비가 오거나 아니면 흐렸어요.

1 단계 듣고 대답하기　녹음을 듣고 간단히 대답해 보세요.

✛ 这几年北京天气怎么样?

2 단계 집중해서 듣기　녹음을 들으며 빈칸에 알맞은 단어를 써 보세요.

马力　昨天＿＿＿＿＿＿＿＿＿，
今天凉快多了。＿＿＿＿＿＿
＿＿＿＿＿＿就受不了了。

小米　新闻里说，北京的夏天＿＿＿
＿＿＿＿＿＿＿＿＿＿＿＿＿
＿＿＿＿＿＿。

马力　这几年北京＿＿＿＿＿＿＿＿＿＿＿＿＿＿，现在没有空调
不行。

小米　我看了天气预报，＿＿＿＿＿＿＿＿＿＿＿＿＿＿＿＿＿的，
武汉、重庆＿＿＿＿＿＿最热的。

马力　南方都比较热。上海、南京、武汉、重庆＿＿＿＿＿＿＿
＿＿＿＿＿＿四大火炉。

小米　等放假了，我打算去东北旅游。一来那儿＿＿＿＿＿＿＿
＿＿＿＿＿＿＿＿＿＿＿，二来＿＿＿＿＿＿＿＿＿＿。

马力　不过我觉得有的地方，虽然很热，可是你＿＿＿＿＿＿＿
＿＿＿＿＿＿。

小米　我＿＿＿＿＿＿＿＿＿＿。坐着都出汗。
夏天还是去东北旅游好。

3 단계 핵심 문장 입으로 말해 보기　다음 문장을 중국어로 소리 내어 말해 보세요.

1. 더 비가 안 내리면 못 견뎠을 거예요.

2. 요 몇 년 베이징은 한 해가 다르게 더워서, 지금은 에어컨이 없으면 안 돼요.

3. 하지만 어떤 지역은 비록 덥지만 가볼 만해요.

4 단계 통문장 암기하기　한국어 문장을 보고 중국어로 말해 보세요.

마리	어제 비가 한차례 와서 오늘 훨씬 시원해졌어(凉快).
	더 비가 안 내리면 못 견뎠을 거야(再不⋯⋯).
샤오미	뉴스에서 그러는데, 베이징의 여름이 이렇게까지 더웠던 적이 없대 (从来没有⋯⋯).
마리	요 몇 년 베이징은 한 해가 다르게 더웠어(⋯⋯比⋯⋯).
	지금은 에어컨(空调)이 없으면 안 돼.
샤오미	내가 일기 예보를 봤는데, 베이징이 제일 더운 곳이 아닌 것 같았어 (好像).
	우한(武汉), 충칭(重庆)이야말로 제일 더운 곳이었어.
마리	남방은 모두 비교적 더워.
	상하이, 난징, 우한, 충칭은 중국의 4대 가마(火炉)라고 불러. (被⋯⋯叫做)
샤오미	방학하면, 나는 동북으로 여행 갈 계획이야.
	첫째(一来)는 명승고적(名胜古迹)이 많아서고, 둘째(二来)는 별로 안 더워서야.
마리	근데 어떤 지역은 비록 덥지만 가볼 만해.
샤오미	나는 굉장히 더위를 타(怕). 앉아만 있어도 땀이 나(出汗).
	여름에는 아무래도 동북으로 여행 가는 것이 좋겠어.

여행&호텔

듣고 따라 읽는 핵심 문장 ━━━━━━━━━━━━━━━ Track 50

1 단계 들어 보기 녹음을 듣고 대략적인 내용을 파악해 보세요.

2 단계 집중해서 듣기 녹음을 들으며 빈칸에 알맞은 단어를 써 보세요.

❶ 我打算＿＿＿＿＿＿去上海旅游。

❷ 这次我在首尔＿＿＿＿＿＿＿＿＿＿＿＿，多亏有你

＿＿＿＿＿＿＿＿＿＿。

❸ ＿＿＿＿＿＿＿＿的话，去玩儿两天也可以。

❹ 跟团旅游＿＿＿＿＿＿＿＿，但是没意思。

❺ 出国旅游吃东西＿＿＿＿＿＿。

3 단계 핵심 문장 입으로 말해 보기 다음 문장을 중국어로 소리 내어 말해 보세요.

✛ 저는 여름 방학을 이용해서 상하이로 여행 갈 작정입니다.

mission 1 빈방 유무 확인하기 ━━━━━━━━━━━━ Track 51

1 단계 들어 보기 녹음을 듣고 대략적인 내용을 파악해 보세요.

2 단계 집중해서 듣기 녹음을 들으며 빈칸에 알맞은 단어를 써 보세요.

男：请问有＿＿＿＿＿＿吗？

女：你想要什么样的房间？

男：给我开一个＿＿＿＿＿＿。

女：有。

男：房间有＿＿＿＿吗？

女：对不起，＿＿＿＿＿＿＿＿＿＿已经没有了。

3 단계 핵심 문장 입으로 말해 보기 | 다음 문장을 중국어로 소리 내어 말해 보세요.

✦ 저에게 1인실을 주세요.

mission 2 여행 갈 준비하기 Track 52

1 단계 들어 보기 | 녹음을 듣고 대략적인 내용을 파악해 보세요.

2 단계 집중해서 듣기 | 녹음을 들으며 빈칸에 알맞은 단어를 써 보세요.

❶ 你去过＿＿＿＿吗?

❷ 我要租＿＿＿＿＿＿＿＿＿＿。

❸ 机票＿＿＿＿＿＿吗?

3 단계 핵심 문장 입으로 말해 보기 | 다음 문장을 중국어로 소리 내어 말해 보세요.

✦ 나는 차를 한 대 빌려서 놀러 가려고 해요.

mission 3 숙박하기 Track 53

1 단계 듣고 대답하기 | 녹음을 듣고 간단히 대답해 보세요.

✦ 男的预订的是什么样的房间?

2 단계 집중해서 듣기 | 녹음을 들으며 빈칸에 알맞은 단어를 써 보세요.

女: 您预订房间了吗?

男: 预订了。我叫马力。

女: 您预订的是一个＿＿＿＿＿＿和一个＿＿＿＿＿。

从6号到7号，7号＿＿＿＿＿。

男：对，能再告诉一下价格吗？

女：标准间一天＿＿＿＿＿＿＿＿，套间＿＿＿＿＿＿＿＿。

男：包括早餐吧？

女：包括。早餐时间是＿＿＿＿＿＿＿＿＿＿＿＿＿＿＿＿＿＿＿

＿＿＿＿＿＿＿＿＿＿＿。

1. 손님이 예약한 방은 표준실(일반 객실) 하나와 스위트룸 하나입니다.

2. 조식이 포함되죠?

mission 4 여행 전 짐을 꾸릴 때 ━━━━━━━━━━━━━━━━ Track 54

✛ 上次女的因为什么回了一趟家？

男：行李收拾了吗？

女：收拾好了。衣服、鞋、书都＿＿＿＿＿＿＿＿＿＿＿＿＿＿＿＿＿。

相机、护照、钱＿＿＿＿＿＿＿＿＿＿＿＿＿＿。

男：相机＿＿＿＿＿＿＿＿＿＿＿＿＿＿＿＿＿＿＿。机票呢，放好了吗？

女：机票和护照都放在一起了。

男：上次你没带机票，＿＿＿＿＿＿＿＿＿＿＿＿＿＿＿。

这次＿＿＿＿＿＿＿＿＿了。

女：知道了。这次不会的。

1. 카메라, 여권, 돈은 몸에 지니고 있을게요.

2. 지난번에 당신이 비행기 표를 안 챙겨서, 집에 돌아간 적이 있었죠.

mission 5 **퇴실하기**

1단계 듣고 대답하기 녹음을 듣고 간단히 대답해 보세요.

✦ 男的觉得住得怎么样？

2단계 집중해서 듣기 녹음을 들으며 빈칸에 알맞은 단어를 써 보세요.

女：先生，有什么需要帮忙的吗？

男：_______________________。这是房卡。

女：这是_______________________。请您看一下。

男：没错。_______________________，可以吗？

女：可以。您住得满意吗？

男：非常满意。房间_______________，服务_______________。
　　顺便问一下，在哪儿可以放行李？我要_______________
　　_______________。

女：我们帮您保管吧，您要走的时候，_______________________。

男：谢谢。

3단계 핵심 문장 입으로 말해 보기 다음 문장을 중국어로 소리 내어 말해 보세요.

1. 신용 카드로 계산해도 될까요?

2. 방이 쾌적하고 서비스도 세심했습니다.

1 단계 듣고 대답하기　녹음을 듣고 간단히 대답해 보세요.

✦ 小米为什么觉得大理更好呢?

2 단계 집중해서 듣기　녹음을 들으며 빈칸에 알맞은 단어를 써 보세요.

马力　好久不见，你出去旅游了吧?

小米　哦，我刚旅游回来。

　　　________________________________，

　　　把我____________________________了。

马力　一定去了不少地方吧?

小米　主要是南方，杭州、桂林、大理，这些地方都去了。

马力　__________________________。连大理都去了。玩儿得很痛快吧。

小米　玩儿得很痛快。我简直 ______________________了。

马力　桂林和大理是中国数得上的旅游景点。

小米　________________________________，

　　　大理更__________________________。

马力　你为什么觉得大理更好呢?

小米　大理的风景__________________，而且______________

　　　白族的生活。

马力　听你这么一说，我也想去看看。

3 단계 핵심 문장 입으로 말해 보기　다음 문장을 중국어로 소리 내어 말해 보세요.

1. 한 달 동안 여행했었는데, 힘들어서 혼났어요.

2. 신나게 놀았어요. 난 정말이지 돌아오고 싶지 않았어요.

3. 구이린과 비교하면, 다리가 더 가볼 만했어요.

4 단계 통문장 암기하기 한국어 문장을 보고 중국어로 말해 보세요.

마리	오랫동안 못 만났네. 너 여행 갔었지?
샤오미	응, 막 여행에서 돌아왔어.
	한 달 동안 여행했었는데(跑), 힘들어서 혼났어.
마리	여러 곳을 갔다 왔겠네?
샤오미	주로 남방이었어.
	항저우(杭州), 구이린(桂林), 다리(大理), 이 지역들을 다 갔었어.
마리	정말 대단하다. 다리도(连) 갔었구나. 신나게 놀았겠네(痛快).
샤오미	신나게 놀았지. 난 정말이지(简直) 돌아오고 싶지 않았어.
마리	구이린과 다리는 중국에서 손꼽히는 관광 명소(旅游景点)야.
샤오미	구이린과 비교하면(比起……来), 다리가 더 가볼 만했어.
마리	너는 왜 다리가 더 좋았어?
샤오미	다리는 경치가 무척이나 아름다울 뿐 아니라
	바이족의 생활도 체험해(体验) 볼 수가 있었거든.
마리	네 말을 들으니까, 나도 가보고 싶다.

취업하기

1 단계 들어 보기 ┃ 녹음을 듣고 대략적인 내용을 파악해 보세요.

2 단계 집중해서 듣기 ┃ 녹음을 들으며 빈칸에 알맞은 단어를 써 보세요.

❶ 我以前在旅行社＿＿＿＿＿＿＿＿＿＿＿＿＿＿＿＿。

❷ 我们公司每个月25号＿＿＿＿＿＿＿＿＿。

❸ 我们公司一周＿＿＿＿＿＿＿＿＿＿＿＿，

　　周末＿＿＿＿＿＿＿＿＿＿。

❹ 我们部门要＿＿＿＿＿＿＿＿＿＿＿。

❺ 我是来＿＿＿＿＿＿＿＿＿＿的。

3 단계 핵심 문장 입으로 말해 보기 ┃ 다음 문장을 중국어로 소리 내어 말해 보세요.

✚ 저는 면접에 참가하러 왔습니다.

mission 1 직업 설명하기 — Track 58

1 단계 들어 보기 ┃ 녹음을 듣고 대략적인 내용을 파악해 보세요.

2 단계 집중해서 듣기 ┃ 녹음을 들으며 빈칸에 알맞은 단어를 써 보세요.

❶ 在学校工作，＿＿＿＿＿＿＿＿。

❷ 经常＿＿＿＿＿＿＿＿＿＿＿＿＿去很多旅游景点。

❸ ＿＿＿＿＿＿＿＿＿＿＿＿＿不错。在饭馆或者在酒店工作。

❹ 他们是在＿＿＿＿＿＿、＿＿＿＿＿＿、＿＿＿＿＿＿＿中表演的人。

❺ 人们出什么问题，就＿＿＿＿＿＿＿＿＿＿＿＿＿＿＿＿。

3 단계 핵심 문장 입으로 말해 보기 │ 다음 문장을 중국어로 소리 내어 말해 보세요.

+ 자주 중국 여행객들을 데리고 여러 관광 명소를 가요.

---

mission 2 면접관이 자주 하는 질문 ━━━━━━━━━━ Track 59

1 단계 들어 보기 │ 녹음을 듣고 대략적인 내용을 파악해 보세요.

2 단계 집중해서 듣기 │ 녹음을 들으며 빈칸에 알맞은 단어를 써 보세요.

❶ 你为什么希望______________________?

❷ 你对这方面______________?

❸ ______________________?

3 단계 핵심 문장 입으로 말해 보기 │ 다음 문장을 중국어로 소리 내어 말해 보세요.

+ 당신은 이 방면에 경험이 있습니까?

---

mission 3 채용에 대해 문의하기 ━━━━━━━━━━ Track 60

1 단계 듣고 대답하기 │ 녹음을 듣고 간단히 대답해 보세요.

+ 工作时间是几个小时?

2 단계 집중해서 듣기 │ 녹음을 들으며 빈칸에 알맞은 단어를 써 보세요.

女：喂，您好！请问贵公司______________，是吗?

男：是的，我们公司需要______________。

你把简历______________吧。

女：工作时间是______________，对吗?

男：对。如果需要面试，我们会________________。

1. 귀사는 직원 채용 중인가요?

2. 만일 면접이 필요하면, 당신에게 연락하겠습니다.

mission 4 면접 보기   Track 61

+ 马力为什么想当公务员？

❶ 路路：我希望找到的工作能________________，

这样我在公司________________。

❷ 马力：我觉得________________就是好工作。所以我

准备考公务员考试。没有一个工作________________

________________。

❸ 李健：工资高就是好工作。工资高的公司________________、

________________。所以我想进大公司。

❹ 小米：公司能保证________________，保证休假，

________________就是好工作。

钱多不多都没关系。

1. 저는 제 장점을 발휘할 수 있는 일을 찾고 싶습니다.

2. 공무원과 같이 이렇게 안정적인 일은 없습니다.

mission 5 채용 합격 후 ——— Track 62

1 단계 듣고 대답하기 | 녹음을 들고 간단히 대답해 보세요.

+ 男的为什么以为自己通不过面试呢?

2 단계 집중해서 듣기 | 녹음을 들으며 빈칸에 알맞은 단어를 써 보세요.

男: 我刚收到公司的通知, 我______________了。

女: 太好了。恭喜你。是你______________的那家公司吧?

男: 对, 我的经验不多, 以为______________________。
真没想到。

女: 你可能面试______________。告诉我你的__________
__________吧。

男: 其实没什么技巧。

女: 我们出去______________。

男: 好, 今天______________。

3 단계 핵심 문장 입으로 말해 보기 | 다음 문장을 중국어로 소리 내어 말해 보세요.

1. 저는 방금 회사로부터 통지를 받았는데, 채용됐대요.

2. 저는 경험이 많지 않아서, 면접에서 떨어질 줄 알았어요.

1 단계 듣고 대답하기 녹음을 듣고 간단히 대답해 보세요.

+ 马力现在后悔什么?

2 단계 집중해서 듣기 녹음을 들으며 빈칸에 알맞은 단어를 써 보세요.

马力　你眼看＿＿＿＿＿＿＿＿＿＿＿＿，
　　　找工作的事怎么样了?

路路　唉，别提了。为了这事儿，
　　　我最近饭＿＿＿＿＿＿＿＿，
　　　觉＿＿＿＿＿＿。

马力　我现在＿＿＿＿＿＿＿＿＿＿＿。
　　　当初＿＿＿＿＿＿＿＿＿＿＿＿，英语＿＿＿＿＿＿＿，
　　　成绩也不怎么样。

路路　小公司我不想去，大公司又＿＿＿＿＿＿＿，
　　　＿＿＿＿＿＿＿＿＿＿。

马力　如果找不到工作，我试试＿＿＿＿＿＿＿＿＿。

路路　你算了吧。＿＿＿＿＿＿＿＿＿＿＿＿＿＿＿。
　　　你不爱学习，能行吗?

马力　那我没办法呀，也＿＿＿＿＿＿＿＿＿! 那你呢?

路路　我想考研究生，不过我父母＿＿＿＿＿＿＿＿＿＿的。

马力　你跟父母商量一下吧。

路路　好了，我走了。

3 단계 핵심 문장 입으로 말해 보기 다음 문장을 중국어로 소리 내어 말해 보세요.

1. 졸업이 눈앞으로 다가왔는데, 당신은 직장 구하는 일이 어떻게 됐어요?

2. 당시에 놀기만 해서 영어를 못하고, 성적도 별로예요.

3. 나는 대학원 시험을 보고 싶어요. 그런데 부모님이 틀림없이 동의하지
　　않으실 거예요.

4 단계 통문장 암기하기   한국어 문장을 보고 중국어로 말해 보세요.

마리	졸업이 눈앞으로(眼看) 다가왔네. 직장 구하는 일은 어떻게 됐어?
루루	아이고, 말도 마.
	이 일 때문에(为了), 나 요즘에 밥도 잘 못 먹고, 잠도 잘 못 자.
마리	나 요즘 후회돼 죽겠어(后悔). 당시에 놀기만 해서(光顾……),
	영어를 못하지, 성적도 별로지.
루루	작은 회사는 가기 싫고, 큰 회사는 또 나를 원하지 않고. 괴로워(苦恼) 죽겠어.
마리	만일 직장을 구하기 어려우면, 나는 공무원(公务员) 시험에 도전할 거야.
루루	그만둬. 공무원 시험은 굉장히 어려워.
	너는 공부하는 거 좋아하지도 않으면서, 되겠어?
마리	그렇지만 방법이 없어. 굶을 수는 없잖아. 그럼 너는?
루루	나는 대학원 시험을 보려고. 그런데 부모님이 틀림없이(肯定) 동의하지 않으실 거야.
마리	부모님과 한번 상의해 봐.
루루	그래. 나 갈게.

듣고 따라 읽는 핵심 문장 Track **64**

1 단계 들어 보기 | 녹음을 듣고 대략적인 내용을 파악해 보세요.

2 단계 집중해서 듣기 | 녹음을 들으며 빈칸에 알맞은 단어를 써 보세요.

❶ 对于你热情的＿＿＿＿＿＿＿＿＿＿＿＿＿，我再次＿＿＿＿＿＿

＿＿＿＿＿＿。

❷ 你回去以后，可＿＿＿＿＿＿＿给我发e-mail。

❸ 见到爸爸、妈妈，请代我＿＿＿＿＿＿＿＿＿＿＿。

❹ ＿＿＿＿＿＿＿＿＿＿＿＿＿是应该的。

❺ 祝你＿＿＿＿＿＿＿＿＿，再见!

3 단계 핵심 문장 입으로 말해 보기 | 다음 문장을 중국어로 소리 내어 말해 보세요.

✛ 열정적인 도움과 환대에 다시 한번 감사드립니다.

mission 1 **마지막 인사 나누기** Track **65**

1 단계 들어 보기 | 녹음을 듣고 대략적인 내용을 파악해 보세요.

2 단계 집중해서 듣기 | 녹음을 들으며 빈칸에 알맞은 단어를 써 보세요.

男：这次在上海真给你＿＿＿＿＿＿＿＿＿＿。

女：别这么说，有什么麻烦的?

男：非常感谢你的＿＿＿＿＿＿＿＿＿＿＿＿。

女：不要这么客气。

你这一走我还真＿＿＿＿＿＿＿＿＿＿＿＿呢。

男：我也是这样啊。

女：欢迎你＿＿＿＿＿＿＿＿＿＿＿＿＿＿。

3 단계 핵심 문장 입으로 말해 보기   다음 문장을 중국어로 소리 내어 말해 보세요.

✛ 이번에 상하이에서 정말 신세를 많이 졌습니다.

mission2 헤어질 때

Track 66

1 단계 들어 보기   녹음을 듣고 대략적인 내용을 파악해 보세요.

2 단계 집중해서 듣기   녹음을 들으며 빈칸에 알맞은 단어를 써 보세요.

❶ ＿＿＿＿＿＿＿＿＿＿＿＿＿！

❷ 这是我们＿＿＿＿＿＿＿＿＿的礼物。

❸ 我们＿＿＿＿＿＿＿＿吧。

3 단계 핵심 문장 입으로 말해 보기   다음 문장을 중국어로 소리 내어 말해 보세요.

✛ 잘 다녀와요.

mission3　유학 가는 친구 배웅하기 ━━━━━━━━━━━━━━━ Track 67

1 단계 듣고 대답하기 　녹음을 들고 간단히 대답해 보세요.

* 他们在哪儿?

2 단계 집중해서 듣기 　녹음을 들으며 빈칸에 알맞은 단어를 써 보세요.

男：几点的飞机?

女：一点半。

男：时间还＿＿＿＿＿＿＿＿＿，还有＿＿＿＿＿＿＿＿＿＿＿＿＿。

女：一大早把我＿＿＿＿＿＿＿＿＿，把你＿＿＿＿＿＿＿，

　　回家休息吧。

男：不用了，＿＿＿＿＿＿＿＿＿＿，我再回家。

女：我们找个地方喝杯咖啡吧。

男：＿＿＿托运行李，＿＿＿＿＿＿＿喝。

3 단계 핵심 문장 입으로 말해 보기 　다음 문장을 중국어로 소리 내어 말해 보세요.

1. 아침 일찍 나를 공항까지 데려다 주느라 많이 피곤하시죠.

2. 우선 짐을 부치고, 그러고 나서 마시죠.

mission4　환송회 계획하기 1 ━━━━━━━━━━━━━━━ Track 68

1 단계 듣고 대답하기 　녹음을 들고 간단히 대답해 보세요.

* 女的觉得一年的时间怎么样?

2 단계 집중해서 듣기 　녹음을 들으며 빈칸에 알맞은 단어를 써 보세요.

男：真没想到你＿＿＿＿＿＿＿＿＿＿＿＿＿＿了。

女：一年的时间＿＿＿＿＿＿＿＿＿＿了。

男: 这本书给你留作纪念吧。我会想你的。

女: 我们＿＿＿＿＿＿＿吧，有空打打电话。

　　你要是＿＿＿＿＿＿＿＿＿＿＿，别忘了告诉我。

男: 当然。明天晚上我们＿＿＿＿＿＿＿吧。

女: 好啊，喝啤酒，吃羊肉串吧。

---

3 단계 핵심 문장 입으로 말해 보기 ┃ 다음 문장을 중국어로 소리 내어 말해 보세요.

1. 1년이란 시간이 눈 깜짝할 사이에 지나갔네요.

2. 이 책을 당신에게 기념으로 드릴게요.

---

mission5 환송회 계획하기 2 ────────────── Track 69

1 단계 듣고 대답하기 ┃ 녹음을 듣고 간단히 대답해 보세요.

+ 女的打算临走前为男的做什么?

2 단계 집중해서 듣기 ┃ 녹음을 들으며 빈칸에 알맞은 단어를 써 보세요.

男: 三十号我要回国。

女: ＿＿＿＿＿＿＿＿告诉我呢?

男: 不好意思，这是＿＿＿＿＿＿＿的。

女: 时间＿＿＿＿＿＿＿啊。

男: 真＿＿＿＿＿＿＿你们这些朋友。

女: 临走前，我们＿＿＿＿＿＿＿。

男: 感谢你们给了我这么多帮助。＿＿＿＿＿＿＿吧。

女: 不行，咱们一定得＿＿＿＿＿＿＿。

---

3 단계 핵심 문장 입으로 말해 보기 ┃ 다음 문장을 중국어로 소리 내어 말해 보세요.

1. 정말 친구들을 떠나기 섭섭하네요.

2. 떠나기 전에 당신을 위해서 송별회를 할게요.

1 단계 듣고 대답하기　녹음을 듣고 간단히 대답해 보세요.

✚ 小米的汉语水平和以前比起来怎么样?

2 단계 집중해서 듣기　녹음을 들으며 빈칸에 알맞은 단어를 써 보세요.

马力　你什么时候回韩国?

小米　快了。下星期__________

　　　__________________。

马力　你是星期六走还是星期天走?

小米　我打算星期天走。星期六朋

　　　友们要__________________。

　　　我要和朋友们__________________。

马力　和刚来到中国的时候比起来，你的汉语__________________

　　　__________，你现在汉语__________________。

小米　__________________很流利，不过__________________

　　　我刚到中国的时候，中国人说的话__________________

　　　__________。

马力　你到了韩国，就__________________吧。有时间刷微博，

　　　我上去看看你的照片。

小米　好的。在韩国用wifi很方便，__________________

　　　__________________。

马力　问你爸爸妈妈好。__________________。

小米　保重身体!

3 단계 핵심 문장 입으로 말해 보기　다음 문장을 중국어로 소리 내어 말해 보세요.

1. 막 중국에 왔을 때와 비교하면, 당신의 중국어는 굉장히 많이 늘었어요.

2. 유창하다고 할 정도는 아니고 확실히 늘기는 했죠.

3. 부모님께 안부를 전해 주세요. 행운을 빌게요.

4 단계 통문장 암기하기 | 한국어 문장을 보고 중국어로 말해 보세요.

마리	너 언제 한국으로 귀국해?
샤오미	곧이야. 다음 주면 곧 귀국해(就要……了).
마리	너는 토요일에 떠나 아니면(还是) 일요일에 떠나?
샤오미	나는 일요일에 갈 작정이야. 토요일에 친구들이 송별회(送行)를 해준 다고 했거든. 친구들하고 밥 한 끼 잘 먹어야지.
마리	막 중국에 왔을 때와 비교하면(和……比起来), 너의 중국어는 굉장히 많이 늘었어. 너는 지금 중국어를 말하는 게 매우(非常) 유창해.
샤오미	유창하다고 할 정도는 아니고(谈不上……) 확실히 늘기는 했지. 막 중국에 왔을 때는 중국 사람들이 하는 말을 거의 못 알아들었어.
마리	한국에 도착하면 나한테 연락해. 시간이 있으면 웨이보에 들어와(刷微博). 내가 들어가서 네 사진을 좀 보게.
샤오미	알았어. 한국에서는 와이파이를 쓰는 게 편리하니까, 연락하는 건 분명히 문제가 안 될 거야.
마리	부모님께 안부 전해 드려(问好). 행운을 빌게(祝).
샤오미	몸 건강해.

MEMO

MEMO

▌**스피킹** 중국어 **시리즈** 총 6단계 10권

스피킹 중국어_ 첫걸음 & Level up

회화의 기초를 마스터하는
왕초보 스피킹 교재

스피킹 주제

만남과 인사, 장소, 이름과 나이, 가족, 날짜
와 요일, 취미 생활, 교통수단, 아픈 증상 등

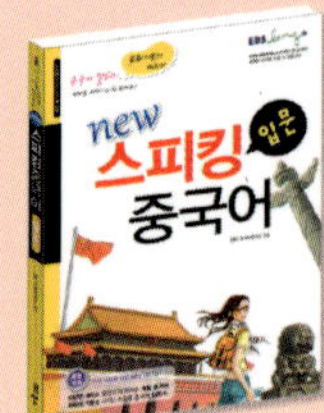

스피킹 중국어_ 입문

회화의 기본을 다지는
스피킹 중국어 입문서

스피킹 주제

물건 사기, 전화하기, 교통, 길 묻기, 경
험, 날씨, 주거, 주문하기, 장래 희망 등

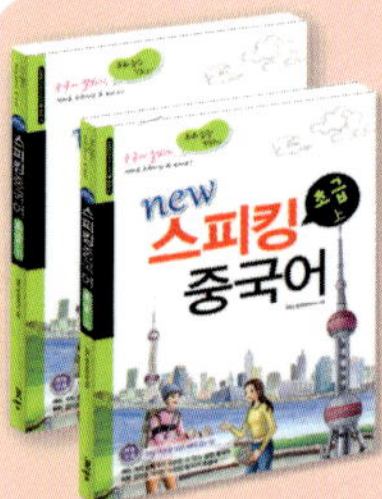

스피킹 중국어_ 초급 上·下

회화의 감각을 익히는
스피킹 중국어 초급서

스피킹 주제

교제, 감정, 스트레스, 건강, 결혼, 경제
생활, 여행, 사랑, 음주 문화, 문화 차이
등

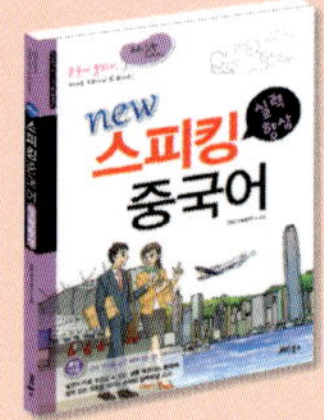

스피킹 중국어_ 실력향상

생활 비즈니스 회화에
달인이 되는 스피킹 실력향상 교재

스피킹 주제

첫만남, 외국어, 관계, 교통 상황, 비즈니
스, 인터넷, 일상생활, 송별회 등

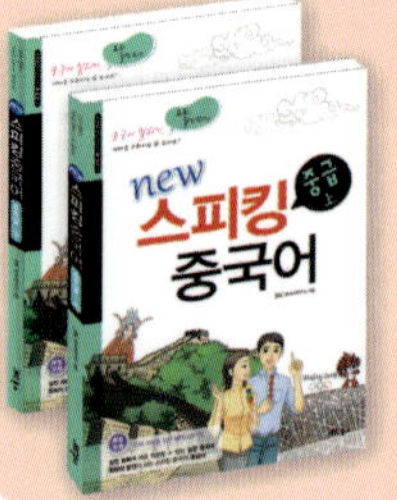

스피킹 중국어_ 중급 上·下

회화의 달인이 되는
스피킹 중국어 중급서

스피킹 주제

식습관, 남녀평등, 취업, 미용, 자연, 꿈,
사회생활, 다이어트, 유행어 등

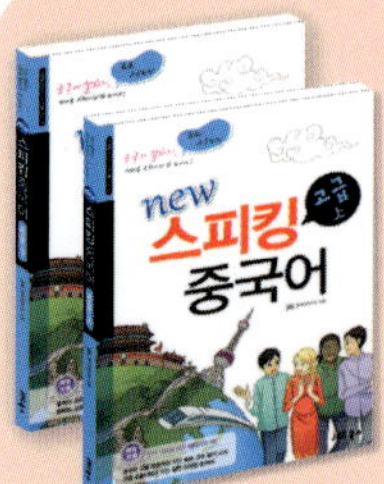

스피킹 중국어_ 고급 上·下

회화의 고수가 되는
스피킹 중국어 고급서

스피킹 주제

성공, 애정, 문화 습관, 사교, 타임머신,
재테크, 취업, 도시 생활, 가족 등

맛있는
중국어

워크북

听 듣기

力

맛있는 중국어 听力 듣기

김효정·이정아 지음

맛있는 books

맛있는 중국어 듣기 听力

초판 1쇄 발행	2014년 11월 10일
초판 5쇄 발행	2022년 3월 30일

기획	JRC 중국어연구소
저자	김효정 ǀ 이정아
발행인	김효정
발행처	맛있는books
등록번호	제2006-000273호
편집	최정임
디자인	이솔잎
제작	박선희
영업	강민호
마케팅	장주연
삽화	정민경
녹음	于海峰 ǀ 曹红梅 ǀ 朴龙君 ǀ 曲晓茹

주소	서울 서초구 명달로 54 JRC빌딩 7층
전화	**구입문의** 02·567·3861 ǀ 02·567·3837
	내용문의 02·567·3860
팩스	02·567·2471
홈페이지	www.booksJRC.com

ISBN	978-89-98444-47-1 13720
가격	15,000원

이 도서의 국립중앙도서관 출판예정도서목록(CIP)은 서지정보유통지원시스템 홈페이지(http://seoji.nl.go.kr)와
국가자료공동목록시스템(http://www.nl.go.kr/kolisnet)에서 이용하실 수 있습니다.(CIP제어번호 : CIP2014025318)

듣기는 언어의 기본
듣기와 회화를 동시에 학습할 수 있도록 구성

중국어 교육에 몸을 담고 매진한 지 20년이란 시간이 지났습니다.

중국어가 어렵다는 고정 관념을 깨고 재미있는 강의와 교재를 개발하고자 부단히 노력해 온 시간들이었습니다.

중국 그리고 중국어는 21세기 대한민국에 사는 우리들이 더욱더 관심을 가지고 적극적으로 알고 배워 나가야 한다고 생각합니다. 하지만 아직도 많은 사람들이 중국어의 성조나 한자에 대한 두려움 때문에 중국어를 쉽게 포기합니다. 그리고 중국어 회화를 제대로 말하기도 전에 각종 중국어능력시험을 준비하느라, 정작 중요한 중국어 본연의 말하기에는 신경을 쓰지 않는 경우가 늘고 있습니다.

좀 더 쉽고, 좀 더 제대로 실생활에서 사용할 수 있는 중국어 회화를 배웠으면 하는 바람으로 이 책을 집필하게 되었습니다.

듣기는 언어의 기본입니다.

들리지 않으면 말힐 수 없겠죠?

『**맛있는 중국어 듣기**』는 회화의 기본인 듣기를 통해 상황별 말하기가 가능하도록 만든 교재입니다. 총 10과로 구성되이 있으며, 닌이도와 괸계없이 실생활에 필요한 10개의 주제를 선별하여 듣기를 통해 회화를 학습할 수 있습니다.

> **다음에 주의하며 많이 듣고 자신의 입으로 크게 말해 보는 훈련을 하길 바랍니다.**
>
> 1. 중국인의 정확한 발음에 주의하여 많이 듣는다.
> 2. 중국인이 평상시 사용하는 말의 속도와 뉘앙스를 익힌다.
> 3. 중국인이 실생활에 사용하는 회화를 익힌다.
> 4. 중국인의 대화를 들으며 자신의 입으로 직접 말해 본다.

『**맛있는 중국어 듣기**』는 지금까지 중국어를 배우면서 듣기와 말하기에 자신감이 없거나, 오랫동안 중국어를 공부했지만 실력이 늘지 않은 분들에게 좋은 길잡이가 될 것이라 확신합니다. 새로운 마음으로 즐겁게 중국어를 학습하시기 바랍니다.

이 교재가 출간되기까지 함께 집필에 애쓰신 이정아 선생님과 JRC북스 직원들에게 다시 한번 감사의 뜻을 전하고 싶습니다.

김효정

Contents

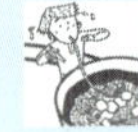

맛있는 중국어 듣기는

생활 밀착형 주제를 선별하여 총 10개 주제, 60가지 상황 회화로 구성되어 있습니다. 상황별로 겪게 되는 듣기 체험 학습서로, 듣기는 물론 말하기 능력까지 트레이닝 할 수 있는 듣기와 말하기 쌍방향 학습서입니다.

중국 현지에서 부딪힐 수 있는 갖가지 상황을 미션 회화의 흐름을 따라가며 체험하게 됩니다. 자연스레 귀가 뚫리고 중국어에 대한 두려움에서 벗어나 중국어 듣기가 만만 해집니다.

이 책의 구성

- 워밍업 단어
- 듣고 따라 읽는 핵심 문장
- Mission 1~5
- Mission 6 현지회화로 마무리하기
- 핵심 표현 이해하기
- 도전! 新HSK 听力 따라잡기

이 책의 활용법

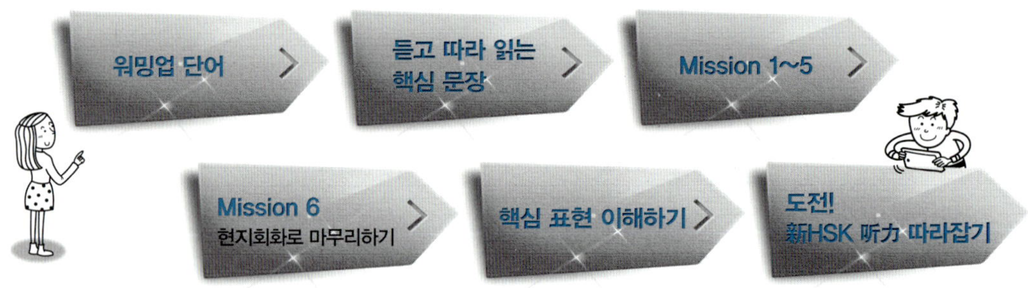

생생한 사진과 귀여운 삽화와 함께 어떤 상황별 회화를 체험하게 되는지 살펴보세요.

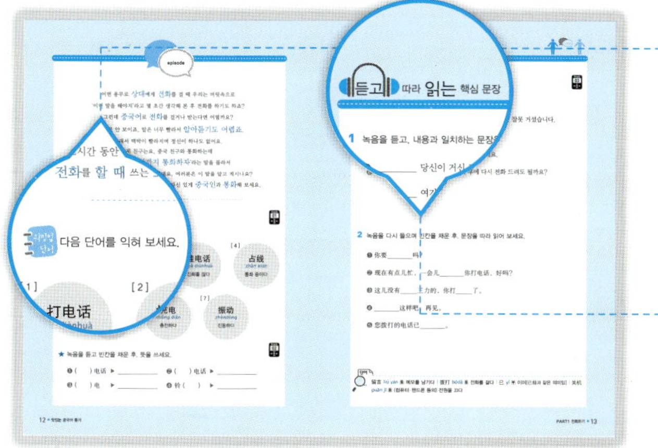

워밍업 단어

듣기의 가장 기본은 단어! 중국어 초보자라도 핵심 단어만 알면, 화자의 의도를 짐작할 수 있어요. 주제별로 가장 기본이 되는 단어만 모아 놓았으니, 확인 문제를 풀며 다시 한번 암기하세요.

듣고 따라 읽는 핵심 문장

주제와 관련하여 가장 많이 쓰이는 핵심 문장을 익혀 보세요. 듣지만 말고 소리 내어 읽어 보세요. 핵심 문장만 알아도 대화의 50%는 이해할 수 있어요.

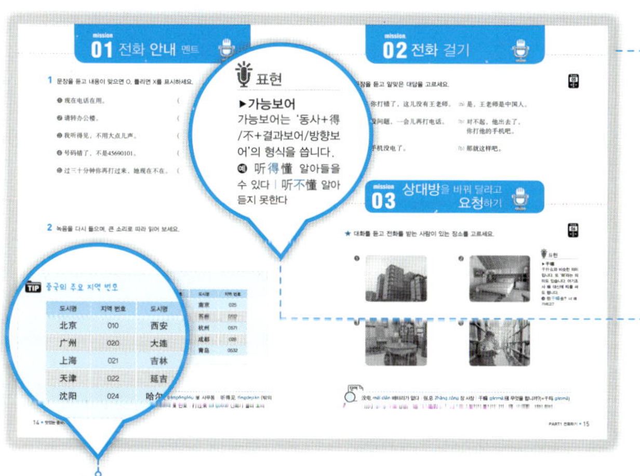

mission 1~3

회화의 기본은 듣기! 문장이나 대화를 들으며 다양한 상황 속 중국어를 체험할 수 있어요. 내용 파악하기, 질문에 알맞은 대답 고르기 등 듣기 미션을 풀면서 실력을 다져 보세요.

🎙 표현

주요 구문과 표현이 바로 옆에 제시되어 있으니 꼭 짚고 넘어가세요.

TIP

중국의 지역 번호, 특가 세일 광고판, 공항 속 안내판&표지판 등 중국을 속속들이 알 수 있는 다양한 정보를 담았습니다.

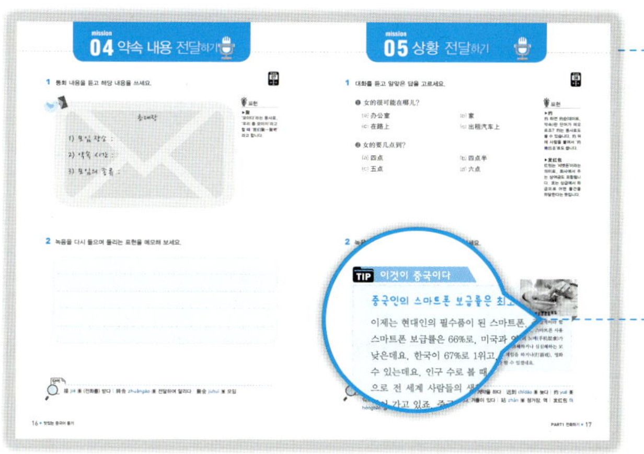

mission 4~5

메시지 작성하기, 계산서 완성하기, 약도 그리기 등 듣기 실력을 업그레이드할 수 있는 문제로 구성되어 있어요. 상대방의 말을 정확하게 듣고 이해하며, 능동적으로 대답할 수 있는 능력을 기를 수 있어요.

TIP 이것이 중국이다

중국 현지 상황을 엿볼 수 있는 생생한 정보가 제시되어 있어요.

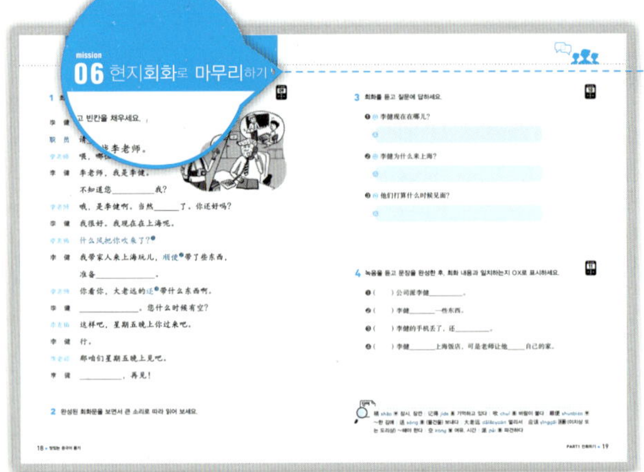

mission 6

현지회화로 마무리하기

중국 현지 회화를 바탕으로 듣기와 말하기를 동시에 학습할 수 있어요. 질문 듣고 답하기, 회화 내용 이해하기 등의 문제를 풀며, 회화 내용을 놓치지 말고 확인해 보세요.

핵심 표현 이해하기

〈mission6〉의 핵심 표현을 담았어요. 주요 표현을 한번 더 확인할 수 있도록 〈중작하기〉〈해석하기〉 문제를 실었습니다.

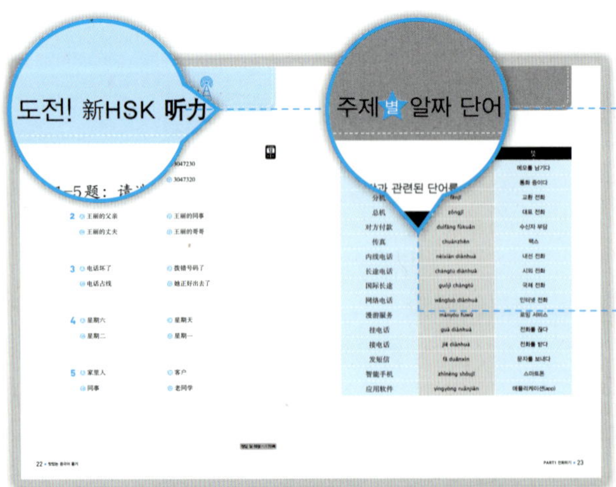

도전! 新HSK 听力 따라잡기

新HSK 듣기 영역의 시험 대비가 가능합니다. 문제 유형을 파악하여 新HSK를 미리 체험해 보세요.

주제별 알짜 단어

주제별로 유용한 알짜배기 단어를 정리해 놓았습니다. 듣기와 회화의 밑바탕은 단어예요. 꼭 외워 두세요.

중국을 읽는다

중국인의 생각, 현재 상황 등을 중국어로 읽다 보면 중국어의 매력을 느낄 수 있습니다. MP3 파일도 제공되어 있어, 독해 실력과 더불어 듣기 능력도 배양할 수 있어요.

부록

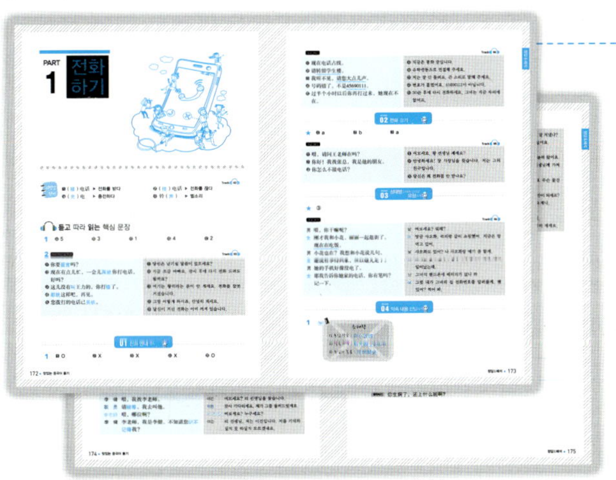

정답&해석

녹음 원문을 보며 듣기 연습을 할 수 있도록 음성 파일의 트랙명을 기입해 놓았습니다. 중국어와 한국어를 함께 배치하여 이해되지 않는 중국어는 바로바로 그 의미를 파악할 수 있어요.
〈도전! 新HSK 听力 따라잡기〉의 공략과 단어도 상세하게 설명되어 있어, 新HSK 듣기 영역에도 쉽게 적응할 수 있습니다.

워크북

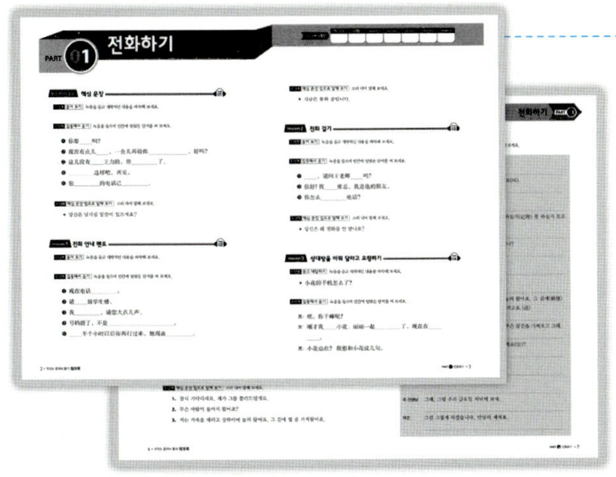

『맛있는 중국어 듣기』 워크북은 '1단계 들어 보기/듣고 대답하기 ▶ 2단계 집중해서 듣기 ▶ 3단계 핵심 문장 입으로 말해 보기 ▶ 4단계 통문장 암기하기'로 구성되어 있어, 중국어 듣기와 말하기 능력을 트레이닝 할 수 있어요.

※ 맛있는북스 홈페이지(www.booksJRC.com)에서 1배속과 1.2배속 MP3 파일을 다운로드 하실 수 있습니다.

전화
하기

어떤 용무로 **상대**에게 **전화**를 걸 때 우리는 머릿속으로
'이런 말을 해야지'라고 몇 초간 생각해 본 후 전화를 하기도 하죠?
그런데 **중국어**로 **전화**를 걸거나 받는다면 어떨까요?
상대방은 안 보이죠, 말은 너무 빨라서 **알아듣기도 어렵죠**.
그래서 맥박이 빨라지며 정신이 하나도 없어요.
제 친구는요, 중국 친구와 통화하는데
'그럼 오늘 **여기까지 통화하자**'라는 말을 몰라서
2시간 동안 수화기를 붙들고 있었대요. 여러분은 이 말을 알고 계시나요?
전화를 **할 때** 쓰는 **표현**을 연습해서 자신 있게 **중국인**과 **통화**해 보세요.

워밍업 단어 다음 단어를 익혀 보세요. (Track 01)

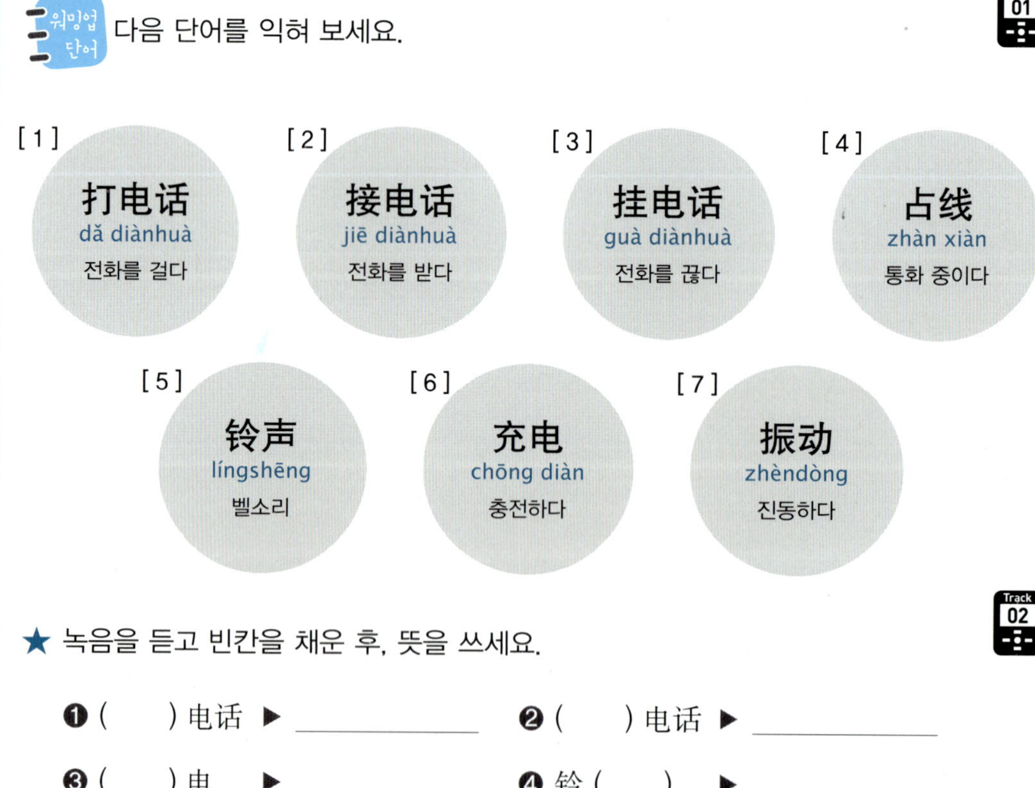

★ 녹음을 듣고 빈칸을 채운 후, 뜻을 쓰세요. (Track 02)

❶ (　　) 电话 ▶ ＿＿＿＿＿＿＿　　❷ (　　) 电话 ▶ ＿＿＿＿＿＿＿

❸ (　　) 电 ▶ ＿＿＿＿＿＿＿　　❹ 铃 (　　) ▶ ＿＿＿＿＿＿＿

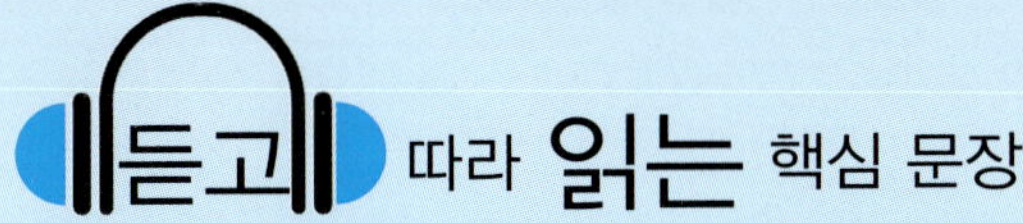 

Track 03

1 녹음을 듣고, 내용과 일치하는 문장을 고르세요.

Ⓐ ________ 당신이 거신 전화는 이미 꺼져 있습니다.

Ⓑ ________ 여기는 왕리라는 분이 안 계세요. 전화를 잘못 거셨습니다.

Ⓒ ________ 당신은 남기실 말씀이 있으세요?

Ⓓ ________ 그럼 이렇게 하시죠. 안녕히 계세요.

Ⓔ ________ 지금 조금 바빠요. 잠시 후에 다시 전화 드려도 될까요?

2 녹음을 다시 들으며 빈칸을 채운 후, 문장을 따라 읽어 보세요.

❶ 你要________吗？

❷ 现在有点儿忙，一会儿________你打电话，好吗？

❸ 这儿没有______王力的，你打______了。

❹ ________这样吧，再见。

❺ 您拨打的电话已________。

단어

留言 liú yán 图 메모를 남기다 | 拨打 bōdǎ 图 전화를 걸다 | 已 yǐ 图 이미[已经과 같은 의미임] | 关机 guān jī 图 (컴퓨터·핸드폰 등의) 전원을 끄다

1 문장을 듣고 내용이 맞으면 O, 틀리면 X를 표시하세요.

Track 04

❶ 现在电话在用。 　　　　　　　　　(　　)

❷ 请转办公楼。 　　　　　　　　　(　　)

❸ 我听得见，不用大点儿声。 　　　(　　)

❹ 号码错了，不是45690101。 　　　(　　)

❺ 过三十分钟你再打过来，她现在不在。 (　　)

표현

▶ **가능보어**

가능보어는 '동사+得/不+결과보어/방향보어'의 형식을 씁니다.
예 听得懂 알아들을 수 있다 | 听不懂 알아듣지 못한다

2 녹음을 다시 들으며, 큰 소리로 따라 읽어 보세요.

TIP 중국의 주요 지역 번호

도시명	지역 번호	도시명	지역 번호	도시명	지역 번호
北京	010	西安	029	南京	025
广州	020	大连	0411	苏州	0512
上海	021	吉林	0432	杭州	0571
天津	022	延吉	0433	成都	028
沈阳	024	哈尔滨	0451	青岛	0532

단어

转 zhuǎn 동 (방향이나 위치를) 바꾸다 | 办公楼 bàngōnglóu 명 사무동 | 听得见 tīngdejiàn (밖의 소리가) 들리다[부정형은 听不见을 씀] | 号码 hàomǎ 명 번호 | 打过来 dǎ guòlai 전화가 걸려 오다

★ 문장을 듣고 알맞은 대답을 고르세요.

❶ (a) 你打错了，这儿没有王老师。　(b) 是，王老师是中国人。

❷ (a) 没问题，一会儿再打电话。　(b) 对不起，他出去了，
　　　　　　　　　　　　　　　　　你打他的手机吧。

❸ (a) 手机没电了。　　　　　　　(b) 那就这样吧。

mission **03** 상대방을 바꿔 달라고 요청하기

★ 대화를 듣고 전화를 받는 사람이 있는 장소를 고르세요.

❶

❷

❸

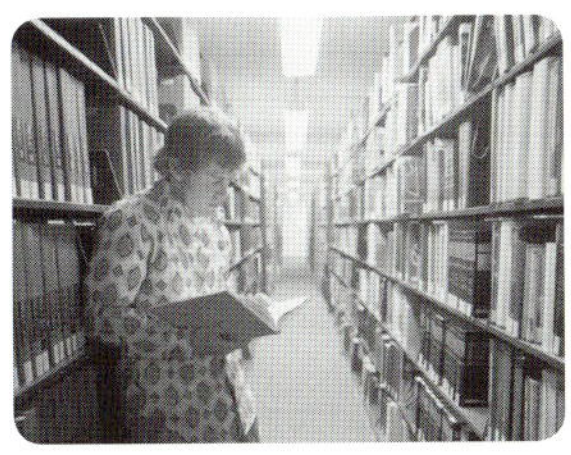

❹

🎙 표현

▶干嘛

干什么와 비슷한 의미
입니다. 또 '왜'라는 의
미도 있습니다. 어기조
사 嘛 대신에 吗를 써
도 됩니다.

예 你干嘛去? 너 왜
가려고?

단어

没电 méi diàn 배터리가 없다 | 张总 Zhāng zǒng 장 사장 | 干嘛 gànmá 대 무엇을 합니까?(=干吗 gànmá)
| 刚才 gāngcái 명 방금, 지금 막 | 逛街 guàng jiē 통 쇼핑하러 돌아다니다 | 得 děi 조동 ~해야 한다

04 약속 내용 전달하기

1 통화 내용을 듣고 해당 내용을 쓰세요.

표현

▶聚
'모이다'라는 동사로,
'우리 좀 모이자'라고
할 때 '我们聚一聚吧'
라고 합니다.

2 녹음을 다시 들으며 들리는 표현을 메모해 보세요.

단어

接 jiē 동 (전화를) 받다 | 转告 zhuǎngào 동 전달하여 알리다 | 聚会 jùhuì 명 모임

1 대화를 듣고 알맞은 답을 고르세요.

❶ 女的很可能在哪儿?

   (a) 办公室   (b) 家

   (c) 在路上   (d) 出租汽车上

❷ 女的要几点到?

   (a) 四点   (b) 四点半

   (c) 五点   (d) 六点

🎙 표현

▶ **约**
约 하면 约会(데이트, 약속)란 단어가 떠오르죠? 约는 동사로도 쓸 수 있습니다. 约 뒤에 사람을 붙여서 '约她出去'로도 씁니다.

▶ **发红包**
红包는 '세뱃돈'이라는 의미로, 회사에서 주는 상여금도 포함됩니다. 发는 상급에서 하급으로 어떤 물건을 하달한다는 뜻입니다.

2 녹음을 다시 들으며, 큰 소리로 따라 읽어 보세요.

TIP 이것이 중국이다

중국인의 스마트폰 보급률은 최고!

이제는 현대인의 필수품이 된 스마트폰. 중국인들에게도 예외가 아닙니다. 중국의 스마트폰 보급률은 66%로, 미국과 영국을 따라잡았다고 하죠. 그래도 한국보다는 낮은데요, 한국이 67%로 1위고, 중국이 2위라고 합니다. 중국의 스마트폰 보급률은 가히 폭발적이라 할 수 있는데요, 인구 수로 볼 때, 앞으로 중국의 스마트폰 사용자는 더욱 늘어날 전망이에요. 스마트폰 사용으로 전 세계 사람들의 생활에 큰 변화가 생긴 것과 마찬가지로 중국인들도 핸드폰의 노예(手机奴隶)가 되어 가고 있죠. 중국의 귀성 모습 또한 크게 달라졌는데요, 기차를 기다리며 초조해하거나 심심해하는 모습은 찾아볼 수가 없습니다. 고개를 숙이고 웨이보에 들어가거나(刷微博), 게임을 하거나(打游戏), 영화를 보는(看电影) 등 스마트폰의 즐거움에 푹 빠져 있는 모습이 신 풍속도라 할 수 있겠네요.

客户 kèhù 몡 거래처, 바이어 | 签合同 qiān hétong 계약을 하다 | 迟到 chídào 통 늦다 | 约 yuē 통 약속하다 | 来得及 láidejí 통 시간이나 여유가 있다, 겨를이 있다 | 站 zhàn 몡 정거장, 역 | 发红包 fā hóngbāo 상여금이나 보너스를 주다

1 회화를 듣고 빈칸을 채우세요.

李　健	喂，我找李老师。
职　员	请______。我去叫他。
李老师	喂，哪位啊？
李　健	李老师，我是李健。 不知道您________我？
李老师	哦，是李健啊。当然______了。你还好吗？
李　健	我很好。我现在在上海呢。
李老师	什么风把你吹来了？❶
李　健	我带家人来上海玩儿，顺便❷带了些东西， 准备__________。
李老师	你看你，大老远的还❸带什么东西啊。
李　健	__________。您什么时候有空？
李老师	这样吧，星期五晚上你过来吧。
李　健	行。
李老师	那咱们星期五晚上见吧。
李　健	________，再见！

2 완성된 회화문을 보면서 큰 소리로 따라 읽어 보세요.

3 회화를 듣고 질문에 답하세요.

❶ ⓠ 李健现在在哪儿?

ⓐ

❷ ⓠ 李健为什么来上海?

ⓐ

❸ ⓠ 他们打算什么时候见面?

ⓐ

4 녹음을 듣고 문상을 완성한 후, 회화 내용과 일치하는지 ○X로 표시하세요.

❶ (　　) 公司派李健＿＿＿＿＿。

❷ (　　) 李健＿＿＿＿一些东西。

❸ (　　) 李健的手机丢了，还＿＿＿＿＿。

❹ (　　) 李健＿＿＿＿上海饭店，可是老师让他＿＿＿自己的家。

稍 shāo 쀠 잠시, 잠깐 | 记得 jìde 통 기억하고 있다 | 吹 chuī 통 바람이 불다 | 顺便 shùnbiàn 쀠 ~한 김에 | 送 sòng 통 (물건을) 보내다 | 大老远 dàlǎoyuǎn 멀리서 | 应该 yīnggāi 조통 (이치상 또는 도리상) ~해야 한다 | 空 kòng 명 여유, 시간 | 派 pài 통 파견하다

핵심 표현 이해하기

1. 什么风把你吹来了?
무슨 바람이 불어서 왔어요?

이 관용어는 우리 말에도 비슷한 표현이 있습니다. 직역을 하면 '무슨 바람이 너를 불어 오게 했니?'라는 뜻입니다. 오랫동안 못 만났던 사람의 방문이 갑작스럽거나 뜻밖일 때 쓸 수 있습니다.

真没想到在这儿见到你! 什么风把你吹来了?
정말 여기서 당신을 만날 줄 생각지도 못했어요. 무슨 바람이 불어서 왔어요?

好久不见。今天什么风把你吹来了?
오랜만이네요. 오늘 무슨 바람이 불어서 왔어요?

해석하기 什么风把你吹来了? 这几年你干什么了?

____

중작하기 이게 누구야? 무슨 바람이 불어서 온 거야?

____

2. 顺便带了些东西。
오는 김에 물건을 좀 가지고 왔어요.

顺便은 부사로 '~하는 김에'라는 뜻입니다. 이 표현은 대부분 뒤 문장에 쓰는데, 어떤 상황을 하면서 그 김에 다른 일을 해달라고 부탁할 때 자주 씁니다.

你去买东西的时候，顺便也帮我买点儿。
당신이 물건을 사러 갈 때, 그 김에 저 대신 좀 사주세요.

我顺便来看看你。
내가 (여기) 오는 김에 당신을 보러 왔어요.

해석하기 我去医院看病，顺便看望了一位住院的朋友。

중작하기 당신이 중국에 갈 때, 그 김에 저에게 중국어 책 몇 권을 사주세요.

3 大老远的还带什么东西啊。

멀리서 또 뭐 이런 걸 가지고 왔어요.

부사 还는 '아직, 여전히, 또' 등의 많은 의미가 있으나, 여기에서는 반문의 어투(오히려, 도리어)로 의문대명사와 함께 쓰여 약간의 질책의 뜻을 담고 있습니다.

你肚子这么疼，还吃什么东西啊？
당신은 배가 아프다면서, 뭘 먹는 겁니까?

你都迟到了，还看什么电视啊？
당신은 이미 늦었다면서, 무슨 텔레비전을 보는 겁니까?

해석하기 明天要考试了，还玩什么电脑？

중작하기 당신은 병이 났는데, 무슨 출근을 한다고 그래요?

看病 kàn bìng 통 진찰 받다 ｜ 看望 kànwàng 통 방문하다, 문안하다

정답 및 해설 ⇨176쪽

도전! 新HSK 听力 따라잡기

第1-5题：请选出正确答案。

1 Ⓐ 3047203   Ⓑ 3047230

Ⓒ 3047023   Ⓓ 3047320

2 Ⓐ 王丽的父亲   Ⓑ 王丽的同事

Ⓒ 王丽的丈夫   Ⓓ 王丽的哥哥

3 Ⓐ 电话坏了   Ⓑ 拨错号码了

Ⓒ 电话占线   Ⓓ 她正好出去了

4 Ⓐ 星期六   Ⓑ 星期天

Ⓒ 星期二   Ⓓ 星期一

5 Ⓐ 家里人   Ⓑ 客户

Ⓒ 同事   Ⓓ 老同学

★ 통신 수단과 관련된 단어를 익혀 보세요.

중국어	병음	뜻
留言	liú yán	메모를 남기다
占线	zhàn xiàn	통화 중이다
分机	fēnjī	교환 전화
总机	zǒngjī	대표 전화
对方付款	duìfāng fùkuǎn	수신자 부담
传真	chuánzhēn	팩스
内线电话	nèixiàn diànhuà	내선 전화
长途电话	chángtú diànhuà	시외 전화
国际长途	guójì chángtú	국제 전화
网络电话	wǎngluò diànhuà	인터넷 전화
漫游服务	mànyóu fúwù	로밍 서비스
挂电话	guà diànhuà	전화를 끊다
接电话	jiē diànhuà	전화를 받다
发短信	fā duǎnxìn	문자를 보내다
智能手机	zhìnéng shǒujī	스마트폰
应用软件	yìngyòng ruǎnjiàn	애플리케이션(app)

屏幕奴隶

随着手机逐步演变成生活必需品，人们更换手机的频率不断增高。整天手机不离身的人特别多，八成白领称自己有手机依赖症。

现在很多年轻人甚至是中年人都是手机的奴隶。经常可以看到有人在休息、坐车、吃饭、走路的时候都看着手机。如果出了新款手机就一定要换个新的。以前有"房奴"、"车奴"等词，最近出现了新的名词"屏幕奴隶"。不知道从什么时候开始，智能手机的发展在给人们带来方便的同时，也让越来越多的人成了"屏幕奴隶"。

屏幕奴隶，对人的身体是有危害的，尤其是眼睛。长时间盯着手机屏幕，对眼睛的刺激很大。其次，频繁地更换手机在经济上也是一种负担，不管这笔开销能不能轻松承受，使用没有多久的手机就被淘汰掉，也是一种浪费。

단어

屏幕 píngmù 명 스크린, 화면 | 奴隶 núlì 명 노예 | 随着 suízhe 개 ~에 따라서 | 逐步 zhúbù 부 점차 | 必需品 bìxūpǐn 명 필수품 | 频率 pínlǜ 명 빈도 | 八成 bā chéng 명 80% | 白领 báilǐng 명 샐러리맨, 화이트칼라 | 称 chēng 동 칭하다 | 依赖症 yīlàizhèng 명 의존증 | 甚至 shènzhì 부 심지어 | 智能手机 zhìnéng shǒujī 명 스마트폰 | 危害 wēihài 명 유해 | 尤其 yóuqí 부 특히 | 盯着

핸드폰 노예

핸드폰이 점차 생활 필수품으로 변하면서 사람들의 핸드폰 교체율이 계속적으로 증가하고 있다. 종일 핸드폰을 손에서 놓지 못하는 사람들이 무척 많은데, 거의 80%의 직장인들이 자신에게 핸드폰 의존증이 있다고 말했다.

현재 많은 젊은이들, 심지어 중년들까지도 모두 핸드폰의 노예다. 사람들이 쉬거나, 차를 타거나, 밥을 먹거나, 길을 걸을 때도 핸드폰을 보고 있는 모습을 자주 볼 수 있다. 만일 신형 핸드폰이 출시되면 꼭 새것을 사야 한다. 예전에 '집 노예', '차 노예' 같은 단어들이 있었지만, 최근에는 '핸드폰 노예'라는 새로운 단어가 출현했다. 언제부터 시작된 건지는 모르겠지만, 스마트폰의 발전은 사람들에게 편리를 가져온 동시에 갈수록 많은 사람들이 '핸드폰 노예(화면 노예)'가 되고 있다.

핸드폰 노예는 사람들의 건강에 유해한데, 특히 눈에 안 좋다. 장시간 핸드폰 회면을 쳐다보고 있으면 눈에 자극이 거신다. 그다음으로는 빈번한 핸드폰 교체는 경제적으로도 부담이 되는데, 이 지출을 거뜬히 감당할 수 있다고 해도 오래 사용하지 않은 핸드폰이 도태된다는 것도 일종의 낭비다.

---

dīngzhe 뚫어지게 쳐다보다 | 刺激 cìjī 몡 자극 | 其次 qícì 몡 그 다음의 | 开销 kāixiāo 몡 지출, 씀씀이 | 轻松 qīngsōng 혱 홀가분하다, 스트레스 없이 편하다 | 承受 chéngshòu 됭 감당하다 | 淘汰 táotài 됭 뒤떨어지다, 도태하다 | 浪费 làngfèi 혱 낭비하다

PART 2
물건
사기

mission **1**

생필품
사기

mission **2**

상품
고르기

mission **3**

물건
교환하기

mission **4**

마트에서
계산하기

mission **5**

물건
환불하기

mission **6**

현지회화로
마무리하기

베이징에 도착한 첫날 **두려움** 반 **호기심** 반으로 마트에 가서 물건을 샀었죠.

현지에 **도착**해서 제일 먼저 하는 일 중 하나가 **물건**을 **사는** 것이죠.

자신이 원하는 물건을 순조롭게 사서 돌아왔다면 문제가 안 되겠지만,

원하는 물건이 없거나 **환불**을 해야 하는 상황이 생겼어요.

그럼 어떻게 하죠? **종업원**과 **일대일**로 부딪혀야 되겠지요.

생각만 해도 **진땀**이 **난다고요**?

우리가 물건을 사면서 겪을 법한 일을 미리 **간접 체험**해 본다면

실제 상황에서 이런 일을 겪는다 해도 그리 떨리지는 않겠죠?

워밍업 단어 다음 단어를 익혀 보세요.

[1]
换
huàn
바꾸다

[2]
退款
tuì kuǎn
환불하다

[3]
款式
kuǎnshì
모양, 스타일

[4]
牌子
páizi
상표

[5]
网购
wǎnggòu
인터넷 쇼핑을 하다

[6]
刷卡
shuā kǎ
신용 카드로 계산하다

[7]
现金
xiànjīn
현금

★ 녹음을 듣고 빈칸을 채운 후, 뜻을 쓰세요.

❶ (　　　) 款 ▶ ____________　　❷ (　　　) 金 ▶ ____________

❸ (　　　) 购 ▶ ____________　　❹ 款 (　　　) ▶ ____________

듣고 따라 읽는 핵심 문장

1 녹음을 듣고, 내용과 일치하는 문장을 고르세요.

Ⓐ _________ 이 사과는 어떻게 팝니까?

Ⓑ _________ 더 이상 싸게는 안 됩니다. 더 싸면 손해예요.

Ⓒ _________ 너무 비싸네요. 좀 싸게 해주실 수 있나요?

Ⓓ _________ 또 다른 것이 필요하세요?

Ⓔ _________ 제가 좀 고를게요.

2 녹음을 다시 들으며 빈칸을 채운 후, 문장을 따라 읽어 보세요.

❶ 我来_________。

❷ 这个苹果_________?

❸ _______别的吗?

❹ 不能再便宜了，_________我就要赔本了。

❺ 太贵了，_________便宜点儿?

挑 tiāo ⑧ 고르다 ┃ 赔本 péi běn ⑧ 밑지다, 손해를 보다

1 대화를 듣고 알맞은 답을 고르세요.

❶ 下边哪个是没买的?

(a) 纸巾
(b) 手表
(c) 卫生纸
(d) 香皂

❷ 他要什么牌子的?

(a) 他要名牌的
(b) 他要国产的
(c) 什么牌子都可以
(d) 他要进口的

2 녹음을 다시 들으며, 큰 소리로 따라 읽어 보세요.

표현

▶양사
중국어에서 양사는 아주 중요합니다. 모든 물건에 양사가 있습니다.

❶ 包(bāo 봉지, 갑, 꾸러미) : 싸여 있는 물건을 세는 양사
一包茶叶 찻잎 한 봉지

❷ 卷(juǎn 통, 두루마리) : 말려 있는 물건을 세는 양사
一卷卫生纸 화장지 한 두루마리

❸ 盒(hé 케이스) : 작은 상자에 들어 있는 물건을 세는 양사
一盒香烟 담배 한 갑

TIP 중국의 특가 세일 광고

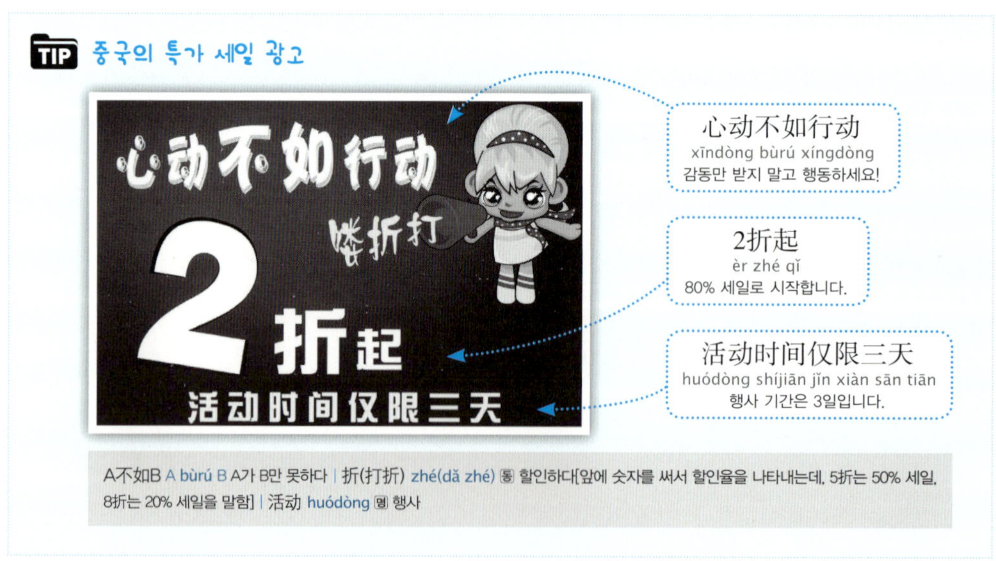

心动不如行动
xīndòng bùrú xíngdòng
감동만 받지 말고 행동하세요!

2折起
èr zhé qǐ
80% 세일로 시작합니다.

活动时间仅限三天
huódòng shíjiān jǐn xiàn sān tiān
행사 기간은 3일입니다.

A不如B A bùrú B A가 B만 못하다 | 折(打折) zhé(dǎ zhé) 통 할인하다[앞에 숫자를 써서 할인율을 나타내는데, 5折는 50% 세일, 8折는 20% 세일을 말함] | 活动 huódòng 명 행사

单어

纸巾 zhǐjīn 명 휴대용 티슈 | 卫生纸 wèishēngzhǐ 명 두루마리 휴지 | 香皂 xiāngzào 명 비누 |
名牌 míngpái 명 유명 상표, 유명 브랜드 | 国产 guóchǎn 명 국산 | 进口 jìnkǒu 명 수입

★ 문장을 듣고 알맞은 대답을 고르세요.

❶ (a) 有，我拿给你看。　　　(b) 你要几个？

❷ (a) 给你换件小一号的。　　(b) 好的，您再试一下。

❸ (a) 当然可以。　　　　　　(b) 可以，我给您退款。

 표현

▶退款
'환불하다'라는 뜻입니다. 款은 여기서 '돈'을 말합니다.

★ 내화가 일어난 장소와 발생한 일이 알맞은 것을 고르세요.

 표현

▶发票
물건을 교환할 때는 영수증을 꼭 가져가야 하는데, 영수증은 发票라고 합니다. 비슷한 표현으로는 收据(shōujù)가 있습니다. 开发票는 '영수증을 끊다'라는 뜻입니다.

❶ 

❷ 

❸ 

❹ 

 단어

根本 gēnběn 🕑 전혀[주로 부정사와 씀] | 发票 fāpiào 🕑 영수증

1 대화를 듣고 빈칸을 채우세요.

账单

种类	数量
牙刷	两个
饼干	( )
可乐	( )
牛奶	( )
圆珠笔	( )
练习本	( )
总价	( )
实付	( )
找钱	( )

谢谢光临

2 녹음을 다시 들으며 들리는 표현을 메모해 보세요.

단어

牙刷 yáshuā 명 칫솔 | 饼干 bǐnggān 명 과자, 비스킷 | 圆珠笔 yuánzhūbǐ 명 볼펜 | 练习本 liànxíběn 명
연습장 | 总价 zǒngjià 명 합계 | 实付 shífù 동 실제로 지불하다 | 找钱 zhǎo qián 동 돈을 거슬러 주다 |
光临 guānglín 동 왕림하다['오다'라는 말을 높이는 말]

05 물건 환불하기

1 대화를 듣고 알맞은 답을 고르세요.

Track 21

❶ 男的买了什么?

   (a) 照相机   (b) 洗衣机

   (c) 手机   (d) 打印机

❷ 买家在几天内可以退款?

   (a) 三天   (b) 五天

   (c) 七天   (d) 两个星期

표현

▶地
dì와 de 두 가지로 읽을 수 있는데, 여기서는 de로 읽습니다. de로 읽는 地는 부사어가 동사 앞에서 동사를 꾸밀 때 씁니다.
예 好好地看 잘 보다 | 高兴地回家 즐거워하며 집으로 가다

▶那倒是
상대방의 의견에 어느 정도 동의를 나타낼 때 씁니다. 고개를 끄덕이며 '그건 그렇긴 해', '하긴 그래'라고 말할 때 쓰세요.

2 녹음을 다시 들으며, 큰 소리로 따라 읽어 보세요.

TIP 이것이 중국이다

전 세계를 활보할 중국 상인

예로부터 세계 3대 상인을 꼽으라면 유대 상인, 아랍 상인, 그리고 중국(화교) 상인을 들 수 있습니다. 중국에는 '货比三家(huò bǐ sān jiā)'라는 표현이 있는데요, 물건을 살 때는 세 집을 비교하면서 사야 한다는 말이죠. 이런 관용어를 통해 중국인들의 구매 습관을 알 수 있습니다. 중국인의 상술은 유대인의 상술을 뛰어넘는다고 하는데요, 2100년 전에 쓰여진 세계 최고의 역사서인 사마천(司马迁) 사기(史记)의 '화식열전(貨殖列傳 재물을 증식하는 방법)'에 돈에 대한 정의가 나오는데, 지금 읽어도 감탄을 자아냅니다. '보통 사람은 자기보다 열 배의 부자에 대해서는 욕을 하고, 백 배가 되면 두려워하고, 천 배가 되면 그 사람 일을 해주고, 만 배가 되면 그 사람의 노예가 된다(凡編戶之民, 富相什則卑下之, 伯則畏憚之, 千則役, 萬則僕)' 기가 막힌 말이죠? 현재 중국 관광객(中国游客)이 전 세계 물건을 싹쓸이(扫货)하는 기세가 대단한데요, 지금은 구매를 위해 전 세계를 누비지만 머지않아 중국 상인(기업)들이 전 세계의 경제를 쥐락펴락하는 날이 오는 건 아닐까요?

단어

打印机 dǎyìnjī 명 프린터 | 内 nèi 명 안, 내 | 退款 tuì kuǎn 동 환불하다 | 卖家 màijiā 명 판매자 |
谈事 tán shì (어떤 상황·사건에 대해) 상대와 이야기를 나누다[중요한 이야기] | 功能 gōngnéng 명 기능 |
倒 dào 부 오히려 | 付 fù 동 지불하다 | 运费 yùnfèi 명 배송료, 운송비

06 현지회화로 마무리하기 

1 회화를 듣고 빈칸을 채우세요.

小 米　你看，这件连衣裙很漂亮。

路 路　(过去看了看价格) 哇！

　　　怎么这么贵呀！

小 米　就是，你看，

　　　这条裤子怎么样？

路 路　好是好，不过❶颜色太扎眼了。

　　　平时__________穿呢？

小 米　要不❷，你看那件衬衫怎么样？

　　　样子很______，颜色______。

　　　拿__________。

路 路　这件不是我的风格。

小 米　好吧，不过你__________。

路 路　我从来❸不后悔。以后肯定______________。

2 완성된 회화문을 보면서 큰 소리로 따라 읽어 보세요.

3 회화를 듣고 질문에 답하세요.

❶  Q 路路觉得连衣裙怎么样?

A

❷ Q 路路觉得裤子怎么样?

A

❸ Q 路路为什么不喜欢衬衫?

A

4 녹음을 듣고 문장을 완성한 후, 회화 내용과 일치하는지 O X로 표시하세요. 

❶ (　　　) 路路觉得连衣裙＿＿＿＿＿＿＿。

❷ (　　　) 裤子平时＿＿＿＿＿＿＿。

❸ (　　　) 衬衫的样子不太＿＿＿＿＿，可是颜色＿＿＿＿＿。

❹ (　　　) 路路担心这次＿＿＿＿＿＿好看的衣服。

단어

连衣裙 liányīqún 명 원피스 | 价格 jiàgé 명 가격 | 条 tiáo 양 바지, 치마를 세는 단위 | 裤子 kùzi 명 바지 | ……是……，不过…… shì……，búguò…… ~하긴 ~한데, 그러나[양보의 의미를 나타냄] | 扎眼 zhāyǎn 형 (색깔·모양이 다른 사람의 시선을) 끌다, 튀다, 보기 불편하다[부정적인 의미도 있음] | 要不 yàobù 접 그렇지 않으면, 아니면[다른 선택을 할 때 씀] | 衬衫 chènshān 명 셔츠, 블라우스 | 正 zhèng 형 (색깔이) 선명하다, 또렷하다 | 风格 fēnggé 명 취향, 스타일 | 后悔 hòuhuǐ 형 후회하다 | 从来不…… cónglái bù…… 여태껏 ~하지 않았다

핵심 표현 이해하기

1 好是好，不过颜色太扎眼了。
좋긴 좋은데, 색깔이 너무 튀어요.

'A是A, 不过……'는 양보의 표현으로 'A하긴 A한데 그러나 ~'라는 뜻을 나타냅니다.
정작 자신이 하고자 하는 말이나 포인트는 접속사 不过 뒤에 나옵니다.

这家饭馆好吃是好吃，不过有点儿贵。
이 식당은 맛있기는 맛있는데, 약간 비쌉니다.

我男朋友好是好，不过不够体贴。
내 남자 친구는 사람이 좋기는 한데, 자상한 게 좀 부족해요.

해석하기 这件衣服好看是好看，不过颜色不适合我。

____

중작하기 지하철을 타면 편리하긴 편리한데, 출퇴근 시간에는 지하철 안이 너무 붐벼요.

____

2 要不，你看那件衬衫怎么样？
아니면 저 블라우스는 어때요?

要不는 접속사로, '만일 그렇지 않으면(如果不是这样)'이라는 뜻과 상대방에게 다른 제안을 할 때 쓰는 '아니면'이라는 두 가지 의미로 쓰입니다. 비슷한 표현으로는 要不然, 不然 등이 있습니다.

你不会喝酒吧？要不喝可乐怎么样？
당신은 술을 마실 줄 모르죠? 아니면 콜라를 마시는 게 어때요?

你常回家看看父母，要不父母会想你的。
당신은 자주 집에 가서 부모님을 좀 뵈어요. 그렇지 않으면 부모님이 당신을 보고 싶어 할 거예요.

 要不这样吧，我们早一点儿出发。

 오늘 다 쓸 수 있어요? 그렇지 않으면 내일 쓰세요.

3 我从来不后悔。

나는 여태껏 후회한 적이 없어요.

从来는 '여태껏, 지금까지'라는 뜻으로 대체로 부정사 没有, 不와 같이 씁니다. 두 부정사의 의미가 약간 다른데, 没有를 쓰면 '기회가 없다'는 뜻이고, 不를 쓰면 '본인의 의지로 하지 않았다'는 뜻입니다. 부정사 没有가 나올 때는 보통 경험을 나타내는 조사 过와 짝을 이루어 씁니다.

我从来没迟到过。
지는 여대껏 지각한 적이 없이요.

我从来不吃剩菜。
저는 여태껏(줄곧) 남긴 음식을 먹지 않았습니다.

 我从来没相信过她。

 저는 여태껏 외국 친구를 사귀어 본 적이 없습니다.

不够 búgòu 형 충분하지 못하다 | 体贴 tǐtiē 형 자상하다, 잘 챙겨 주다 | 适合 shìhé 동 어울리다 |
剩菜 shèngcài 명 남은 음식 | 相信 xiāngxìn 동 믿다

정답 및 해설 ⇨182쪽

第1-5题：请选出正确答案。

1　Ⓐ 没去书店　　　　　　Ⓑ 不想买

　　Ⓒ 卖完了　　　　　　　Ⓓ 不知道在哪儿买

2　Ⓐ 太大　　　　　　　　Ⓑ 太小

　　Ⓒ 有毛病　　　　　　　Ⓓ 难看

3　Ⓐ 她买的衣服总是很漂亮　Ⓑ 她买的衣服很贵

　　Ⓒ 她没有眼光　　　　　Ⓓ 她很喜欢买衣服

4　Ⓐ 小英是个好人　　　　Ⓑ 小英很喜欢逛街

　　Ⓒ 小英没有朋友　　　　Ⓓ 男的喜欢陪小英逛街

5　Ⓐ 围巾不好看　　　　　Ⓑ 围巾有点儿贵

　　Ⓒ 围巾破了　　　　　　Ⓓ 围巾有点儿脏

★ 쇼핑과 관련된 단어를 익혀 보세요.

중국어	병음	뜻
免税商店	miǎnshuì shāngdiàn	면세점
时装店	shízhuāngdiàn	옷가게
更衣室	gēngyīshì	탈의실
小费	xiǎofèi	팁
冒牌货	màopáihuò	위조품, 모조품
大甩卖	dàshuǎimài	바겐세일
涨价	zhǎng jià	가격이 오르다
赶时髦	gǎn shímáo	유행을 따르다
分期付款	fēnqī fùkuǎn	할부하다
高档货	gāodànghuò	고급 상품
讨价还价	tǎo jià huán jià	가격을 흥정하다
上市	shàng shì	시장에 나오다
免费	miǎnfèi	공짜, 무료
打折	dǎ zhé	할인하다
长短	chángduǎn	길이
肥瘦	féishòu	품

网上买衣服的窍门

你会在网上买衣服吗？虽然网上买东西看起来很简单，但是你买的要是衣服，就必须有一定的经验和技巧。否则，你很难买到适合自己的衣服。

在网上买衣服最先看的是店家的信誉，如果店家的信誉高的话，你买着也会放心。

其次，你要看看买家的评价，尤其是差评是怎么回事，免得自己犯同样的错误。

第三，你要充分了解自己的身材，肩宽、三围都要知道，而且要知道用什么样的衣服来掩饰自己身材的缺陷，这样你才能买到真正适合自己的衣服。

第四，不要一味地找便宜的衣服，毕竟价格太低，总会有毛病。而且要注意货比三家，特别是买品牌衣服。

第五，不要被漂亮的图片吸引，毕竟人家是模特，我们要多关注一下衣服的质量和款式本身，而且一定要理智。

단어

窍门 qiàomén 몡 비결 | 经验 jīngyàn 몡 경험 | 技巧 jìqiǎo 몡 기술 | 信誉 xìnyù 몡 신용, 명망 | 评价 píngjià 몡 평가 | 差评 chàpíng 몡 불만족 | 免得 miǎnde 젭 ~하지 않도록 | 掩饰 yǎnshì 동 감추다 | 缺陷 quēxiàn 몡 결함 | 毕竟 bìjìng 뷔 어쨌든 | 品牌 pǐnpái 몡 상표, 브랜드 | 吸引 xīyǐn 동 끌어당기다, 유인하다 | 模特 mótè 몡 모델 | 质量 zhìliàng 몡 품질

인터넷에서 옷을 사는 비결

당신은 인터넷에서 옷을 살 수 있나요? 인터넷에서 물건을 사는 것이 간단해 보이지만, 당신이 사는 것이 옷이라면 반드시 어느 정도의 경험과 기술이 있어야 한다. 그렇지 않으면 자신에게 잘 맞는 옷을 사는 일이 무척 어려울 것이다.

인터넷에서 옷을 살 때는 우선 쇼핑몰의 명성을 봐야 한다. 만일 쇼핑몰이 명성이 있다면 옷을 사는 데 안심할 수 있다.

두 번째는 고객들의 평가를 잘 살펴야 한다. 자신도 똑같은 실수를 범하지 않기 위해서 특히 불만족이 왜 나온 건지 잘 살펴야 한다.

세 번째는 자신의 몸매에 대해 충분히 이해하고 있어야 하는데, 어깨 넓이, 신체 사이즈를 모두 알아야 한다. 게다가 어떤 옷으로 자신의 신체 결함을 가릴 수 있는지를 알아야 한다. 이렇게 해야 사신에게 성발 어울리는 옷을 살 수 있다.

네 번째는 그저 싼 옷만을 찾지는 말아야 한다. 가격이 너무 싸면 어쨌든 문제가 있기 마련이다. 뿐만 아니라 온라인 쇼핑몰끼리 비교를 해야 한다. 특히 유명 메이커 옷을 살 때 말이다.

다섯 번째는 예쁜 사진에 너무 현혹되지 마라. 어쨌거나 그 사람은 모델이다. 우리는 옷의 품질이나 디자인 자체에 관심을 좀 더 가져야 할 뿐 아니라 지혜로운 눈을 가져야 한다.

"중국 음식 맛은 어떤가요?"라고 중국인에게 물어본다면 난감해할 거예요.

중국 음식은 지역에 따라 맛의 차이가 크거든요.

한국인이 좋아하는 음식으로는 四川 요리를 들 수 있는데요,

宮保鸡丁(gōngbǎo jīdīng), 鱼香肉丝(yúxiāng ròusī), 麻婆豆腐(mápó dòufu) 등은 매콤해서

한국인의 입맛에 잘 맞는다고 하네요.

중국인들은 이렇게 말합니다. "天上飞的除了飞机都吃, 地上四条腿的除了桌子都吃。

(하늘에 나는 것은 비행기 빼고 다 먹고, 땅에서 다니는 것 중 다리가 네 개인 것은 책상 빼고 다 먹는다)"

중국인은 먹는 것을 굉장히 중요시하고 따집니다.

그래서 세계 3대 요리에 속하게 되었는지도 모르겠네요.

워밍업 단어 다음 단어를 익혀 보세요.

[1]
点菜
diǎn cài
(음식을) 주문하다

[2]
加
jiā
추가하다

[3]
放
fàng
(조미료 등을) 넣다

[4]
吃饱
chībǎo
배가 부르다

[5]
甜
tián
달다

[6]
苦
kǔ
쓰다

[7]
辣
là
맵다

★ 녹음을 듣고 빈칸을 채운 후, 뜻을 쓰세요.

❶ (　　　) ▶ ___________　　❷ (　　　) ▶ ___________

❸ (　　　) 菜 ▶ ___________　　❹ (　　　) ▶ ___________

듣고 따라 읽는 핵심 문장

1 녹음을 듣고, 내용과 일치하는 문장을 고르세요.

Ⓐ _________ 당신의 입맛에 맞는지 모르겠네요.

Ⓑ _________ 배에서 꼬르륵 소리가 나기 시작했어요.

Ⓒ _________ 뜨거울 때 드세요.

Ⓓ _________ 이 국은 뜨겁지 않네요. 식었어요.

Ⓔ _________ 손님에게 차를 따라 드리세요.

2 녹음을 다시 들으며 빈칸을 채운 후, 문장을 따라 읽어 보세요.

❶ 我肚子_________咕咕叫了。

❷ 趁______吃吧。

❸ 给客人倒点儿______。

❹ 这汤_________，凉了。

❺ 不知道_________你的口味。

단어

咕咕叫 gūgū jiào 꼬르륵 소리가 나다 | 趁 chèn 〔개〕 ～한 김에, ～을 틈타서 | 倒 dào 〔동〕 따르다, 붓다 |
汤 tāng 〔명〕 국 | 凉 liáng 〔동〕 식다 | 口味 kǒuwèi 〔명〕 입맛

1 문장을 듣고 내용이 맞으면 O, 틀리면 X를 표시하세요.

Track 30

❶ 我吃不下了。 （　　　）

❷ 我以前吃过几次这个菜。 （　　　）

❸ 我很喜欢吃中国菜。 （　　　）

❹ 我吃得不太饱。 （　　　）

❺ 要多放点儿辣椒酱。 （　　　）

🎤 표현

▶ **吃不下**
不下는 가능보어 형태로, 용량이나 수량이 가득 차서 더 이상 할 수 없음을 나타냅니다. 吃不下는 '배가 가득 차서 더 먹을 수가 없다'는 말이죠. 비슷한 표현으로는 '坐不下(자리가 없거나 사람이 많아서 앉을 수 없다)', '放不下(물건이 많아서 또는 공간이 없어서 넣을 수 없다)' 등이 있습니다.

2 녹음을 다시 들으며, 큰 소리로 따라 읽어 보세요.

TIP 음식 주문에 필요한 양사

음식을 주문할 때 자주 쓰는 양사 네 개를 기억하세요. 个(gè)는 가장 많은 명사와 함께 쓰는 만큼 음식의 양사로도 자주 씁니다. 碗(wǎn)은 작은 밥공기를 말하죠. 盘(pán)은 공기보다는 큰 접시에 해당하고요. 份(fèn)은 벌, 세트라는 의미인데요, 1인분을 말합니다.

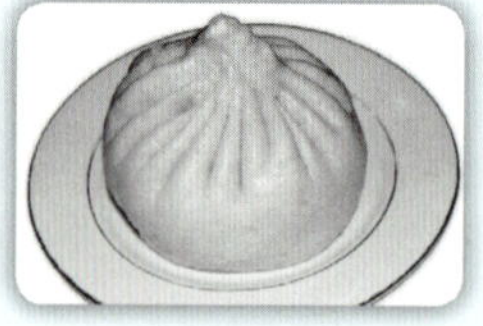

一**个**包子
왕만두 한 개

一**碗**饭
밥 한 공기

一**盘**菜
요리 한 접시

🔍 단어

吃不下 chībuxià 더 이상 먹지 못하다 | 饱 bǎo 휑 배가 부르다 | 辣椒酱 làjiāojiàng 몡 고추장 | 不能再…… bùnéng zài…… 더 이상 ～하지 못하다 | 尝 cháng 통 맛보다 | 面条 miàntiáo 몡 국수, 면류 | 味道 wèidao 몡 맛 | 就是 jiùshì 🔠 단지, 다만[아쉽거나 부족할 때 전환의 의미로 자주 씀]

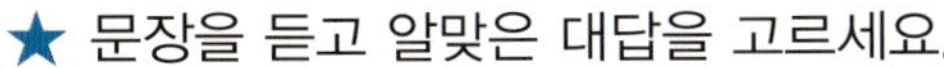

mission 02 음식 주문하기

★ 문장을 듣고 알맞은 대답을 고르세요.

❶ (a) 再来一碗汤。　　(b) 这里什么菜最拿手？

❷ (a) 来一瓶啤酒。　　(b) 吃得太饱了。

❸ (a) 卷心菜卖完了。　　(b) 您要哪一样？

🎤 **표현**

▶ **来**
음식을 주문할 때 많이 쓰는 동사입니다. 다른 동사를 대신하는 대동사 역할을 하는데, 点이나 要 등의 동사를 대신합니다.

▶ **酒水**
식당 용어에서 꼭 알아야 하는 표현으로, 중국인들은 식사할 때 주류나 음료수를 함께 주문하는 습관이 있습니다.

mission 03 식당에서 음식을 재촉할 때

★ 대화를 듣고 주문한 시간과 현재 시간을 비르게 제시한 것을 고르세요.

❶
menu
주문한 시간 **7:00**
현재 시간 **7:10**

❷

menu
주문한 시간 **6:30**
현재 시간 **6:45**

❸

menu
주문한 시간 **5:30**
현재 시간 **5:55**

❹
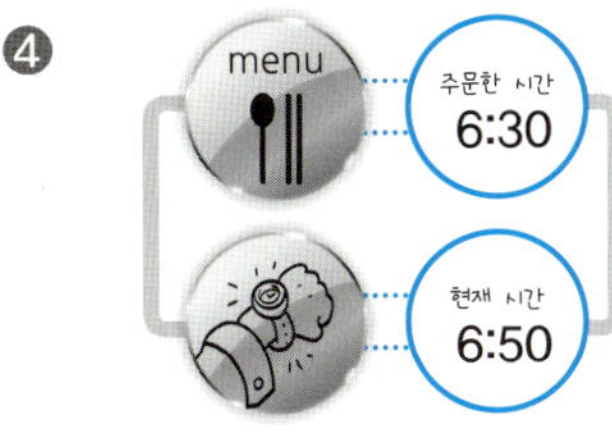
menu
주문한 시간 **6:30**
현재 시간 **6:50**

🔍 **단어**

拿手 náshǒu 형 뛰어나다, 자신 있다[주로 손재주에 쓰며, 음식이나 그림, 기계 수리 등에 씀] | 卷心菜 juǎnxīncài 명 양배추[여기서는 양배추 볶음 요리를 말함] | 酒水 jiǔshuǐ 명 주류나 음료수를 말함 | 需要 xūyào 동 필요하다 | 不好意思 bùhǎoyìsi 미안합니다, 부끄럽습니다 | 催 cuī 동 재촉하다

1 대화를 듣고 각자가 느끼는 음식의 맛을 쓰세요.

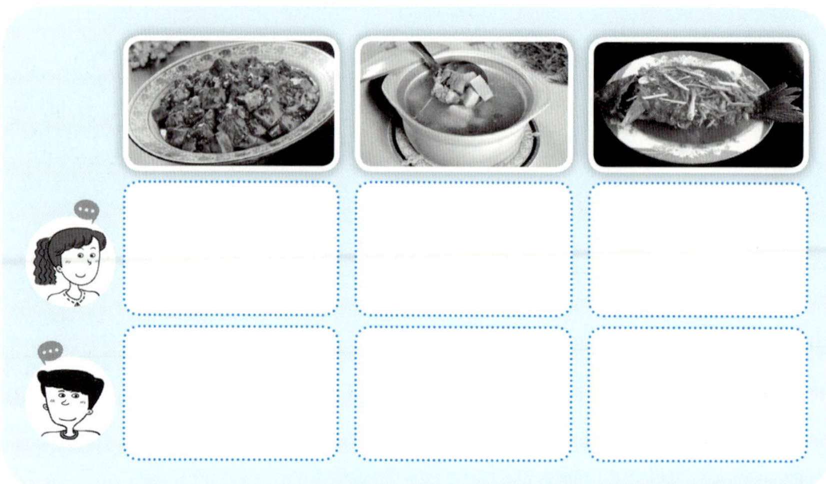

2 녹음을 다시 들으며 들리는 표현을 메모해 보세요.

淡 dàn 형 싱겁다 | 酸 suān 형 시다 | 甜 tián 형 달다 | 糖醋鱼 tángcùyú 명 탕추위, 탕수어

1 대화를 듣고 빈칸을 채우세요.

Track 34

❶ 中国菜讲究＿＿＿＿＿、香、味。

❷ 这个糖醋鱼是我的＿＿＿＿＿＿＿。

❸ 做得＿＿＿＿饭馆儿＿＿＿＿＿＿好吃。

❹ 那你别＿＿＿＿＿＿。

🎙 **표현**

▶光
부사로 쓰면 '단지, 다만(범위 한정)'이란 뜻입니다. 형용사 또는 동사 앞에 씁니다. '你别光喝酒不吃菜(술만 마시지 말고 안주 좀 드세요)', '你光生气有什么用?(화만 내봐야 무슨 소용이에요?)' 등의 형태로 쓸 수 있는데, 光은 '～만 해서는 안 된다', '～만 하지 마라' 등의 뜻을 나타냅니다.

2 녹음을 다시 들으며, 큰 소리로 따라 읽어 보세요.

TIP 이것이 중국이다

중국인의 아침식사

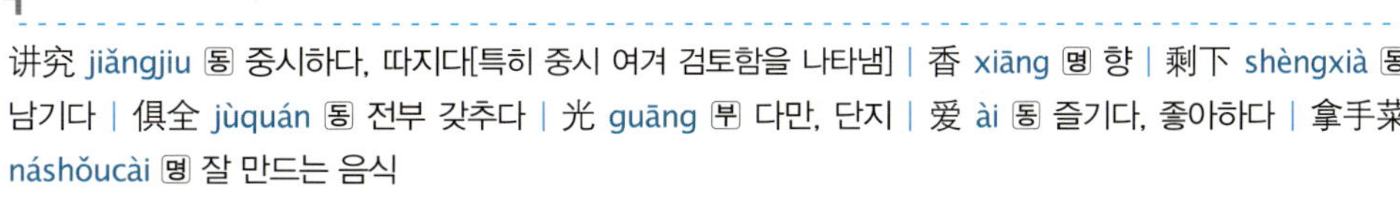

중국인들은 아침식사를 대부분 밖에서 사먹습니다. 아침에 '早点(zǎodiǎn 아침식사)'이라고 써있는 노점이나 간판을 볼 수가 있는데, 아침 시간이 지나면 영업을 하지 않아요. 제가 아는 한국 유학생은 5년 동안 베이징에서 유학을 했는데, 한번도 早点을 먹어본 적이 없다고 하더라고요. 그래서 왜 못 먹었냐고 물어봤더니, 한번도 일찍 일어난 적이 없다고 하더군요. 중국인의 아침식사 하면 우선 油条(yóutiáo)가 떠오르네요. 찹쌀로 만드는데, 기름에 튀겨서 먹습니다. 豆酱(dòujiàng)은 우리나라의 두유와 비슷한데, 집에서 콩을 갈아먹는 느낌이에요. 두유보다 맛이 더 진합니다. 粥(zhōu)는 우리나라의 죽과 거의 비슷한데, 차조로 만든 죽을 많이 먹습니다. 또 豆腐脑(dòufu nǎo)가 있는데, 우리의 연두부를 생각하시면 돼요. 길거리 음식의 위생이 걱정되는 사람들은 快餐(kuàicān 중국식 패스트푸드점)이나 맥도날드, KFC에서 판매하는 아침 세트를 이용하기도 해요. 중국의 아침이 점점 진화하고 있다는 느낌이 들죠?

🔍 **단어**

讲究 jiǎngjiu 동 중시하다, 따지다[특히 중시 여겨 검토함을 나타냄] | 香 xiāng 명 향 | 剩下 shèngxià 동 남기다 | 俱全 jùquán 동 전부 갖추다 | 光 guāng 부 다만, 단지 | 爱 ài 동 즐기다, 좋아하다 | 拿手菜 náshǒucài 명 잘 만드는 음식

1 회화를 듣고 빈칸을 채우세요.

马　力　想吃什么________，今天我请客！

小　米　我一看菜单就头晕❶，

　　　　我不知道这些菜名指的是什么。

　　　　我们____服务员推荐一下吧。

马　力　别，他们推荐的菜，

　　　　不一定❷合我们的口味。

　　　　我来点，你爱吃鱼，红烧鱼怎么样？

小　米　里面____________。我吃不惯❸香菜。

马　力　好的。再来一个鱼香茄子吧。

　　　　他们这儿虽然不是川菜馆，可是这些菜____________。

小　米　我觉得中国菜____________，

　　　　就是________，怕胖。

马　力　别担心，你这么瘦，____________。

小　米　我想吃辣的，再要一个麻婆豆腐怎么样？

马　力　好，麻婆豆腐是我的________。

2 완성된 회화문을 보면서 큰 소리로 따라 읽어 보세요.

3 회화를 듣고 질문에 답하세요.

❶  ⓠ 小米为什么想叫服务员推荐?

　ⓐ

❷ ⓠ 马力为什么反对叫服务员推荐?

　ⓐ

❸ ⓠ 小米觉得中国菜怎么样?

　ⓐ

4 녹음을 듣고 문장을 완성한 후, 회화 내용과 일치하는지 OX로 표시하세요. 

❶ (　　　) 他们一共点了__________。

❷ (　　　) 马力______________，所以点了麻婆豆腐。

❸ (　　　) 这里不是川菜馆，可是做得__________。

❹ (　　　) 小米觉得中国菜又油腻，又咸，__________。

단어

随便 suíbiàn 뭐 마음대로 | 请客 qǐng kè 동 한턱내다, 접대하다 | 头晕 tóuyūn 형 머리가 어지럽다 | 推荐 tuījiàn 동 추천하다 | 不一定 bùyídìng 뭐 꼭 ～할 필요는 없다, 꼭 그런 것은 아니다 | 红烧鱼 hóngshāoyú 명 훙샤오위, 홍소어 | 香菜 xiāngcài 명 샹차이, 고수 | 吃不惯 chībuguàn 먹는 것이 익숙하지 않다 | 鱼香茄子 yúxiāng qiézi 명 위샹체쯔, 어향가지 | 川菜馆 Chuāncàiguǎn 명 쓰촨 요리 식당 | 地道 dìdao 형 정통의, 본고장의[음식의 맛이나 언어가 본래와 거의 같음을 말함] | 麻婆豆腐 mápó dòufu 명 마포더우푸, 마파두부

1 **我一看菜单就头晕。**
나는 메뉴만 보면 머리가 어지러워요.

'一A就B'는 'A하면 B하다'라는 뜻으로, A라는 어떤 상황 또는 상태가 발생하면 뒤에 B 라는 다른 상황이 연속적으로 일어나거나 쉽게(자연스럽게) 일어난다고 할 때, 이 형식 을 사용합니다.

我一看书就困。
저는 책만 보면 졸려요.

我一吃就胖。
저는 먹으면 살쪄요.

해석하기 我一玩电脑就什么都忘了。

____

중작하기 그녀는 우유만 마시면 배가 불편합니다.

____

2 **不一定合我们的口味。**
꼭 우리 입맛에 잘 맞는 건 아니에요.

不一定은 '꼭 ~한 것은 아니다'라는 뜻으로, 추측 또는 짐작을 나타냅니다. 자신의 생각 에 '꼭 ~인 것 같지 않다(그럴 거라 보이지 않음)'라고 할 때, 이 표현을 씁니다. 不一定 뒤에 동사나 형용사를 써도 되고, 단독으로 써도 괜찮습니다.

脑袋聪明，不一定学习好。
머리가 똑똑하다고 꼭 공부를 잘하는 것은 아닙니다.

那本书，不一定是他的。
저 책이 꼭 그의 것이 아닐 수도 있습니다.

해석하기 那件衣服你不一定喜欢。

____

중작하기 중국 팀이 꼭 이길(赢) 수 있을 것 같진 않아요.

____

3 我吃不惯香菜。
나는 고수가 입맛에 안 맞아요.

吃不惯은 숙어로, '먹는 것이 익숙하지가 않다'라는 뜻입니다. 단어의 형태를 보면 동사와 보어 사이에 不가 있는 가능보어입니다. 가능보어는 동사와 결과보어 또는 방향보어사이에 得나 不를 넣어서 어떤 동작이 가능한지 아니면 불가능한지를 나타냅니다.

今天的菜又辣又咸，你吃得惯吗?
오늘 음식이 맵고 짠데, 입맛에 맞으세요?

女儿的迷你裙，我看不惯。
딸의 미니스커트를, 나는 봐줄 수가 없어요.

해석하기 南方人吃米饭，让他每天吃馒头可能吃不惯。

____

중작하기 중국 술은 도수(度数)가 너무 높아서, 저는 마시는 게 익숙치가 않습니다.

____

단어

忘 wàng 통 잊다 | 脑袋 nǎodai 명 머리 | 赢 yíng 통 이기다 | 米饭 mǐfàn 명 쌀밥 | 馒头 mántou
명 만터우, 찐빵[소가 들어 있지 않은 찐빵] | 度数 dùshu 명 (알코올) 도수

정답 및 해설 ⇨188쪽

第1-5题：请选出正确答案。

1　Ⓐ 烧酒　　　　　　　Ⓑ 啤酒

　　Ⓒ 葡萄酒　　　　　Ⓓ 什么都行

2　Ⓐ 休息　　　　　　　Ⓑ 吃晚饭

　　Ⓒ 喝酒　　　　　　　Ⓓ 一起去

3　Ⓐ 茶叶　　　　　　　Ⓑ 果汁

　　Ⓒ 水果　　　　　　　Ⓓ 点心

4　Ⓐ 好吃　　　　　　　Ⓑ 不知道

　　Ⓒ 难吃　　　　　　　Ⓓ 还行

5　Ⓐ 材料不好　　　　　Ⓑ 盐放多了

　　Ⓒ 书上的方法错了　　Ⓓ 手艺不好

★ 요리&식사와 관련된 단어를 익혀 보세요.

중국어	병음	뜻
快餐	kuàicān	패스트푸드
拿手菜	náshǒucài	잘 만드는 음식
胃口	wèikǒu	식욕
勺子	sháozi	숟가락 [중국인은 국을 먹을 때만 씀]
叉子	chāzi	포크
筷子	kuàizi	젓가락
开胃菜	kāiwèicài	에피타이저
素菜	sùcài	채소로만 만든 요리
荤菜	hūncài	육류로만 만든 요리
调料	tiáoliào	조미료
家常便饭	jiācháng biànfàn	집에서 흔히 먹는 음식
咸淡	xiándàn	음식의 간
地方风味	dìfāng fēngwèi	향토 음식
烤	kǎo	굽다
炒	chǎo	볶다
煮	zhǔ	끓이다
蒸	zhēng	찌다
炸	zhá	튀기다

中国饮食文化

　　中国有句古语叫做"民以食为天"。在中国古时候，人们就知道食物对我们人类来说是多么的重要了。说到吃这方面，中国人可是一点儿都不马虎。中国饮食文化有以下几个特点：

　　第一，风味多样。中国地大物博，各地气候、物产、风俗习惯都存在着差异，所以在饮食上也就形成了许多风味。中国一直就有"南米北面"的说法，口味上有"南甜北咸东辣西酸"之分。

　　第二，四季有别。一年四季，按季节而吃，是中国饮食又一大特征。自古以来，中国人一直按季节变化来调味、配菜。

　　第三，讲究美感。中国的饮食注重食物的色、香、味、形的一致。对菜肴美感的表现是多方面的，无论是个红萝卜，还是一个白菜心，都可以雕出各种造型。

　　第四，饮食和医疗结合。中国的烹饪技术，与医疗保健有密切的联系，中国人会利用食物原料的药用价值，做成各种美味佳肴，达到对某些疾病防治的目的。

단어

民以食为天 mín yǐ shí wéi tiān 백성은 먹는 것을 하늘로 삼는다 | 马虎 mǎhu 형 적당히 하다, 대충하다 | 地大物博 dì dà wù bó 땅이 넓고 물자가 많다 | 差异 chāyì 명 차이 | 风味 fēngwèi 명 풍미, 맛 | 调味 tiáowèi 통 맛을 내다 | 配菜 pèicài 통 요리를 배합하다 | 讲究 jiǎngjiu 통 중시하다, 따지다 | 菜肴 càiyáo 명 요리, 음식 | 红萝卜 hóngluóbo 명 홍당무 | 白菜心 báicàixīn

중국의 음식 문화

중국에는 '民以食为天(백성은 먹는 일이 제일 중요하다)'라는 옛말이 있다. 중국 고대부터 사람들은 음식이 우리에게 얼마나 중요했는지를 알고 있었다. 먹는 것에 대해 말을 하자면, 중국인은 절대 그냥 넘어갈 수가 없다. 중국 음식 문화에는 다음과 같은 몇 가지 특징이 있다.

첫째, 다양한 풍미다. 중국은 지역이 넓고 생산물이 풍부하여 각 지역의 날씨, 물자, 풍속과 습관 등의 차이로 인해 음식의 맛이 다양하다. 중국에서는 줄곧 '南米北面(남방에서는 쌀, 북방에서는 밀가루)'이라는 말이 있었고, 맛에 있어서는 '남방은 달고 북방은 짜고, 동쪽은 맵고 서쪽은 시다'라고 구분한다.

둘째, 사계절이 분명하다. 1년이 사계절이며 계절에 따라 먹는데, 이것이 중국 음식의 큰 특징 중 하나다. 오래 전부터 중국인은 계절의 변화에 따라 음식의 맛을 내고 음식을 곁들였다.

셋째, 미감을 중시한다. 중국 음식은 음식의 색, 향, 맛, 모양의 일치를 중시한다. 여러 방면으로 요리의 미감을 표현하는데, 당근이나 배춧속도 여러 형태로 조각해 놓는다.

넷째, 음식과 의료의 결합이다. 중국의 요리 기술은 의료 보건과 밀접한 관련이 있다. 중국인은 음식의 원재료의 약용 가치를 잘 이용할 줄 안다. 각종 음식을 맛있게 만들어서 질병을 예방하는 목적까지 이뤘다.

명 배춧속 | 雕出 diāochū 동 조각하다 | 造型 zàoxíng 명 조형, 모양 | 烹饪 pēngrèn 동 요리하다 | 疾病 jíbìng 명 질병 | 防治 fángzhì 동 질병을 방지하다

PART 4
西直门 XIZHIMEN
复兴门 FUXINGMEN
崇文门 CHONGWENMEN
北京站 BEIJING Railway Station
建国门 JIANGUOMEN

PART4

교통
수단

BUS

중국으로 여행을 가면,

제일 처음 만나서 말을 나누게 되는 사람은 누구일까요?

네, 바로 택시나 버스 기사겠지요?

초행길에는 돌다리도 두드려 보고 건너야 하는 법!

목적지를 잘 설명하지 못한다면 전혀 상상하지도 못할 장소에 도착해 있을 거예요.

제가 중국에서 여행 다닐 때 목적지에 도착해서 지도를 꺼내 들고

(이제는 스마트폰만 있으면 되죠^^)

행인들에게 '……在哪儿?', '到……怎么走?' 하고 물어보던 생각이 나네요.

여러분도 용기 내서 행인에게 말을 걸어 보세요.

워밍업 단어 다음 단어를 익혀 보세요. 

[1] 换车 huàn chē 차를 갈아타다

[2] 停车 tíng chē 차를 멈추다

[3] 挤 jǐ 붐비다

[4] 往前走 wǎng qián zǒu 앞으로 가다

[5] 堵车 dǔ chē 차가 막히다

[6] 找钱 zhǎo qián 돈을 거슬러 주다

[7] 拐弯 guǎiwān 꺾다

★ 녹음을 듣고 빈칸을 채운 후, 뜻을 쓰세요. 

❶ (　　) 钱 ▶ ___________

❷ (　　) 前走 ▶ ___________

❸ (　　) 车 ▶ ___________

❹ (　　) ▶ ___________

 듣고 따라 읽는 핵심 문장

1 녹음을 듣고, 내용과 일치하는 문장을 고르세요.

Ⓐ __________ 정류장에 도착하면 알려주세요.

Ⓑ __________ 도서관에 가려면 몇 번 차를 타야 하나요?

Ⓒ __________ 출퇴근 시간에는 차 안이 붐벼요.

Ⓓ __________ 앞으로 곧장 가시다가, 앞에서 돌면 바로 학교예요.

Ⓔ __________ 길가에 세워 주시면 돼요.

2 녹음을 다시 들으며 빈칸을 채운 후, 문장을 따라 읽어 보세요.

❶ _________路边就行了。

❷ 到站的时候，请_________我一声。

❸ _________往前走，到前边拐弯儿就是学校。

❹ 去图书馆要坐_________车？

❺ 上下班的时候，车里__________。

站 zhàn 몡 역, 정거장 │ 一声 yìshēng 한 차례[告诉, 说 등의 동사 뒤에 써서 횟수를 나타냄] │ 一直 yìzhí 뵘 곧장, 줄곧 │ 往 wǎng 꺠 ～을 향하여 │ 路 lù 몡 번[버스 노선]

Track 43

1 대화를 듣고 내용이 맞으면 O, 틀리면 X를 표시하세요.

❶ 车费9块。 （　　　）

❷ 车里有很多座位。 （　　　）

❸ 这辆车到天安门。 （　　　）

❹ 女的知道什么时候下车。 （　　　）

❺ 还有两三站就是天安门。 （　　　）

🎙 표현

▶往
방향을 나타내는 개사로, 뒤에는 방향을 나타내는 단어가 옵니다.
예 往里坐 안으로 앉으세요 | 往前看 앞을 보세요

2 녹음을 다시 들으며, 큰 소리로 따라 읽어 보세요.

TIP 중국에서 볼 수 있는 각종 교통수단

・大客车	dàkèchē	버스
・观光车	guānguāngchē	관광 버스
・小汽车	xiǎoqìchē	자가용
・中巴车	zhōngbāchē	중형 버스
・动车	dòngchē	고속열차
・自动自行车	zìdòng zìxíngchē	자동 자전거
・面包车	miànbāochē	봉고차
・卡车	kǎchē	트럭
・三轮车	sānlúnchē	삼륜차
・商务车	shāngwùchē	영업용차
・游艇	yóutǐng	요트
・客轮	kèlún	여객선

※大客车는 장거리 버스, 전세 버스, 리무진 버스 등을 말합니다.

단어

车费 chēfèi 명 차비 | 座位 zuòwèi 명 좌석 | 空位 kōngwèi 명 빈 좌석 | 没错 méicuò 형 맞다

★ 문장을 듣고 알맞은 대답을 고르세요.

❶ (a) 请去一下中山公园。　　(b) 在这儿下车。

❷ (a) 别走那条路。　　(b) 进了门往右拐就是。

❸ (a) 谢谢，您慢走。　　(b) 这是5块，找你钱。

★ 대화를 듣고 여자가 전철을 갈아타는 순서가 맞는 것을 고르세요.

 표현

▶然后
접속사로 앞 문장의 한 동작이 끝난 후 다른 동작으로 이어질 때 씁니다. '先去吃饭，然后回家'에서, 밥 먹는 동작 후에 집으로 가는 동작이 나오지요? 이럴 때 然后를 쓰는 것이 자연스럽습니다. 以后로 바꿔 쓰지 않도록 주의하세요.

▶坐错
'차를 잘못 타다'라는 의미로, 错(틀리다)는 보어로 쓰였습니다.

단어

条 tiáo [양] 가늘고 긴 물건을 세는 단위 | 拐 guǎi [동] 방향을 바꾸다, 꺾어 돌다 | 慢走 màn zǒu 조심히 가세요 | 新街口 Xīnjiēkǒu [고유] 신제커우 | 灯市口 Dēngshìkǒu [고유] 덩스커우 | 西单 Xīdān [고유] 시단 | 然后 ránhòu [접] 그러고 난 후 | 换乘 huànchéng [동] 환승하다 | 东单 Dōngdān [고유] 둥단 | 怕 pà [동] 두렵다, 걱정이 되다 | 地铁线路图 dìtiě xiànlùtú [명] 전철 노선도

04 길을 물어볼 때

1 대화를 듣고 〈보기〉에 제시된 장소의 위치를 찾아보세요.

Track 46

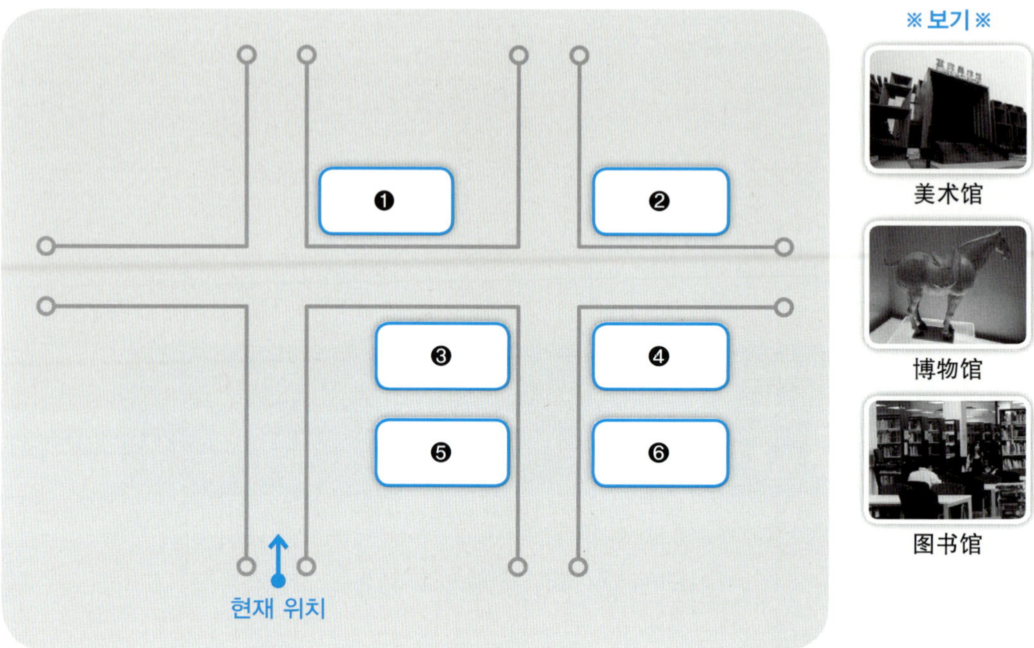

2 녹음을 다시 들으며 들리는 표현을 메모해 보세요.

단어

美术馆 měishùguǎn 몡 미술관 | 博物馆 bówùguǎn 몡 박물관 | 沿着 yánzhe 꽤 (일정한 노선을)
따라서 | 十字路口 shízì lùkǒu 몡 사거리

1 대화를 듣고 질문에 알맞은 답을 쓰세요.

❶ 这里为什么排队的人很多?

____

❷ 他们为什么不等车了?

____

❸ 他们打算怎么去?

____

표현

▶挤不动
가능보어 형태로, 动
이 보이면 움직임과
관련이 있습니다.
예 拿不动 들 수 없다 |
走不动 걸을 수 없다

2 녹음을 다시 들으며, 큰 소리로 따라 읽어 보세요.

TIP 이것이 중국이다

자전거의 화려한 부활!

과거에는 중국을 자전거 왕국이라 했습니다. 많은 외국인들이 차량보다 더 많은
자전거 행렬을 보며 중국에 온 것을 실감했을 정도로 중국에서만 볼 수 있는 특
색 있는 풍경이었죠. 그런데 중국인들의 소득 수준이 높아지자 자가용 소유자(有车族)들이 늘면서 자전
거가 줄었습니다. 그러나 몇 년 전부터 중국에 다시 자전거 붐이 불고 있다고 하네요. 중국 정부에서 녹
색 생활 실천 운동의 일환으로 자전거 타기 운동을 벌이면서 바람이 불기 시작했다고 하는데요, 친환경
에 대한 사람들의 관심, 출퇴근 혼잡, 주차난, 자동차 구매 제한 정책(번호판 추첨) 등도 연관이 있다고
합니다. 1970년대 결혼 필수품 중에 하나였던 자전거의 화려한 부활이라고 할 수 있겠네요.

단어

起点站 qǐdiǎnzhàn 圀 (버스) 출발점, 기점 | 上得去 shàngdequ 올라갈 수 있다 | 挤不动 jǐbudòng
사람이 많고 붐벼서 움직일 수 없다 | 受不了 shòubuliǎo 图 견딜 수가 없다 | 打的 dǎdī 택시를 타다

1 회화를 듣고 빈칸을 채우세요.

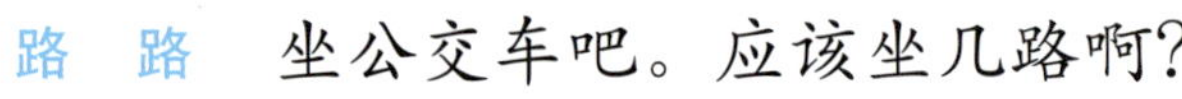

路　路　明天没有课，咱们去世界
公园玩儿，怎么样？

李　健　好！我__________那儿呢。
你说咱们怎么去？

路　路　坐公交车吧。应该坐几路啊？

李　健　我们看看线路图吧。

路　路　啊，在前门先坐310路，__________913路，
__________就到了。没想到❶这么方便。

李　健　明天路上千万❷别堵车。上次去颐和园，堵车堵了差不多❸
一个小时。

路　路　堵车的时候，坐在车上特别难受。

李　健　对，那天我还有点儿晕车。那你说坐地铁怎么样？
不堵车，而且______________。

路　路　不好，坐地铁__________。还是坐公交车去吧。

2 완성된 회화문을 보면서 큰 소리로 따라 읽어 보세요.

3 회화를 듣고 질문에 답하세요.

❶ Q 去世界公园要坐几路车?

A

❷ Q 上次去颐和园发生了什么事?

A

❸ Q 路路为什么不愿意坐地铁?

A

4 녹음을 듣고 문장을 완성한 후, 회화 내용과 일치하는지 OX로 표시하세요.

❶ (　　　) 他们＿＿＿＿＿＿＿去颐和园玩儿。

❷ (　　　) 坐地铁又＿＿＿＿＿，又＿＿＿。

❸ (　　　) 坐公交车去世界公园＿＿＿＿＿＿。

❹ (　　　) 因为李健＿＿＿＿堵车，所以＿＿＿＿＿＿。

단어

倒 dǎo 통 바꿔 타다, 갈아타다 | 到头 dào tóu 통 맨 끝에 다다르다, 극에 다다르다 | 千万 qiānwàn 부 제발, 부디 | 难受 nánshòu 형 (육체·마음이) 괴롭다, 힘들다 | 晕车 yùn chē 통 차멀미가 나다 | 还是 háishi 부 아무래도 ~하는 것이 낫다

핵심 표현 이해하기

1

没想到这么方便。

이렇게 편리할 줄 생각도 못했네요.

没想到는 '미처 생각하지 못했다'라는 뜻으로, 대부분 굉장히 놀라운 상황이나 전혀 짐작하지 못한 경우에 씁니다. 표현을 조금 더 강조하기 위해 真, 这么, 那么 같은 단어와도 함께 씁니다. 문장의 맨 앞에 오거나 뒤 문장에 단독으로 씁니다.

我真没想到在这儿碰到你。
나는 정말 여기서 당신을 만날 줄 생각도 못했네요.

昨天他也来了? 真没想到。
어제 그도 왔었다고요? 정말 생각지도 못했네요.

해석하기 真没想到这里这么冷，快开暖气吧。

____

중작하기 그녀가 중국어를 한 마디도 못할 줄은 정말 생각지도 못했어요.

____

2

明天路上千万别堵车。

내일 길에서 제발 막히면 안 되는데요.

千万은 '부디, 제발, 꼭'이라는 뜻으로, 간곡하게 부탁하거나 당부할 때 쓸 수 있는 표현입니다.

那里很危险，千万不要去。
거기 위험해요. 제발 가지 마세요.

这件事你千万记着。
이 일을 당신은 부디 기억하고 있어야 해요.

해석하기 千万要小心，这个容易摔碎。

____

중작하기 이것은 귀중품(贵重物品)입니다. 제발 잃어버리지 마세요.

____

3 堵车堵了差不多一个小时。

차가 거의 1시간이나 막혔어요.

差不多는 부사로 쓰이면 '거의, 대체로, 대부분'이라는 의미를 나타냅니다. 이때는 주로 수량사와 같이 쓰이는 편입니다. 어느 정도나 수준, 상황에 거의 근접한다는 뜻으로, 几乎와 비슷합니다.

现在差不多是半夜。
지금은 거의 새벽이 다 됐습니다.

我学汉语学了差不多一年了。
저는 중국어를 배운 지 거의 1년 되었습니다.

해석하기 这个工作差不多都完成了。

____

중작하기 저는 어제 거의 10시간이나 잤습니다.

____

단어

碰到 pèngdào 동 우연히 만나다 | 暖气 nuǎnqì 명 난방, 히터 | 危险 wēixiǎn 형 위험하다 | 摔碎 shuāisuì 동 던져서 깨지다 | 贵重物品 guìzhòng wùpǐn 명 귀중품 | 半夜 bànyè 명 새벽 | 完成 wánchéng 동 완성하다

정답 및 해설 ⇨194쪽

第1-5题：请选出正确答案。

1　Ⓐ 怕麻烦　　　　　　Ⓑ 怕慢

　　Ⓒ 喜欢走路　　　　　Ⓓ 坐车太挤

2　Ⓐ 八点　　　　　　　Ⓑ 八点半

　　Ⓒ 九点　　　　　　　Ⓓ 九点半

3　Ⓐ 飞机上　　　　　　Ⓑ 船上

　　Ⓒ 公共汽车上　　　　Ⓓ 出租车上

4　Ⓐ 一次　　　　　　　Ⓑ 两次

　　Ⓒ 三次　　　　　　　Ⓓ 四次

5　Ⓐ 地铁人少　　　　　Ⓑ 车站离家很远

　　Ⓒ 公共汽车太挤了　　Ⓓ 地铁比较准时

★ 교통수단과 관련된 단어를 익혀 보세요.

중국어	병음	뜻
人行横道	rénxíng héngdào	횡단보도
摩托车	mótuōchē	오토바이
堵车	dǔ chē	차가 막히다
头班车	tóubānchē	첫차
末班车	mòbānchē	막차
倒车	dǎo chē	차를 갈아타다
十字路口	shízì lùkǒu	사거리
驾驶执照	jiàshǐ zhízhào	운전 면허증
站台	zhàntái	플랫폼
候车室	hòuchēshì	대합실
晕车	yùn chē	차멀미가 나다
检票	jiǎn piào	검표하다
高峰时间	gāofēng shíjiān	러시아워
开票	kāi piào	영수증을 끊다
排队	pái duì	줄을 서다
换乘	huànchéng	환승하다

旅途中问路的技巧

　　出外旅游，寻找旅馆、饭店、车站等等，免不了要问路。问路看起来很简单，其实也包含许多学问，只有掌握了问路的技巧，才能取得很好的成果。下面就介绍几种问路的技巧：

　　a、问路要有礼貌。

　　问路时必须面带微笑，取得对方好感。然后，根据不同对象用不同称呼，最起码要说一声"对不起，劳驾"，一般对方都会热心帮助你。

　　b、问路要选准对象。

　　一是选当地人问路。外出旅游，要善于根据对方的穿着、相貌、语言举止来判断是否是当地人，然后再问路。

　　二是选异性问路。从心里角度来说，选择异性问路，容易得到对方的热情帮助，而取得较好的成果。

　　三是选择老人和恋人问路。一般说来老人给人指路，大都比较耐心、认真、负责；青年人则可能会比较马虎应付。而向正谈恋爱的男女问路，往往也会为您提供满意的答案。

　　值得一提的是，一般不宜向行色匆匆的路人、面部冷阴或低头沉思的人问路，这些人往往无心给你指路。

단어

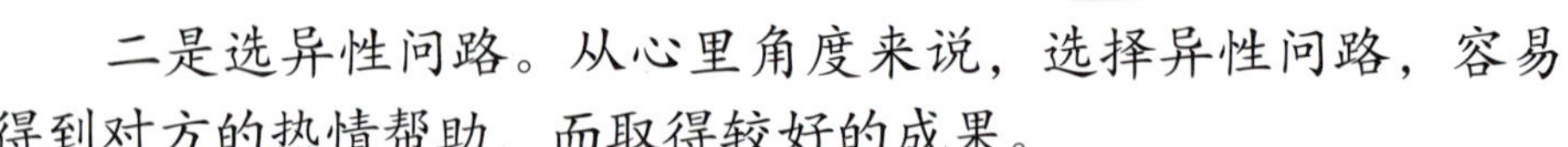

问路 wèn lù 图 길을 묻다 | 技巧 jìqiǎo 명 기술 | 寻找 xúnzhǎo 图 찾다 | 免不了 miǎnbuliǎo 면할 수가 없다, ~하기 마련이다 | 包含 bāohán 图 포함하다 | 学问 xuéwen 명 노하우, 지식 | 掌握 zhǎngwò 图 장악하다, 파악하다 | 取得 qǔdé 图 얻다 | 面带微笑 miàndài wēixiào 얼굴에 웃음을 띠다 | 称呼 chēnghu 图 부르다, 칭호하다 | 起码 qǐmǎ 부 적어도 | 热心 rèxīn 형 열성적이다 | 善于 shànyú 图 ~에 능하다 | 异性 yìxìng 명 이성 | 指路 zhǐ lù 图 길을 가리켜 주다 | 耐心

여행 중 길을 묻는 기술

여행을 가서 숙소나 식당, 역 등을 찾을 때 길 묻기는 필수다. 길 묻기는 간단해 보이지만, 사실 많은 노하우를 필요로 한다. 길 묻기 기술들만 터득하고 있으면 좋은 결과를 얻을 수 있는데, 다음에서 몇 가지 길 묻기 기술을 소개하겠다.

a. 길을 물을 때는 예의를 지켜야 한다.

길을 물을 때는 꼭 얼굴에 웃음을 머금은 채 해야 상대방의 호감을 얻어낼 수 있다. 그다음, 대상에 따라 다른 호칭을 써야 한다. 적어도 먼저 "죄송합니다만, 실례합니다" 같은 말을 한 마디 해야 좋다. 이러면 보통 상대가 성심껏 당신을 도와줄 것이다.

b. 길을 물을 때는 대상을 잘 선택해야 한다.

첫째는 현지인에게 길을 물어야 한다. 여행을 할 때 상대방의 의상, 외모, 언행 등으로 현지인인지 아닌지를 잘 판단한 후 길을 묻는다.

둘째는 이성을 선택해 묻는다. 심리적인 관점에서 보자면, 이성을 선택해서 길을 묻는 것이 상대방의 적극적인 도움을 이끌어 내기 쉽기 때문에 좋은 성과를 얻을 수 있다.

셋째는 어르신과 연인에게 길을 묻는 것을 선택하는 것이다. 보통 어르신들은 길을 가리켜 줄 때, 인내심을 가지고 열심히, 책임감 있게 한다. 젊은 사람들은 비교적 무성의하게 사람을 대하는 편이다. 그러나 막 연애를 시작한 연인들에게 길을 물으면 종종 당신이 만족스러워할 만한 대답을 제공할 것이다.

잰걸음을 하거나 얼굴이 그늘져 있거나 고개를 숙이고 깊은 생각에 빠져 있는 사람들에게 길을 묻는 것은 적합하지 않다는 점을 알아 두어야 한다. 이런 사람들은 대체로 길을 알려줄 마음이 없다.

耐心 nàixīn 명 인내 형 인내심이 강하다 | 应付 yìngfù 동 대응하다 | 不宜 bùyí 동 적당하지 않다 | 匆匆 cōngcōng 형 바쁘다[바쁜 모양] | 冷阴 lěngyīn 형 차갑고 그늘지다 | 低头 dī tóu 동 고개를 숙이다 | 沉思 chénsī 동 깊은 생각에 빠지다

PART 5
가족

mission **1**

가족 수
묻기

mission **2**

가정에
관련된
질문하기

mission **3**

가사 분담에
대해 묻기

mission **4**

가족에 대해
알아보기

mission **5**

아이 교육에
관해 묻기

mission **6**

현지회화로
마무리하기

가정은 작은 사회라는 말이 있습니다.

아이들은 가정에서 양보, 배려, 질서 등을 배워서 사회로 나가게 되죠.

가족들 사이에서 생활하면서,

타인에 대해 배려하고 질서를 유지하는 법을 배웁니다.

지금은 핵가족화로 가정이 이런 역할을 예전만큼은 못 해내고 있습니다.

서양에서는 '你结婚了吗?', '成家了吗?' 같은 질문이 隐私(사생활)라고 해서

묻지 말아야 될 말이지만, 중국이나 한국에서는 자주 묻죠.

중국의 가정이 '소황제, 핵가족화, 세대차'라는 문제가 있긴 하지만

가족, 친척 간의 사이가 아직까지 한국보다는 끈끈한 편이에요.

 다음 단어를 익혀 보세요.  Track 53

[1] 结婚 jié hūn 결혼하다

[2] 离婚 lí hūn 이혼하다

[3] 家人 jiārén 가족

[4] 生孩子 shēng háizi 아이를 낳다

[5] 家务 jiāwù 집안일

[6] 代沟 dàigōu 세대 차이

[7] 喜糖 xǐtáng 결혼 사탕

Track 54

★ 녹음을 듣고 빈칸을 채운 후, 뜻을 쓰세요.

❶ (　　) 婚 ▶ ___________

❷ (　　) 务 ▶ ___________

❸ (　　) 糖 ▶ ___________

❹ (　　) 孩子 ▶ ___________

1 녹음을 듣고, 내용과 일치하는 문장을 고르세요.

Ⓐ __________ 그는 전형적인 가부장적인 남자예요.

Ⓑ __________ 결혼 상대자를 찾았어요?

Ⓒ __________ 아이가 대학에 붙었나요?

Ⓓ __________ 먼저 가정을 이룬 후 출세를 한다.

Ⓔ __________ 그는 공처가예요. 무슨 일이든 아내의 말을 들어야 해요.

2 녹음을 다시 들으며 빈칸을 채운 후, 문장을 따라 읽어 보세요.

❶ 他是妻管严，__________都得听老婆的。

❷ 先_______，后立业。

❸ 你找_______了没有？

❹ 孩子_______大学了吗？

❺ 他是典型的__________主义。

단어

妻管严 qīguǎnyán 冏 공처가 │ 老婆 lǎopo 冏 아내, 부인 │ 成家 chéngjiā 冬 결혼하다 │ 立业 lìyè
冬 공을 세우다[현대에는 직장을 구하는 것을 일컬음] │ 找对象 zhǎo duìxiàng 결혼 상대자를 구하다 │ 典型
diǎnxíng 冏 전형적인 │ 大男子主义 dànánzǐ zhǔyì 冏 남성 우월주의, 가부장주의

1 단락을 듣고 내용이 맞으면 O, 틀리면 X를 표시하세요.

❶ 我家有五口人。 （　　　）

❷ 我有一个哥哥和一个姐姐。 （　　　）

❸ 大哥快结婚了。 （　　　）

❹ 妈妈在学校工作。 （　　　）

❺ 二哥半年回韩国一次。 （　　　）

🎤 **표현**

▶口
가족에 전문적으로 쓰는 양사입니다. 그래서 가족을 물어볼 때는 口를 붙이는 것이 좋습니다.

2 녹음을 다시 들으며, 큰 소리로 따라 읽어 보세요.

七夕
Qīxī
칠석
(음력 7월 7일, 중국의 밸런타인데이)

光棍节
Guānggùnjié
솔로데이
(11월 11일)

情人节
Qíngrénjié
밸런타인데이
(2월 14일)

단어

新加坡 Xīnjiāpō [고유] 싱가포르

★ 문장을 듣고 알맞은 대답을 고르세요.

Track 57

❶ (a) 我的计划泡汤了。 (b) 我快结婚了。

❷ (a) 考上大学了。 (b) 成绩一直很好。

❸ (a) 新家又大又干净。 (b) 我想请搬家公司。

 **표현**

▶**对象**
'대상'이란 뜻도 있지만 동사 找와 함께 쓰면 '결혼할 상대자'를 말하기도 합니다.

▶**高考**
고등학교 시험이 아니라 대학 입시를 말합니다.

mission **03** 가사 분담에 대해 묻기

★ 대화를 듣고 질문에 알맞은 답을 쓰세요.

Track 58

❶ 丽丽的丈夫在家做家务吗?

____

❷ 丽丽的丈夫为什么不做家务?

____

❸ 兰兰家怎么分工?

____

 **표현**

▶**少**
형용사로 '적다'라는 뜻입니다. '很少帮我'는 '거의 도와주지 않는다'는 말입니다. 很少가 동사 앞에 있으면 부정사가 포함되어 있는 것처럼 해석하세요.

 **단어**

泡汤 pào tāng 동 물거품이 되다, 실패하다 | 成绩 chéngjì 명 성적 | 干净 gānjìng 형 깨끗하다 |
搬家 bān jiā 동 이사하다 | 高考 gāokǎo 명 대입 시험

1 내용을 듣고 王丽 가족에 대해 쓰세요.

❶ ＿＿＿＿＿＿多岁，身体＿＿＿＿＿＿＿＿＿。

❷ 表情＿＿＿＿＿＿＿＿，可是＿＿＿＿＿＿＿＿＿。

❸ 现在＿＿＿＿＿＿＿＿，年轻时，＿＿＿＿＿＿＿＿＿＿。

❹ 是＿＿＿＿＿＿，还没＿＿＿＿＿＿＿。

❺ ＿＿＿＿＿眼镜，和我长得＿＿＿＿＿＿，现在在＿＿＿＿＿＿＿。

2 녹음을 다시 들으며 들리는 표현을 메모해 보세요.

단어

全家福 quánjiāfú 몡 가족사진 | 前排 qiánpái 몡 앞줄 | 严肃 yánsù 혱 엄숙하다, 딱딱하다 | 随和 suíhé 혱 온화하다, 유하다, 순하다 | 姑姑 gūgu 몡 고모 | 导游 dǎoyóu 몡 관광 가이드 | 戴 dài 됭 (안경·모자 등을) 착용하다 | 像 xiàng 됭 닮다 | 当兵 dāng bīng 됭 병사가 되다, 군대에 가다

1 대화를 듣고 빈칸에 들어갈 알맞은 답을 고르세요.

Track 60

❶ 我带孩子去__________。

   (a) 辅导班   (b) 补习班

❷ 孩子上课时，以前我一般__________。

   (a) 做头发   (b) 做美甲

❸ 我最近学__________。

   (a) 画画   (b) 绘画

표현

▶ 陪读
부모가 아이의 공부를 뒷바라지하거나 학원에 갈 때 함께 다녀 주는 것을 말합니다. 미국에서 만들어진 헬리콥터 부모란 말과 비슷합니다.

▶ 只要……就……
'단지 ~해야만'이라는 뜻으로, 어떤 조건이 생기면 어떤 상황이 발생한다는 것을 표현할 때 씁니다.
예 只要努力，就会成功。노력만 하면 성공할 것입니다.

2 녹음을 다시 들으며, 큰 소리로 따라 읽어 보세요.

TIP 이것이 중국이다

상상초월 중국의 교육열

중국에는 陪读란 말이 있습니다. '함께 있으면서 공부한다'는 뜻입니다. 넓은 의미에서 부모가 생활에서 공부까지 모든 것을 뒷바라지하는 것을 말합니다. 중국에서는 아이가 학교를 다른 지역으로 가면 부모 중 한 명이 따라가거나, 아이의 학교 기숙사 근처에서 살면서 아이를 돌봅니다. 이런 모습이 우리에게는 그리 낯설지 않죠. 중국의 아이들도 우리나라 아이들만큼 학원에 많이 다니는데요, 토요일, 일요일까지 학원에 다닌다니 그 교육열이 대치동을 능가할 정도예요. 요즘은 학원에 엄마들을 위한 수업이 잇달아 개설되고 있다고 해요. 아이를 기다리는 엄마들을 위한 맞춤 수업이라고 보시면 됩니다. 중국의 엄마들은 자기 계발도 하고 아이에게 '학습(평생 학습)'이라는 본보기도 보여줄 수 있는 좋은 기회라고 생각해요.

단어

辅导班 fǔdǎobān 명 보습 학원[주로 학생이 다님] | 美甲 měijiǎ 명 네일 아트 | 打发 dǎfa 통 시간을 때우다 | 培训班 péixùnbān 명 학원[여러 형태의 학원을 말함] | 辛苦 xīnkǔ 형 힘들다 | 只要……就…… zhǐyào……jiù…… 단지 ~해야만 ~하다

1 회화를 듣고 빈칸을 채우세요.

爸　爸　你也快30了。什么时候成家?

女　儿　结婚的事以后再说❶吧。

　　　　先立业，后成家。

爸　爸　以后________你怎么办?

　　　　你不着急，我都替❷你着急。

女　儿　虽然我不是不婚主义，可是一个人生活也挺好的。

爸　爸　一个女孩子不结婚怎么行啊?

女　儿　真是有代沟啊。结婚的事，我__________。你别管了。

爸　爸　不管有没有代沟，反正❸明天你得去相亲。

　　　　我都给你________。

女　儿　爸爸，你太过分了。怎么都________我的意见?

爸　爸　____________了。如果你明天不去相亲，

　　　　你就________一个人住。

女　儿　好了，好了，我去!

2 완성된 회화문을 보면서 큰 소리로 따라 읽어 보세요.

3 회화를 듣고 질문에 답하세요.

❶ ❑ 爸爸担心什么?

❷ ❑ 女儿为什么不着急结婚?

❸ ❑ 爸爸明天让女儿去干什么?

4 녹음을 듣고 문장을 완성한 후, 회화 내용과 일치하는지 OX로 표시하세요.

❶ (　　　) 女儿觉得先________，然后________。

❷ (　　　) 女儿是____________，所以不想去相亲。

❸ (　　　) 爸爸为女儿的婚事很着急，可是女儿____________不着急。

❹ (　　　) 爸爸认为女孩儿________________。

단어

着急 zháojí 图 조급해하다 | 替 tì 깨 대신에 | 不婚主义 bùhūn zhǔyì 图 독신주의 | 代沟 dàigōu 图 세대 차이 | 处理 chǔlǐ 图 처리하다 | 管 guǎn 图 간섭하다, 관여하다 | 反正 fǎnzhèng 图 좌우지간, 어쨌든, 하여튼 | 相亲 xiāng qīn 图 선을 보다 | 安排 ānpái 图 안배하다, 계획을 잡다 | 过分 guòfèn 图 너무하다, 지나치다 | 意见 yìjiàn 图 의견

핵심 표현 이해하기

1 结婚的事以后再说吧。

결혼 얘기는 나중에 다시 얘기해요.

再说는 숙어로, 나중에 처리하거나 고려해 보겠다고 할 때 씁니다. 앞에 以后와 함께 쓰는 경우가 많습니다.

这事以后再说吧。现在我没有时间。

이 일은 나중에 다시 얘기해요. 지금은 내가 시간이 없어요.

这点儿东西，给什么钱？以后再说吧。

겨우 이 정도 물건을 갖고 무슨 돈을 줍니까? 나중에 다시 얘기해요.

해석하기 等爸爸回来再说吧，我决定不了。

____

중작하기 돈은 당신이 먼저 써요. 다른 일은 나중에 다시 얘기해요.

____

2 你不着急，我都替你着急。

당신은 조바심이 안 나는 모양인데, 나는 당신 때문에 조바심이 나요.

替는 동사로는 '대신하다'라는 의미가 있고, 개사로 쓰이면 '~대신에'라는 뜻으로 어떤 대상을 대체할 때 씁니다.

她住院了，她的事一直是我在替她干。

그녀는 입원을 했습니다. 그녀의 일을 줄곧 제가 그녀를 대신해서 하고 있습니다.

我们都替你高兴。

우리는 모두 당신을 대신해서(당신 때문에) 기뻐하고 있어요.

해석하기 你应该替大家想想。

____

중작하기 당신은 오늘 몸이 안 좋으니, 내가 당신을 대신해서 야근할게요(加班).

____

3 反正明天你得去相亲。
어쨌든 내일 당신은 선 보러 가야 해요.

反正은 부사로, '어쨌든, 하여튼'의 의미를 나타냅니다.

反正我要去商店，我帮你买回来吧。
어쨌든 난 가게에 가야 해요. 내가 당신 대신에 사가지고 올게요.

你别着急，反正不是什么大问题。
조급할 것 없어요. 어차피 무슨 큰 문제가 아니에요.

해석하기 反正今天没什么事，我们就一起去买东西吧。

____

중작하기 어차피 우리 아빠는 동의하지(同意) 않으실 거야. 너는 우리 아빠를 만날 필요가 없어.

____

단어

决定不了 juédìng bu liǎo 결정할 수 없다 | 住院 zhù yuàn [동] 입원하다 | 加班 jiā bān [동] 야근하다 |
同意 tóngyì [동] 동의하다

도전! 新HSK 听力 따라잡기

정답 및 해설 ⇨199쪽

第1-5题：请选出正确答案。

1 Ⓐ 她早就知道　　　　Ⓑ 她早就听新闻了

　　Ⓒ 没有人知道　　　　Ⓓ 小李要离婚了

2 Ⓐ 结婚了　　　　　　Ⓑ 离婚了

　　Ⓒ 有女朋友　　　　　Ⓓ 不结婚了

3 Ⓐ 几天前　　　　　　Ⓑ 几个月前

　　Ⓒ 几年前　　　　　　Ⓓ 一年前

4 Ⓐ 小李的孩子找到工作了　　Ⓑ 小李的孩子考上大学了

　　Ⓒ 小李的孩子没考上大学　　Ⓓ 小李的孩子得了第一名

5 Ⓐ 女的结婚了　　　　Ⓑ 男的没有孩子

　　Ⓒ 女的离婚了　　　　Ⓓ 女的还没结婚

★ 가족과 관련된 단어를 익혀 보세요.

중국어	병음	뜻
伯父	bófù	큰아버지
伯母	bómǔ	큰어머니
叔父	shūfù	작은아버지
叔母	shūmǔ	작은어머니
堂姐	tángjiě	사촌누나(친가)
堂哥	tánggē	사촌형(친가)
表姐	biǎojiě	사촌누나(외가)
表弟	biǎodì	사촌동생(외가)
婆婆	pópo	시어머니
公公	gōnggong	시아버지
岳父	yuèfù	장인
岳母	yuèmǔ	장모
儿媳妇	érxífu	며느리
女婿	nǚxu	사위
孙子	sūnzi	손자
孙女	sūnnǚ	손녀

中国的孩子

　　最近，一幅中美孩子家务清单对比漫画在网上爆红，引起网友热议。中国孩子从四五岁开始就一边学习，一边忙着弹钢琴、学跳舞，一直到上中学。学习就是孩子的家务。而美国孩子则忙于做家务，学习上都"闲得慌"。5-6岁，铺床、摆餐具、擦桌子、收拾房间……　7-12岁，做简单的饭、清理洗手间，13岁以上，换灯泡、做饭、洗衣服……"大小家务都得自己干"，这是每一位看过漫画的家长对美式教育最大的感受。

　　一家媒体披露了一组数据：各国小学生每日家务劳动时间，美国1.2小时，韩国0.7小时，英国0.6小时，中国0.2小时。而实际上，何止是中小学生，就连中国的许多大学生都不愿或者不会做家务。

　　中国孩子为什么不爱做家务？很显然，还是在于家长的错误引导。在不少家长眼里，分数是衡量孩子是否优秀的唯一标准，孩子课业繁重，家务事自然都由家长包办，导致孩子从小就缺乏必要的独立性和自主能力。

단어

幅 fú 양 폭[그림을 세는 단위] | 清单 qīngdān 명 목록 | 漫画 mànhuà 명 만화 | 爆红 bàohóng 동 폭발적으로 인기를 끌다 | 引起热议 yǐnqǐ rèyì 논쟁을 불러일으키다 | 闲得慌 xián de huāng 한가하다 | 铺床 pūchuáng 동 침대보를 깔다 | 摆餐具 bǎi cānjù 식기를 놓다 | 擦桌子 cā zhuōzi 탁자를 닦다 | 灯泡 dēngpào 명 등, 전구 | 媒体 méitǐ 명 매체 | 披露 pīlù 동 공표하다, 밝히다 | 数据 shùjù 명 데이터 | 劳动 láodòng 명 노동 | 分数 fēnshù 명 점수 | 衡量 héngliáng 동 가늠하다 |

중국의 아이들

　　최근 중국과 미국 아이들의 집안일 목록 비교 만화가 인터넷상에서 폭발적인 호응을 얻으며 누리꾼들 사이에서 논쟁을 불러왔다. 중국 아이들은 4, 5살부터 공부를 하면서, 중고등학교에 가기 전까지 피아노, 무용 등을 배운다. 공부가 아이들의 가사인 것이다. 그러나 미국 아이들은 오히려 집안일 하는 것에 바쁘고, 공부 방면은 한가하기 그지없다. 5, 6살에 침대보를 깔고 식기를 탁자에 놓고 책상을 닦고 방을 청소한다. 7살에서 12살까지는 간단한 밥도 하고 화장실 청소도 한다. 13살 이상이 되면 등을 갈고 음식을 만들며 빨래도 한다. 크고 작은 집안일을 스스로 한다는 것이 이 만화를 본 부모들마다 느끼는 미국식 교육에 대한 느낌이다.

　　한 매체에서 밝힌 데이터를 보면, 각 나라의 초등학생이 매일 집안일을 하는 노동 시간은 미국이 1.2시간, 한국이 0.7시간, 영국이 0.6시간, 중국이 0.2시간이다. 실제로 초중등학생뿐이겠는가? 중국의 수많은 대학생들조차 집안일을 하려 하지 않거나 할 줄 모른다.

　　중국 아이들은 왜 집안일을 하려 하지 않는가? 너무나 명백하다. 바로 부모의 잘못된 양육 방식에 있다. 적지 않은 부모들의 눈에는 점수가 아이의 우수성을 가늠하는 유일한 기준이다. 아이가 학업에 시달리니 집안일은 자연스레 부모의 몫이 되었으며, 아이에게 반드시 필요한 독립심과 자기 주도 능력이 어려서부터 부족하게 되었다.

否 shìfǒu ～인지 아닌지 | 标准 biāozhǔn 몡 표준, 기준 혱 표준이다 | 繁重 fánzhòng 혱 번거롭고 힘들다 | 由 yóu 깨 ～가, ～이[동작의 주체를 이끌어냄] | 包办 bāobàn 통 맡아서 하다 | 导致 dǎozhì 통 초래하다[좋지 않은 결과를 냄] | 缺乏 quēfá 통 부족하다 | 独立性 dúlìxìng 몡 독립심 | 自主能力 zìzhǔ nénglì 몡 자주 능력

PART 6

병원

mission 1 — 접수하기 1

mission 2 — 접수하기 2

mission 3 — 진료를 받을 때

mission 4 — 진료비 납부 및 약 타기

mission 5 — 병의 증세를 말할 때

mission 6 — 현지회화로 마무리하기

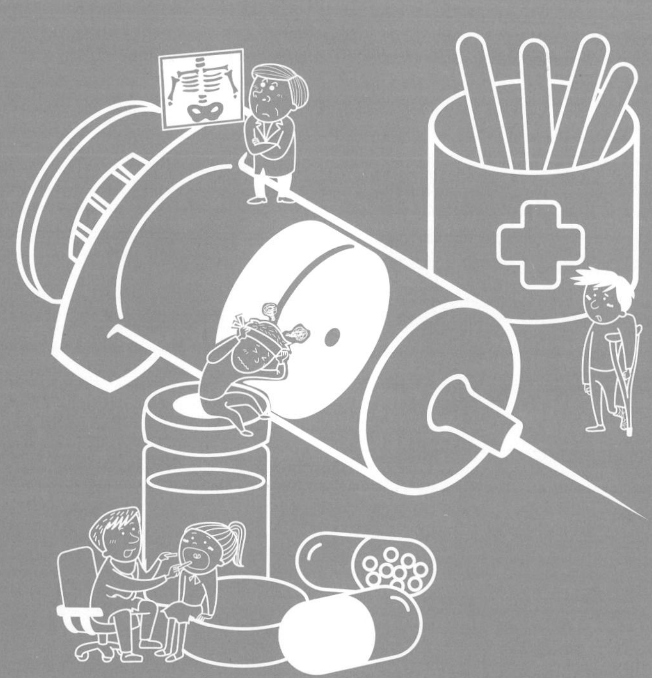

외국에서 생활할 때, 아프거나 병원에 갈 일이 생기면 힘들죠.

이때는 혼자 가기 보다는 현지인이나 현지에 오래 살고 있는 친구를 데리고 가면

많은 도움을 받을 수 있을 거예요.

제 일본 친구는 이가 너무 아파서 참다 참다 하는 수 없이 병원에 갔는데,

아플까 봐 무서워서 울면서 들어갔다가

너무 비싼 가격 때문에 의사 앞에서 또 한번 울었다고 하네요.

제 친구가 간 곳은 외국인들이 가는 병원이었거든요. 가격이 엄청 비싸죠.

하지만 일반직으로 중국의 병원은 한국보다 싸니

가격 걱정은 하지 않으셔도 돼요.

워밍업 단어 다음 단어를 익혀 보세요.

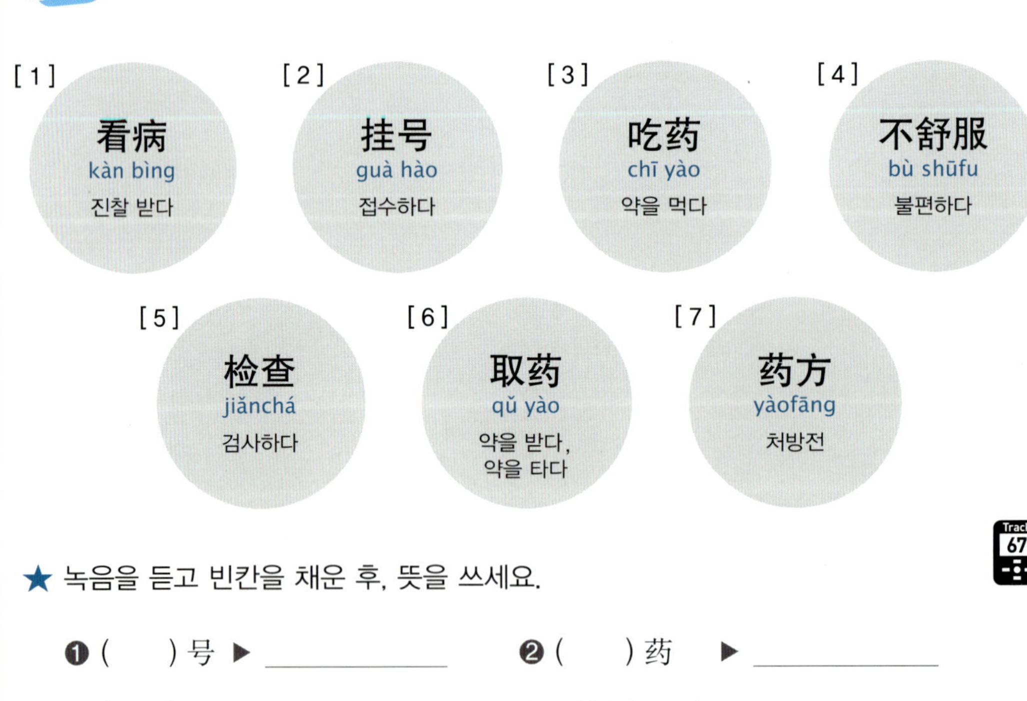

[1] 看病 kàn bìng 진찰 받다

[2] 挂号 guà hào 접수하다

[3] 吃药 chī yào 약을 먹다

[4] 不舒服 bù shūfu 불편하다

[5] 检查 jiǎnchá 검사하다

[6] 取药 qǔ yào 약을 받다, 약을 타다

[7] 药方 yàofāng 처방전

★ 녹음을 듣고 빈칸을 채운 후, 뜻을 쓰세요.

❶ (　　　) 号 ▶ ___________　　　❷ (　　　) 药 ▶ ___________

❸ (　　　) 查 ▶ ___________　　　❹ 不舒 (　　　) ▶ ___________

듣고 따라 읽는 핵심 문장

1 녹음을 듣고, 내용과 일치하는 문장을 고르세요.

Ⓐ _________ 하루 세 번, 한 번에 두 알씩, 식후 30분에 드세요.

Ⓑ _________ 왜 그래요? 안색이 안 좋아요.

Ⓒ _________ 담배를 피우면 암에 쉽게 걸린대요.

Ⓓ _________ 발목이 접질렸어요. 걷는 것이 힘들어요.

Ⓔ _________ 초콜릿을 많이 먹으면 이가 썩을 거예요.

2 녹음을 다시 들으며 빈칸을 채운 후, 문장을 따라 읽어 보세요.

❶ 你_________？ 脸色不太好。

❷ 听说抽烟_________癌症。

❸ 巧克力吃多了，牙_________。

❹ 一天三次，一次吃两片，_______半小时吃。

❺ 脚脖子扭伤了，走路很_______。

脸色 liǎnsè 몡 안색 | 抽烟 chōu yān 통 담배를 피우다 | 癌症 áizhèng 몡 암 | 巧克力 qiǎokèlì 몡 초콜릿 | 坏 huài 통 (치아·음식이) 상하다, 썩다 | 脚脖子 jiǎobózi 몡 발목 | 扭伤 niǔshāng 통 (발목 등이) 삐다, 접질리다 | 困难 kùnnan 혱 (상황이) 어렵다, 힘들다

1 대화를 듣고 내용이 맞으면 O, 틀리면 X를 표시하세요.

❶ 病人现在在内科。　　　　　　　　　（　　　　　）

❷ 病人找李大夫。　　　　　　　　　　（　　　　　）

❸ 病人要去牙科。　　　　　　　　　　（　　　　　）

❹ 病人可以选择的是李大夫的专家门诊。（　　　　　）

❺ 病人想挂别的大夫的门诊。　　　　　（　　　　　）

표현

▶挂号
'번호를 걸어 놓는다'는 말로, 신청할 때 순서가 중요한 상황에 쓰는데요, 병원에서 접수할 때 사용합니다. 또 报名이라는 표현도 있는데, 학교나 학원에 등록하는 것을 말합니다. '이름을 보고한다'는 말로 자신의 이름으로 등록하는 상황에 씁니다.

2 녹음을 다시 들으며, 큰 소리로 따라 읽어 보세요.

TIP 중국의 특수한 전화번호

- 10000　**电信综合免费服务热线**　통신 종합 무료 서비스 직통 전화
- 110　**报警电话**　범죄 신고
- 114　**查号**　전화번호 검색
- 119　**火警**　화재 신고
- 120　**急救中心**　응급 센터
- 121　**天气预报**　일기 예보
- 122　**全国道路交通报警**　전국 도로 교통 신고
- 123　**政府机关热线**　정부 기관 직통 전화

단어

内科 nèikē 몡 내과 | 专家门诊 zhuānjiā ménzhěn 몡 특진[특정한 의사의 진료] | 挂号 guà hào 통 접수하다

02 접수하기 2

★ 문장을 듣고 알맞은 대답을 고르세요.

❶ (a) 您有什么事?　　(b) 请付五元挂号费。

❷ (a) 让我看看。　　(b) 我这样填行吗?

❸ (a) 在对面。　　(b) 把病历卡带上。

03 진료를 받을 때

★ 대화를 듣고 의사가 내린 처방전을 고르세요.

❶
- 得了重感冒
- 打针
- 多喝水

❷
- 眼睛有点儿红
- 吃药
- 休息几天

❸
- 嗓子有点儿红
- 吃药
- 明天再来

❹
- 得了重感冒
- 吃药
- 休息几天

🎤 표현

▶ 老咳嗽

老는 总과 같은 뜻으로, '늘, 항상, 계속'으로 해석합니다. 老 뒤에는 부정적인 상황이 자주 나옵니다.

단어

填 tián 图 기입하다 | 病历卡 bìnglìkǎ 圆 진료 기록 카드 | 重感冒 zhònggǎnmào 圆 독감 | 打针 dǎ zhēn 图 주사를 맞다 | 嗓子 sǎngzi 圆 목구멍 | 咳嗽 késou 圆 기침 图 기침하다 | 扁桃腺 biǎntáoxiàn 圆 편도선

1 대화를 듣고 처방전을 완성하고, 약을 타는 순서가 바른 것을 고르세요.

Track 72

처방전

처방 약품 명칭	1일 복용 횟수	1회 복용량	복용 시간
XXXXXXX			

 표현

▶划价
진료비를 내기 전에 처방전에 약값과 진료비를 기입하는 것을 말합니다. 중국에서는 먼저 划价를 한 후에 처방전을 가지고 와서 돈을 냅니다.

① 交费 ⋯ 取药 ⋯ 划价

② 划价 ⋯ 交费 ⋯ 取药

③ 交费 ⋯ 划价 ⋯ 取药

2 녹음을 다시 들으며 들리는 표현을 메모해 보세요.

단어

交费 jiāofèi 통 지불하다 | 药方 yàofāng 명 처방전 | 划价 huà jià 통 진료비를 산출하여 진단서에 기입하다 | 窗口 chuāngkǒu 명 창구 | 取药 qǔ yào 통 약을 타다 | 片 piàn 양 약 같은 작은 것을 세는 단위

1 대화를 듣고 다음 문장에서 틀린 부분을 찾아 고쳐 보세요.

❶ 男的以前胃没疼过。

____

❷ 女的认为吃药对身体很好。

____

❸ 男的定时吃饭，可是还是得了胃病。

____

🎤 **표현**

▶ **定时**
시간을 정하거나 맞춘다는 뜻입니다. '시한폭탄' 아시죠? 중국어로는 '定时炸弹'이라고 합니다.

2 녹음을 다시 들으며, 큰 소리로 따라 읽어 보세요.

TIP 이것이 중국이다

중국인과 성형 수술

최근 스타나 모델을 동경하는 중국 젊은이들이 증가하면서 한국으로 성형 수술을 하러 오는 이들이 부쩍 늘었습니다. 중국의 최대 명절인 5.1 노동절이나 10.1 국경절 같은 때는 중국인의 성형 예약이 평소보다 60%나 증가한다고 합니다. 한국으로 성형을 하러 오는 목적은 첫째는 한류(韩流)를 들 수 있습니다. 한국 드라마의 주인공들처럼 되고 싶다고 동경하기 때문이겠죠. 둘째는 중국보다 한국이 성형 기술이 뛰어나고 믿을 수 있기 때문입니다. 중국의 부유층만이 오는 것이 아니라 대학생들도 성형 관광을 올 정도로 한국 성형이 보편화되고 있는 추세죠. 중국 뉴스에서 한국 성형 관광에 제동을 걸기 위해 연일 한국 성형 관광의 문제점에 대해 보도한 것만 봐도 중국 정부에서도 우려할 정도로 관광객 수가 늘고 있다는 사실을 알 수 있습니다. 드높아진 한국 성형의 위상과 한류의 영향으로 당분간 중국에서 불어오는 성형 관광붐은 계속될 것 같네요.

단어

定时 dìngshí 🔘 시간을 정해서, 제시간에 | 胃病 wèibìng 🔘 위병, 위장병 | 试 shì 🔘 시도하다 | 治 zhì 🔘 치료하다 | 受不了 shòubuliǎo 🔘 참을 수가 없다, 견딜 수가 없다 | 止疼 zhǐténg 🔘 통증을 없애다 | 检查 jiǎnchá 🔘 검사하다

1 회화를 듣고 빈칸을 채우세요. 

马　力　你最近干什么了？ ＿＿＿＿＿＿你。

路　路　三天没去上课了，今天刚❶从家里出来。

马　力　没去上课？你＿＿＿＿吗？
严重吗？

路　路　没什么，＿＿＿＿从楼梯上
摔下来，受伤了。

马　力　伤到哪里了？

路　路　脚脖子扭伤了。

马　力　只是脚脖子扭伤，**不至于❷**不能上课吧？

路　路　可是＿＿＿＿＿，走不了了。
医生说**不**在家休息**不行❸**。

马　力　现在恢复得怎么样了？

路　路　＿＿＿＿＿，又可以走路了。

马　力　以后你＿＿＿＿＿＿。

2 완성된 회화문을 보면서 큰 소리로 따라 읽어 보세요.

3 회화를 듣고 질문에 답하세요.

❶ Ｑ 路路上星期发生了什么事？

Ａ

❷ Ｑ 大夫为什么让路路在家休息？

Ａ

❸ Ｑ 现在恢复得怎么样了？

Ａ

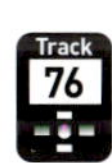

4 녹음을 듣고 문장을 완성한 후, 회화 내용과 일치하는지 ＯＸ로 표시하세요.

❶ (　　　) 路路四天没＿＿＿＿＿＿。

❷ (　　　) 路路从楼梯上＿＿＿＿＿＿＿。

❸ (　　　) 现在路路在医院，几天后＿＿＿＿＿出院。

❹ (　　　) 路路脚脖子＿＿＿＿＿了。

生病 shēng bìng 통 병이 나다 | 严重 yánzhòng 형 (병·상황 등이) 심각하다 | 没什么 méishénme 아무것도 아니다, 별것 아니다 | 不小心 bù xiǎoxīn 부주의로, 실수로 | 楼梯 lóutī 명 계단 | 摔 shuāi 통 떨어지다, 넘어지다 | 受伤 shòushāng 통 다치다 | 不至于 búzhìyú ～일 정도는 아니다, ～에 이르지는 못한다 | 肿 zhǒng 통 붓다 | 走不了 zǒubuliǎo 걸을 수가 없다 | 恢复 huīfù 통 회복하다

핵심 표현 이해하기

1 **今天刚从家里出来。**
오늘 막 집에서 나왔어요.

刚은 부사로 '막, 방금'의 뜻입니다. 어떤 동작이나 상황이 발생한 시점이 오래되지 않음을 말합니다. 다른 의미로는 시간이나 수량이 아주 적당함을 나타냅니다.

我刚起床，没听到手机的铃声。
나는 막 일어나서, 핸드폰 벨소리를 못 들었어요.

我刚吃完饭，你一个人出去吃吧。
나는 막 밥을 먹었어요. 당신 혼자서 밖에 나가서 드세요.

해석하기 她刚走进教室，上课铃就响了。

____

중작하기 그는 막 떠났어요. 당신은 그를 따라잡을 수 있을 거예요.

____

2 **只是脚脖子扭伤，不至于不能上课吧?**
겨우 발목이 접질린 것 가지고 수업에 못 나올 정도는 아니지 않아요?

至于는 어떤 정도에 도달함을 말합니다. '~할 정도가 되다'라고 해석하는데, 주로 부정형 不至于로 씁니다. '~정도까지는 되지 않을 것이다'라는 추측성 또는 짐작성 표현이어서, 조사 吧를 함께 쓸 수 있습니다.

她的英语不好，可是不至于这么简单的词都看不懂。
그녀는 영어를 못해요. 그러나 이렇게 간단한 단어도 모를 정도는 아니에요.

只要你好好学习，不至于考试不及格。
당신이 열심히 공부하기만 하면, 시험에서 과락할 정도는 아닐 거예요.

해석하기 他只是开个玩笑呢，你不至于哭吧。

____

중작하기 당신은 이렇게 사소한 일로 헤어질(分手) 정도는 아니죠.

____

3 医生说不在家休息不行。

의사가 집에서 쉬지 않으면 안 된대요.

'不……不行'은 필연성을 나타내는 '~하지 않으면 안 된다' 혹은 의지나 결심을 나타내는 '꼭 ~하고 말겠다'라는 의미가 있습니다. 不와 不行 사이에는 동사나 형용사를 쓸 수 있습니다.

今天的聚会，你不参加不行。
오늘 모임에. 당신은 참석하지 않으면 안 돼요.

结婚时不买房子不行。
결혼할 때 집을 사지 않으면 안 돼요.

해석하기 这个项目今天不完成不行。

____

중작하기 이번 시험에 저는 참석하지 않으면 안 돼요.

____

단어

铃声 língshēng 뗑 벨소리 | 响 xiǎng 통 (소리가) 울리다 | 不及格 bùjígé 통 과락하다, (목표 점수에) 이르지 못하다 | 开玩笑 kāi wánxiào 통 농담하다 | 哭 kū 통 울다 | 分手 fēnshǒu 통 헤어지다

第1-5题：请选出正确答案。

1　Ⓐ 小王人很好　　　　　Ⓑ 小王爱生病

　　Ⓒ 小王爱说假话　　　Ⓓ 小王住院了

2　Ⓐ 在医院　　　　　　Ⓑ 在家里

　　Ⓒ 在单位　　　　　　Ⓓ 在学校

3　Ⓐ 不头疼　　　　　　Ⓑ 发烧

　　Ⓒ 咳嗽　　　　　　　Ⓓ 发冷

4　Ⓐ 星期天　　　　　　Ⓑ 星期一

　　Ⓒ 星期二　　　　　　Ⓓ 星期三

5　Ⓐ 血压很高　　　　　Ⓑ 气温太高

　　Ⓒ 她太累了　　　　　Ⓓ 她有大事

정답 및 해설 ⇨205쪽

★ 증상과 관련된 단어를 익혀 보세요.

중국어	병음	뜻
腿软	tuǐruǎn	다리에 힘이 없다
打喷嚏	dǎ pēntì	재채기를 하다
流鼻涕	liú bítì	콧물이 흐르다
发烧	fā shāo	열이 나다
退烧	tuì shāo	열이 내리다
咳嗽	késou	기침하다
发冷	fālěng	오한이 나다
呕吐	ǒutù	토하다
妇产科	fùchǎnkē	산부인과
儿科	érkē	소아과
耳鼻喉科	ěrbíhóukē	이비인후과
急诊室	jízhěnshì	응급실
肝炎	gānyán	간염
肺炎	fèiyán	폐렴
癌症	áizhèng	암
打点滴	dǎ diǎndī	링거를 맞다
病历表	bìnglìbiǎo	진료 기록, 진료 카드
病假条	bìngjiàtiáo	병가 신청서, 진단서
检查	jiǎnchá	검사하다

先看病后交钱

　　无论到大小医院看病，一般的程序都是先挂号、排队诊疗、交费、取药。但从5月1日起，广州玛莉亚医院有了新的服务办法，患者看病后按自己的实际满意度高低，自由交费。这项服务实行了一个星期，参加活动的患者有1000多人，没有一人逃单不交钱。患者平均给出的评分是92分，其中满分占40%，只有一个低于80分。

　　"先看病，先检查，先治疗，再收费，我们进行这样的改革，是希望能够建立相互信任。"据玛莉亚医院统计，一个星期内的1000余名患者中，逃单率为0，令人非常惊喜，所有参与体验活动的患者都是先自由看病，最后交费离院。

　　先看病后付费的新模式有利于患者就医，减轻了患者的就诊压力，安心配合治疗。但另一方面医务人员的压力会增加，既担心服务不好评分太低，也会担心患者不交钱直接走人。

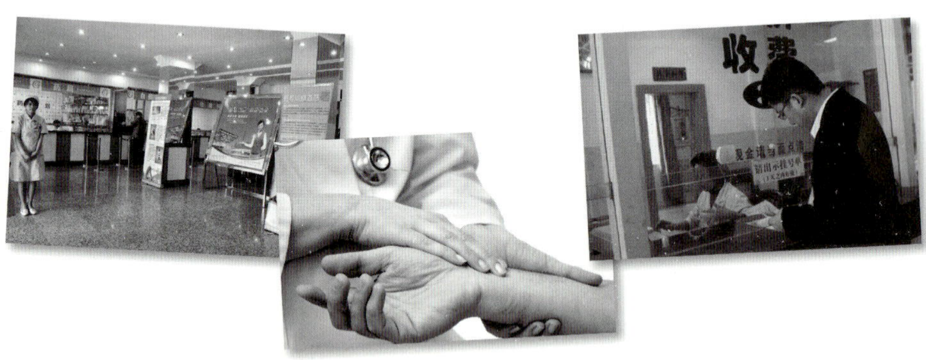

단어

无论……都 wúlùn……dōu ～이든지 관계없이 모두 | 患者 huànzhě 圐 환자 | 逃单 táodān 图 수납하지 않고 도망가다 | 平均 píngjūn 圐 평균 | 建立 jiànlì 图 세우다 | 信任 xìnrèn 圐 믿음, 신뢰 | 统计 tǒngjì 圐 통계 | 惊喜 jīngxǐ 图 기쁘고 놀랍다 | 模式 móshì 圐 표준, 형식 | 有利于 yǒulìyú ～에 유리하다 | 就医 jiùyī 图 진찰 받다 | 减轻 jiǎnqīng 图 낮추다, 덜다 | 配合 pèihé

선 진료 후 수납

　대형 병원이나 작은 병원에 가서 진료를 받을 때 일반적인 순서는 우선 접수하고 진료 대기를 한 후, 수납하고 약을 타는 것이다. 그러나 5월 1일부터 광저우의 마리아 병원에서는 새로운 서비스 방법이 생겼다. 환자가 진찰을 받은 후 자신의 실제 만족도의 높고 낮음에 따라 자유로이 수납을 하는 것이다.(중국은 접수비, 진료비를 우선 지불함) 이 서비스를 실행한 지 1주일이 되었고, 참가한 환자가 1000여 명에 이르렀는데, 수납을 하지 않고 가버린 사람이 한 명도 없었다. 환자들이 준 평균 점수는 92점으로, 그중 만점이 40%를 차지했고, 한 사람만 80점 아래였다.

　"먼저 진찰, 검사, 치료를 한 후 그다음에 수납을 하는 우리의 이런 개혁이 사회에 서로 신뢰하는 기풍을 만들기를 바랍니다." 마리아 병원의 통계에 의하면, 한 주 동안 1000여 명의 환자 중에서 수납을 하지 않고 가버린 사람이 0%라고 하는데, 이것은 굉장히 놀라운 일이다. 체험 활동에 참여한 모든 환자들이 우선 자유롭게 진료를 받은 후 수납을 하고 병원을 나갔다.

　우선 진료를 받은 후 수납을 하는 새로운 표준은 환자들이 진찰을 받는 데 유리하다. 환자들이 의사에게 진료 받는 부담을 덜어 줬을 뿐 아니라 안심하고 치료에 협력할 수 있게 해주었다. 그러나 다른 한편으로 병원의 직원들은 부담이 더 증가할 것이다. 서비스가 나빠서 점수를 낮게 받을 것과 환자가 수납하지 않고 가버리는 것까지 걱정해야 한다.

동 협력하다 | 走人 zǒurén 동 떠나다

날씨

상대방과 이야기를 나눌 때

부담 없이 편하게 화제로 삼을 만한 것이 바로 날씨입니다.

어색한 분위기를 친숙하게 만드는 데 날씨만큼 좋은 화제는 없죠.

저는 수업을 시작할 때 날씨 얘기를 많이 합니다.

'날씨가 좋네요(天气很好)' 혹은 '오후에 비가 온다는데, 우산 가져오셨죠?

(下午要下雨了，带伞了吗?)', '오늘 정말 춥네요(今天真冷)' 등

날씨로 시작하는 것이 가장 부담이 없습니다.

그리고 중국의 일기 예보를 들어야 한다면 날씨 관련 표현을 알아두는 것은 필수예요.

날씨는 1년 365일 변화무쌍한 만큼 날씨에 관련된 여러 표현들이 있습니다.

단어와 표현을 알고 있어야 자연스럽게 화제로 쓸 수 있겠죠?

워밍업 단어 다음 단어를 익혀 보세요.

[1] 晴天 qíngtiān 맑음

[2] 阴天 yīntiān 흐림

[3] 下雨 xià yǔ 비가 내리다

[4] 下雪 xià xuě 눈이 내리다

[5] 刮风 guā fēng 바람이 불다

[6] 干燥 gānzào 건조하다

[7] 有云 yǒu yún 구름이 있다

★ 녹음을 듣고 빈칸을 채운 후, 뜻을 쓰세요.

❶ (　　) 天 ▶ ____________ 　❷ 下 (　　) ▶ ____________

❸ (　　) 风 ▶ ____________ 　❹ (　　) 天 ▶ ____________

1 녹음을 듣고, 내용과 일치하는 문장을 고르세요.

Ⓐ ＿＿＿＿＿＿ 봄에는 따뜻하지만 바람이 자주 불어요.

Ⓑ ＿＿＿＿＿＿ 일기 예보에 의하면 내일 낮에는 흐리고 비가 조금 온대요.

Ⓒ ＿＿＿＿＿＿ 여기는 서울보다 훨씬 추울 뿐 아니라 굉장히 건조해요.

Ⓓ ＿＿＿＿＿＿ 오늘 안개가 많이 꼈어요.

Ⓔ ＿＿＿＿＿＿ 기온이 여기보다 3, 4도 높아요.

2 녹음을 다시 들으며 빈칸을 채운 후, 문장을 따라 읽어 보세요.

❶ 气温比这儿高＿＿＿＿＿＿＿。

❷ 天气预报说明天白天＿＿＿＿＿＿＿。

❸ 这儿比首尔＿＿＿＿＿，而且非常干燥。

❹ 春天很暖和，但是经常＿＿＿＿＿。

❺ 今天雾＿＿＿＿＿。

气温 qìwēn 圐 기온 ｜ 天气预报 tiānqì yùbào 圐 일기 예보 ｜ 干燥 gānzào 圀 건조하다 ｜ 暖和 nuǎnhuo
圀 따뜻하다 ｜ 雾 wù 圐 안개

1 문장을 듣고 내용이 맞으면 O, 틀리면 X를 표시하세요.

❶ 北京：大雪，$-6℃ \sim -2℃$　　　　　　（　　　　　）

❷ 哈尔滨：雨，$-15℃ \sim -9℃$　　　　　　（　　　　　）

❸ 沈阳：晴，$-8℃ \sim -4℃$　　　　　　（　　　　　）

❹ 天津：晴转多云，$-2℃ \sim -4℃$　　　　　　（　　　　　）

❺ 西安：小雨，$-3℃ \sim 6℃$　　　　　　（　　　　　）

2 녹음을 다시 들으며, 큰 소리로 따라 읽어 보세요.

단어

零下 língxià 명 영하 | 摄氏度 shèshìdù 명 온도, 섭씨 | 哈尔滨 Hā'ěrbīn 고유 하얼빈 | 沈阳 Shěnyáng 고유 션양 | 天津 Tiānjīn 고유 텐진 | 晴转多云 qíng zhuǎn duōyún 맑았다가 구름이 많이 낌

★ 문장을 듣고 알맞은 대답을 고르세요.

❶ (a) 是啊，不冷也不热。　　(b) 下大雨了。

❷ (a) 出去玩吧。　　(b) 明天还是呆在家里吧。

❸ (a) 天气预报很准。　　(b) 天气预报不一定准。

🎙 표현

▶呆
'머무르다'라는 뜻으로 주로 뒤에 장소와 함께 씁니다.

▶不一定
'반드시 꼭 ~한 것은 아니다'라는 뜻으로, '不一定准'은 '꼭 정확한 것은 아니에요'라는 의미입니다.

mission 03 일기 예보 시청하기

★ 일기 예보를 듣고 오늘 저녁 날씨와 내일 외출할 때 준비해야 할 것이 바르게 연결된 것을 고르세요.

❶ 

最低气温 −5°

❷ 

受热空气的影响

❸
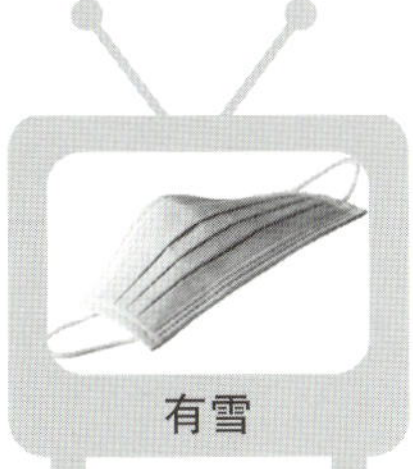
有雪

❹

最低气温 6°

단어

各位 gèwèi 몡 여러분 | 观众 guānzhòng 몡 관중, 시청자 | 关注 guānzhù 동 관심을 갖다 | 受影响 shòu yǐngxiǎng 영향을 받다 | 下降 xiàjiàng 동 (온도가) 내려가다 | 最低气温 zuìdī qìwēn 몡 최저 기온 | 将 jiāng 부 장차 ~할 것이다 | 持续 chíxù 동 지속되다 | 晚间 wǎnjiān 몡 저녁, 밤 | 保暖 bǎonuǎn 동 따뜻하게 하다

1 내용을 듣고 각자가 좋아하는 계절과 그 이유를 쓰세요.

2 녹음을 다시 들으며 들리는 표현을 메모해 보세요.

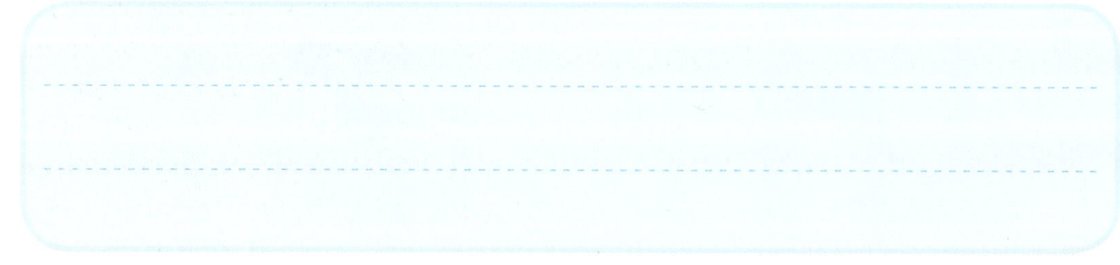

단어

烦人 fánrén 형 사람을 짜증 나게 하다 | 蚊子 wénzi 명 모기 | 期待 qīdài 동 기대하다 | 草 cǎo 명 풀 |
绿 lǜ 형 푸르다 | 活动 huódòng 동 활동하다 | 怕热 pàrè 동 더위를 타다 | 滑雪 huá xuě 동 스키를 타다 |
季节 jìjié 명 계절 | 炎热 yánrè 명 폭염, 더위 | 寒冷 hánlěng 명 추위, 혹한 | 天高气爽 tiān gāo qì
shuǎng 성 하늘이 높고 날씨가 상쾌하다

1 대화를 듣고 알맞은 답을 고르세요.

❶ 男的这次去旅游的时候，天气怎么样？

(a) 下雨   (b) 有时下雨，有时阴天

(c) 有时下雨，有时出太阳   (d) 晴天

❷ 女的说梅雨季节什么时候结束？

(a) 不知道   (b) 7月初

(c) 7月中旬   (d) 7月末

🎤 표현

▶ **不是A就是B**
'A이거나 아니면 B이다'라는 뜻으로, 둘 중에 한 가지 상황이 생긴다고 할 때 씁니다.
예 小刚总是很粗心(cūxīn)，**不是**忘记带笔，**就是**忘记带书。
샤오강은 꼼꼼하지 못해서, 필기구를 놓고 오거나 책을 놓고 와요.

2 녹음을 다시 들으며, 큰 소리로 따라 읽어 보세요.

TIP 이것이 중국이다

날씨로 배우는 중국어

'太阳从西边出来(해가 서쪽에서 뜬다)'라는 표현은 우리나라에도 있죠? '太阳都晒屁股了'는 '해가 엉덩이를 비추고 있다'는 뜻입니다. 우리말의 '해가 중천에 떴다'와 비슷하죠? 아침이 지났는데도 일어나지 않을 때 씁니다. 바람과 관련된 표현을 볼까요? '喝西北风'은 '서북풍을 마신다'란 말인데, '굶다'라는 뜻으로 먹을 것이 없음을 말합니다. 우리가 실직을 해서 돈이 없을 때 '손가락 빨고 살아야 한다'라고 말하듯이 중국 사람들은 '喝西北风'이라고 합니다. '无风不起浪'은 '바람이 없으면 파도가 일지 않는다'는 뜻으로 '아니 땐 굴뚝에 연기가 난다'는 말과 비슷한 속담입니다. 번개와 관련된 숙어를 살펴볼게요. '干打雷不下雨'는 '공연히 번개만 치고 비는 오지 않는다'라는 뜻인데요, 큰소리만 치고 실천하지 않거나 결과가 없는 경우에 쓸 수 있습니다. '雷打不动'은 '번개가 치는데도 꿈쩍을 안 한다'는 말로 의지가 굳거나 마음이 동요하지 않는 것을 말합니다.

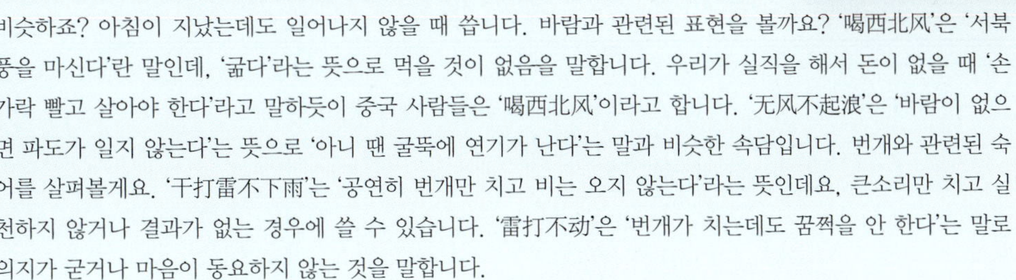

🔍 **단어**

太阳 tàiyáng 명 해, 태양 | 梅雨季节 méiyǔ jìjié 명 장마철 | 一夜 yíyè 명 밤새, 새벽 내내 | 停 tíng 동 멈추다 | 走运 zǒuyùn 동 운이 좋다 | 不是A就是B búshì A jiùshì B A이거나 아니면 B이다 | 结束 jiéshù 동 끝나다 | 晒 shài 동 햇볕을 쪼이다, 햇볕에 말리다

1 회화를 듣고 빈칸을 채우세요.

马　力　昨天__________，今天凉快多了。

再**不**下雨**就**❶受不了了。

小　米　新闻里说，北京的夏天

从来没有这么热过。

马　力　这几年北京**一年比一年热**❷，

现在没有空调不行。

小　米　我看了天气预报，______北京不是最热的，

武汉、重庆______最热的。

马　力　南方都比较热。上海、南京、武汉、重庆

__________________四大火炉。

小　米　等放假了，我打算去东北旅游。

一来那儿有很多名胜古迹，**二来**❸不太热。

马　力　不过我觉得有的地方，虽然很热，可是你__________________。

小　米　我非常怕热。__________________。

夏天还是去东北旅游好。

2 완성된 회화문을 보면서 큰 소리로 따라 읽어 보세요.

3 회화를 듣고 질문에 답하세요.

❶  Q 这几年北京的夏天天气怎么样？

　　A

❷ Q 中国的四大火炉是哪儿？

　　A

❸ Q 小米为什么不想去南方旅游？

　　A

4 녹음을 듣고 문장을 완성한 후, 회화 내용과 일치하는지 OX로 표시하세요.

❶ (　　　) 昨天下了雨以后，天气＿＿＿＿＿＿。

❷ (　　　) 这几年里，北京今年的＿＿＿＿＿＿。

❸ (　　　) ＿＿＿＿＿＿了，小米打算去上海旅游。

❹ (　　　) 小米非常＿＿＿＿，不想去南方＿＿＿＿。

新闻 xīnwén 몡 뉴스 | 空调 kōngtiáo 몡 에어컨 | 武汉 Wǔhàn 고유 우한 | 南京 Nánjīng 고유 난징 |
重庆 Chóngqìng 고유 충칭 | 火炉 huǒlú 몡 화로 | 放假 fàng jià 통 방학하다 | 一来……二来…… yīlái…
…èrlái…… 첫째는 ~이고, 둘째는 ~이다 | 名胜古迹 míngshèng gǔjì 몡 명승고적 | 值得 zhídé 통
~할 가치가 있다 | 出汗 chūhàn 통 땀이 나다

1 再不下雨就受不了了。

더 비가 안 내리면 못 견뎠을 거예요.

'再不……就……'는 '더 ~하지 않는다면 바로 ~될 것이다'라는 뜻입니다. 再는 가정의 의미이고, 뒤에는 부정사 不를 씁니다. 어떤 상황이 일어나지 않으면 어떤 결과가 발생할 것이라는 짐작을 말할 때 이 형식을 사용할 수 있습니다.

你再不走，就要迟到了。

당신이 더 가지 않으면 늦을 거예요.

你再不说，我就不理你了。

당신이 더 말하지 않으면, 난 당신한테 아는 체하지 않을 거예요.

해석하기 你再不学，以后就没有机会学了。

____

중작하기 당신이 더 문을 안 열면, 나는 문을 걷어차(踹) 버릴 거예요.

____

2 这几年北京一年比一年热。

요 몇 년 베이징은 한 해가 다르게 더웠어요.

'一年比一年热'는 '한 해보다 한 해가 덥다'는 뜻으로 해가 갈수록 덥다는 말입니다. '一 + 양사 + 比 + 一 + 양사 + 형용사' 형식을 이용해서 다양한 표현을 만들 수 있습니다.

我们班的学生一个比一个聪明。

우리 반의 학생들은 한결같이 똑똑합니다.(→한 명이 한 명보다 똑똑하다.)

他的汉语水平一天比一天提高。

그의 중국어 실력은 하루가 다르게 향상되고 있습니다.

 最近天气一天比一天暖和。

____

 요 몇 달 동안의 시험은 회를 거듭할수록 어렵습니다.

____

3 一来那儿有很多名胜古迹，二来不太热。

첫째는 그곳에 명승고적이 많아서고, 둘째는 별로 안 더워서예요.

'一来……二来……'는 두 가지 이유를 들어서 어떤 상황을 설명할 때 씁니다. '첫째는 ~이고, 둘째는 ~입니다'라는 뜻입니다.

我最近开始学汉语，一来我喜欢中国，二来我要当中文导游。
저는 요즘 중국어를 배우기 시작했어요. 첫째는 중국을 좋아해서고, 둘째는 중국어 관광 가이드가 되고 싶어서예요.

这次我想出国旅游，一来想放松放松，二来想见见世面。
이번에 저는 해외 여행을 가고 싶어요. 첫째는 스트레스를 풀고 싶고, 둘째는 넓은 세상을 경험해 보고 싶어서예요.

 我想住在这个小区，一来人少，二来房价也便宜一些。

____

 나는 이곳의 물건을 좋아합니다. 첫째는 싸서고, 둘째는 종류가 많아서입니다.

____

단어

理 lǐ 통 상대하다[주로 부정형으로 쓰임] | 踹 chuài 통 걷어차다 | 提高 tígāo 통 향상되다 | 放松 fàngsōng 통 스트레스를 풀다 | 见世面 jiàn shìmiàn 견문을 넓히다 | 小区 xiǎoqū 명 구역, 동네 | 房价 fángjià 명 집값

정답 및 해설 ⇨212쪽

第1-5题：请选出正确答案。

1 Ⓐ 春天　　　　　　　Ⓑ 夏天

　　Ⓒ 秋天　　　　　　　Ⓓ 冬天

2 Ⓐ 12月该下雨了　　　Ⓑ 12月下雨太早了

　　Ⓒ 12月不该下雨了　　Ⓓ 以前，12月常下雨

3 Ⓐ 很冷　　　　　　　Ⓑ 不太冷

　　Ⓒ 很热　　　　　　　Ⓓ 不太热

4 Ⓐ 天气太暖和　　　　Ⓑ 气温太高

　　Ⓒ 气温太低　　　　　Ⓓ 气温不高也不低

5 Ⓐ 雪下得很多　　　　Ⓑ 跟往年一样

　　Ⓒ 很冷　　　　　　　Ⓓ 不太冷

정답 및 해설 ⇨212쪽

★ 날씨와 관련된 단어를 익혀 보세요.

중국어	병음	뜻
干燥	gānzào	건조하다
潮湿	cháoshī	습하다
彩虹	cǎihóng	무지개
冰雹	bīngbáo	우박
打雷	dǎ léi	천둥 치다
打闪	dǎ shǎn	번개 치다
倾盆大雨	qīngpén dàyǔ	세숫대야로 퍼붓는 비, 장대비
阵雨	zhènyǔ	소나기
台风	táifēng	태풍
气温	qìwēn	기온
中暑	zhòng shǔ	더위 먹다
闷热	mēnrè	후텁지근하다
季节	jìjié	계절
温带气候	wēndài qìhòu	온대 기후
亚热带气候	yàrèdài qìhòu	아열대 기후

深秋的天气

喜欢秋天，尤其是深秋。

早晚总有一点淡淡的寒意，让人感叹一场秋雨一场寒的同时，不忘提醒着人们该加一件衣服了。而且更让人想到了远方的亲人，电话中的一句问候，都带着浓浓的情意。

树叶渐渐地黄了，一片片挂在树上。天空显得更高更蓝，白云也淡了许多。田野里到处弥漫着丰收的气息，笑声中让人感受到付出就有收获。

这个时候，如果你有空闲在家，一定会感觉一天天是那么平静如水，泡一杯茶，躺在阳光下的椅子里，如果再放点轻音乐，美好的生活会让你像神仙一样快乐。

所以，我一直认为秋天是一年中最美好的时节，是因为可以美美地享受，静静地品味。

단어

寒意 hányì 명 차가운 기운 | 提醒 tíxǐng 통 일깨우다 | 浓浓 nóngnóng 형 진한 | 情意 qíngyì 명 정, 감정 | 田野 tiányě 명 논과 밭 | 弥漫 mímàn 통 가득 차다, 널리 퍼지다 | 丰收 fēngshōu 명 풍작, 풍년 | 气息 qìxī 명 냄새, 기운 | 平静如水 píngjìng rú shuǐ 고요한 것이 물과 같다 |

늦가을의 날씨

가을을 좋아한다. 특히 깊은 가을을 좋아한다.

아침 저녁 약간의 한기는 가을비로 기온이 뚝 떨어졌음을 느끼게 함과 동시에 옷을 하나 더 걸쳐야 할 때가 됐음을 잊지 않고 일깨워 준다. 게다가 멀리 있는 가족을 생각나게 하는데, 전화 통화 중의 한 마디 안부 인사에도 끈끈한 정이 묻어난다.

나뭇잎이 노랗게 변해서 한 잎 한 잎 나무에 달려 있다. 하늘은 더욱 높고 파랗게 보인다. 흰 구름도 많이 옅어져 있다. 논밭 여기저기에 풍작의 기운이 가득 차 있으며, 웃음 속에서 노력을 기울이면 수확의 기쁨을 얻을 수 있음을 느낀다.

이럴 때 만약 여유로이 집에 있다면 분명히 하루하루가 마치 물처럼 고요하다고 느낄 것이다. 차 한 잔을 우려내 햇볕이 비추는 의자에 누워 있을 때, 만약 경음악이라도 틀어 놓는다면, 아름다운 생활은 마치 신선이 된 것마냥 당신을 즐겁게 헤줄 것이다.

그래서 나는 1년 중에서 가을이 가장 아름다운 시기라고 생각한다. 바로 아름다운 향유와 고요한 음미가 있기 때문이다.

泡 pào 〔동〕 우려내다 | 神仙 shénxiān 〔명〕 신선 | 享受 xiǎngshòu 〔동〕 누리다, 즐기다 | 静静 jìngjìng 〔형〕 고요하다 | 品味 pǐnwèi 〔동〕 맛을 느끼다

PART 8
여행 & 호텔

mission **1**	mission **2**	mission **3**	mission **4**
빈방 유무 확인하기	여행 갈 준비하기	숙박하기	여행 전 짐을 꾸릴 때

mission **5**	mission **6**
퇴실하기	현지회화로 마무리하기

여행은 낯선 곳에서 가장 익숙한 자신을 만날 수 있게도 해주고
세상을 보는 눈을 다르게 만들어 주기도 합니다.
그래서 서양 속담에 자식을 사랑하면 여행을 보내라고 했나 봐요.
중국은 국토가 넓어서 여행지도 많고 여행지마다 특색이 있습니다.
베이징이 혹한이어도 기차를 타고 남방으로 가면,
반팔을 입고 공원에 가서 만개한 꽃을 구경할 수 있어요.
베이징이 여름이어도 내몽고에 가면 아침에 겨울용 군용 점퍼를 입고 다녀야 하기도 하죠.
중국은 한 계절에도 날씨가 다르고, 생활 모습이나 풍경 또한 차이가 나죠.
그래서 중국 여행이 다른 나라의 여행보다 더 특색이 있어요.

워밍업 단어 다음 단어를 익혀 보세요. Track 92

[1]
收拾行李
shōushi xíngli
짐을 꾸리다

[2]
办签证
bàn qiānzhèng
비자를 받다

[3]
订酒店
dìng jiǔdiàn
호텔을 예약하다

[4]
旅游费用
lǚyóu fèiyòng
여행 경비

[5]
跟团游
gēntuányóu
단체 여행

[6]
导游
dǎoyóu
관광 가이드

[7]
自助游
zìzhùyóu
개인 여행

Track 93

★ 녹음을 듣고 빈칸을 채운 후, 뜻을 쓰세요.

❶ (　　) 酒店 ▶ ＿＿＿＿＿＿　　❷ (　　) 团游 ▶ ＿＿＿＿＿＿

❸ (　　) 签证 ▶ ＿＿＿＿＿＿　　❹ 旅游 (　　) ▶ ＿＿＿＿＿＿

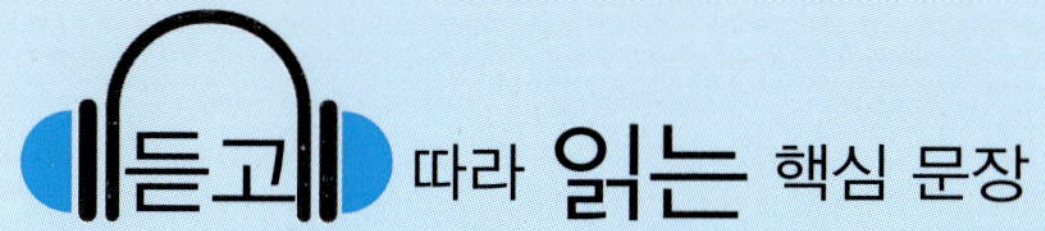 따라 **읽는** 핵심 문장

1 녹음을 듣고, 내용과 일치하는 문장을 고르세요.

Ⓐ _________ 이번에 서울에서 즐겁게 놀았습니다. 당신이 가이드를 맡아 준
덕분이에요.

Ⓑ _________ 저는 여름 방학을 이용해서 상하이로 여행 갈 작정입니다.

Ⓒ _________ 외국으로 나가서 여행할 때는 먹는 것을 조심해야 해요.

Ⓓ _________ 시간이 부족하면 이틀간 놀아도 괜찮아요.

Ⓔ _________ 단체 여행은 비록 싸지만 재미가 없어요.

2 녹음을 다시 들으며 빈칸을 채운 후, 문장을 따라 읽어 보세요.

❶ 我打算趁________去上海旅游。

❷ 这次我在首尔玩儿得很________，多亏有你给我_____导游。

❸ 时间________的话，去玩儿两天也可以。

❹ 跟团旅游________很便宜，但是没意思。

❺ ________旅游吃东西要小心。

단어

趁 chèn 〔개〕 ～을 이용해서[시간, 기회, 틈 등에 쓰임] | 开心 kāixīn 〔형〕 즐겁다 | 多亏 duōkuī 〔부〕 덕분에,
다행히 | 小心 xiǎoxīn 〔형〕 조심하다

1 대화를 듣고 남자가 원하는 방을 고르세요.

Track 95

❶ 一个人住，有阳台的房间

❷ 两个人住，有阳台的房间

❸ 一个人住，不想要有阳台的房间

❹ 两个人住，不想要有阳台的房间

🎙 표현

▶ 空房间
'빈방'이란 뜻입니다.
空은 4성으로 읽으면
형용사로, 채워져 있
어야 하는데 사용하고
있지 않아 비어 있다
는 의미입니다.
예 空杯子 빈 컵 | 空
车 빈 차 | 空教室 빈
교실

2 녹음을 다시 들으며, 큰 소리로 따라 읽어 보세요.

TIP 중국의 10대 관광 명소

1 万里长城(Wànlǐ Chángchéng 만리장성) : 흉노족을 막기 위해 쌓은 성
2 北京故宫(Běijīng Gùgōng 베이징 고궁) : '자금성'이라고도 부르며, 황제가 살던 황궁
3 承德避暑山庄(Chéngdé bìshǔ shānzhuāng 청더 피서 산장) : 황제들의 여름 별장
4 安徽黄山(Ānhuī Huángshān 안후이 황산)
   : 중국의 4대 산 중 하나로, 1990년에는 세계 문화 유산으로 등록됨
5 杭州西湖(Hángzhōu Xīhú 항저우 서호) : 인간 세상의 천국으로 불릴 만큼 아름다운 호수
6 桂林山水(Guìlín shānshuǐ 구이린의 산수)
   : 구이린의 리강을 따라 가는 구이린 산수는 많은 외국인이 찾는 관광 명소임
7 西安兵马俑(Xī'ān Bīngmǎyǒng 시안 병마용)
   : 진시황 때 만들어진 곳으로, 그 규모가 어마어마한데, 아직까지 발굴 중이라고 함
8 苏州园林(Sūzhōu Yuánlín 쑤저우 원림) : '동양의 베니스'라고 불림
9 长江三峡(Chángjiāng sānxiá 장강 삼협) : 충칭 시와 후베이 성 경내의 장강에 있는 세 협곡의 총칭
10 台湾日月潭(Táiwān Rìyuètán 타이완 르웨탄)
   : '온에어' 촬영지로, 호수의 북쪽은 해의 모양, 남쪽은 달의 모양이라서 '日月潭'이라 부름

단어

阳台 yángtái 명 발코니, 베란다 | 空房间 kòng fángjiān 빈방 | 开 kāi 통 방을 잡다 | 单人间
dānrénjiān 명 1인실

★ 문장을 듣고 알맞은 대답을 고르세요.

❶ (a) 没去过，不过听说香港很好玩。　　(b) 我喜欢自助游。

❷ (a) 一定时间不够。　　(b) 这个主意不错。

❸ (a) 早就订好了。　　(b) 机票拿好了。

★ 대화를 듣고 남자가 예약한 방의 숙박표를 고르세요.

❶

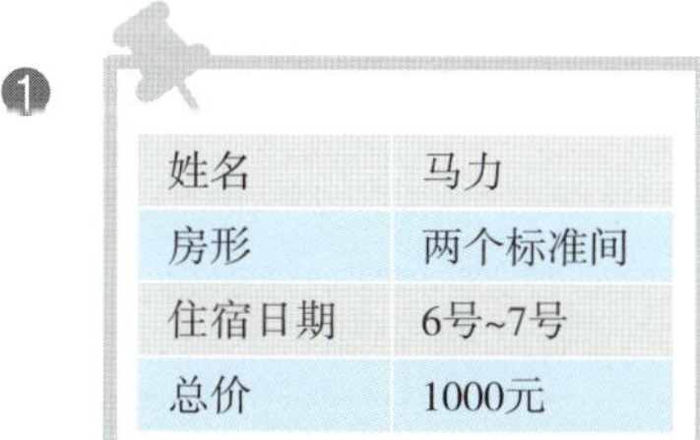

姓名	马力
房形	两个标准间
住宿日期	6号~7号
总价	1000元

❷

姓名	王力
房形	两个标准间
住宿日期	6号~7号
总价	1000元

❸

姓名	王力
房形	一个标准间，一个套间
住宿日期	6号~7号
总价	1300元

❹

姓名	马力
房形	一个标准间，一个套间
住宿日期	6号~7号
总价	1300元

 표현

▶**标准间과 套间**
标准间은 '표준실'이란 뜻으로, 중국에서는 침대가 두 개 있는 것이 표준실에 해당합니다. 单人间은 1인실, 双人间은 2인실이고, 套间은 방이 두 개 이상, 거실까지 갖춘 제일 비싼 곳이지요.

 단어

香港 Xiānggǎng 고유 홍콩 | 主意 zhǔyi 명 생각 | 姓名 xìngmíng 명 성명 | 房形 fángxíng 명 방의 형태 | 住宿日期 zhùsù rìqī 숙박 일자 | 总价 zǒngjià 명 총액 | 标准间 biāozhǔnjiān 명 (2인 1실의) 표준실, 일반룸 | 套间 tàojiān 명 스위트룸 | 退房 tuì fáng 동 퇴실하다, 체크아웃 하다 | 价格 jiàgé 명 가격 | 包括 bāokuò 동 포함하다

1 대화를 듣고 제시된 가방에 넣은 짐을 쓰세요.

❶ ____________________

❷ ____________________

❸ ____________________

❶ ____________________

❷ ____________________

❸ ____________________

❹ ____________________

표현

▶ 随身

'몸에 지니다'라는 뜻입니다. 80년대에 유행했던 워크맨을 随身听이라고 하고, 随身保镖 (suíshēn bǎobiāo)는 수행원을 말합니다.

2 녹음을 다시 들으며 들리는 표현을 메모해 보세요.

단어

行李 xíngli 명 여행 짐 | 收拾 shōushi 동 정리하다, (짐을) 꾸리다, 치우다 | 旅行箱 lǚxíngxiāng 명 여행 가방 | 随身 suíshēn 동 몸에 지니다 | 护照 hùzhào 명 여권 | 一趟 yí tàng 한 차례[동작의 횟수를 말함]

1 대화를 듣고 알맞은 답을 고르세요.

❶ 男的要怎么付款?

(a) 现金   (b) 信用卡

(c) 旅行支票   (d) 美金

❷ 男的什么时候离开?

(a) 五分钟后   (b) 晚饭后

(c) 午饭后   (d) 五十分钟后

🎙 표현

▶ 帮忙

'도와주다'라는 뜻으로, 忙은 형용사로는 '바쁘다'라는 의미이지만, 여기서는 '일손, 도움'이란 의미를 나타냅니다. 帮忙은 이합사(동사와 목적어로 이루어짐)의 형태로 帮帮忙, 帮你的忙, 帮个忙 등의 형태로 쓸 수 있습니다. 비슷한 표현으로는 帮助(bāngzhù 도움, 돕다)가 있는데, 동사나 명사로 쓸 수 있습니다.

2 녹음을 다시 들으며, 큰 소리로 따라 읽어 보세요.

TIP 이것이 중국이다

중국인 관광객은 큰손

지금 세계 관광지는 중국 관광객이 점령을 했다고 해도 과언이 아닙니다. 중국인의 소득이 높아지면서 국내 여행뿐 아니라 국외 여행을 즐기는 중국인들이 해마다 늘어나고 있지요. 우리나라만 해도 일본인 관광객이 부동의 1위였으나, 몇 년 전부터는 일본인을 제치고 그 자리를 중국인 관광객이 차지하고 있습니다. 우리나라뿐 아니라 세계 각국은 관광업계의 큰손으로 떠오른 중국인 관광객을 잡기 위해 치열한 마케팅 전쟁을 벌이고 있어요. 영국은 비자 발급 절차를 간소화했고, 일본은 화교 거리에서 10.1 국경절 퍼레이드를 펼치고 있고, 태국은 중국의 명절에 대대적인 세일 행사를 해요. 세계 경기가 침체인 가운데 중국만이 높은 성장률을 보이기 때문에 당분간 중국인 관광객이 전 세계 관광 산업의 견인차 역할을 할 것으로 보이네요.

付款 fù kuǎn ⑧ 돈을 지불하다 | 旅行支票 lǚxíng zhīpiào ⑲ 여행자 수표 | 需要 xūyào ⑧ 필요하다 | 帮忙 bāng máng ⑲ 도움 ⑧ 도와주다 | 房卡 fángkǎ ⑲ 방 카드 | 账单 zhàngdān ⑲ 계산서, 명세서 | 舒适 shūshì ⑱ 편하다, 아늑하다 | 周到 zhōudào ⑱ 주도면밀하다 | 保管 bǎoguǎn ⑧ 보관하다

1 회화를 듣고 빈칸을 채우세요.

马　力　＿＿＿＿＿＿＿，你出去旅游了吧？

小　米　哦，我刚旅游回来。

　　　　＿＿＿＿＿＿＿，把我累坏❶了。

马　力　一定去了＿＿＿＿＿吧？

小　米　主要是南方，杭州、桂林、大理，

　　　　这些地方都去了。

马　力　＿＿＿＿＿＿。连大理都去了。

　　　　玩儿得很痛快吧。

小　米　玩儿得很痛快。我简直❷不想回来了。

马　力　桂林和大理是中国数得上的＿＿＿＿＿。

小　米　比起桂林来❸，大理更值得去看看。

马　力　你为什么觉得大理更好呢？

小　米　大理的风景特别漂亮，而且还能体验白族的生活。

马　力　听你＿＿＿＿＿，我也想去看看。

2 완성된 회화문을 보면서 큰 소리로 따라 읽어 보세요.

3 회화를 듣고 질문에 답하세요. 

❶ ⓠ 小米去了几个月的旅游?

Ⓐ

❷ ⓠ 小米去了哪些地方?

Ⓐ

❸ ⓠ 大理为什么值得去看?

Ⓐ

4 녹음을 듣고 문장을 완성한 후, 회화 내용과 일치하는지 OX로 표시하세요. 

❶ (　　　) 小米去旅游回来几个星期了，还是＿＿＿＿＿＿。

❷ (　　　) 桂林和大理是中国＿＿＿＿＿的旅游景点。

❸ (　　　) 小米认为＿＿＿＿大理＿＿＿＿，桂林更值得去看看。

❹ (　　　) 马力＿＿＿＿＿＿大理，他很想去看看。

坏 huài 〔형〕 ～해 못 살겠다, ～해 죽겠다[동사나 형용사 뒤에 놓여 보어로 쓰여 정도가 심함을 나타냄] | 不少 bùshǎo 〔형〕 적지 않은 | 杭州 Hángzhōu 〔고유〕 항저우, 항주 | 桂林 Guìlín 〔고유〕 구이린, 계림 | 大理 Dàlǐ 〔고유〕 다리 | 痛快 tòngkuai 〔형〕 통쾌하다, 신나다 | 简直 jiǎnzhí 〔부〕 완전히, 그야말로[다소 과장스러운 말투임] | 数得上 shǔdeshàng 손꼽히다 | 旅游景点 lǚyóu jǐngdiǎn 관광 명소 | 比起……来 bǐqǐ……lái ～와 비교하자면 | 体验 tǐyàn 〔동〕 체험하다 | 白族 Báizú 〔고유〕 바이족

핵심 표현 이해하기

1

把我累坏了。

힘들어서 혼났어요.

坏는 '나쁘다, 고장 나다'라는 뜻 말고 보어로도 쓸 수 있습니다. 일부 동사나 형용사 뒤에서 상태나 정도가 심함을 나타냅니다. 함께 쓰는 형용사는 정해져 있으니 坏와 함께 쓰는 단어를 외워 두세요. 그리고 把자 구문과도 자주 씁니다.

他刚收到女朋友的信，真把他乐坏了。

그는 막 여자 친구의 편지를 받고, 정말 좋아서 어쩔 줄 몰라 합니다.

已经迟到了10分钟，我都快急坏了。

이미 10분이나 늦어서, 저는 마음이 급해서 혼났습니다.

해석하기 事太多，真把我忙坏了。

____

중작하기 저는 하루 종일 컴퓨터를 봐서 눈이 피곤해서 혼났습니다.

____

2

我简直不想回来了。

난 정말이지 돌아오고 싶지 않았어요.

简直는 부사로 '완전히, 그야말로'라는 뜻인데, 상황이 거의 어느 정도까지 될 정도였다고 설명할 때 쓰는 다소 과장스러운 표현입니다. 太, 像, 跟……一样 등과 자주 함께 씁니다.

她的汉语说得简直跟中国人一样。

그녀의 중국어는 완전히 중국 사람과 똑같아요.

他很幼稚，简直像个孩子。

그는 아주 유치해요. 정말이지 완전 아이예요.

 这简直是喊，哪儿是唱！

____

 이번 시험은 정말이지 너무 어려웠어요. 분명히 만점을 받은 사람이 없을 거예요.

____

3 比起桂林来，大理更值得去看看。

구이린과 비교하면, 다리가 더 가볼 만해요.

'比起……来'는 숙어로 '~과 비교하자면'이라는 뜻입니다. A와 B 두 가지 대상을 비교할 때 쓸 수 있습니다.

我的成绩比起马力来，差得多。
내 성적은 마리와 비교하자면 많이 떨어집니다.

比起公共汽车来，坐地铁方便多了。
버스를 타는 것과 비교하자면, 지하철을 타는 게 훨씬 편리해요.

 中国的春节，比起韩国来，热闹多了。

____

 다른 계절과 비교하자면 저는 봄을 더 좋아합니다.

____

단어

收到 shōudào 통 (편지·선물 등을) 받다 | 幼稚 yòuzhì 형 유치하다 | 喊 hǎn 통 소리 지르다 | 成绩 chéngjì 명 성적 | 差 chà 형 (수준·실력이) 떨어지다 | 热闹 rènao 형 시끌벅적하다, 요란하다

정답 및 해설 ⇨218쪽

第1-5题：请选出正确答案。

1 Ⓐ 坐飞机　　　　　　　　Ⓑ 骑车

　Ⓒ 坐地铁　　　　　　　　Ⓓ 坐出租车

2 Ⓐ 想请假　　　　　　　　Ⓑ 在办护照

　Ⓒ 下周出差　　　　　　　Ⓓ 拿到签证了

3 Ⓐ 现在是旺季，没有房间　　Ⓑ 现在没有标准间，只有单人间

　Ⓒ 现在有很多房间　　　　　Ⓓ 只有一间标准间

4 Ⓐ 男的刚旅行回来　　　　　Ⓑ 男的要去上海、杭州

　Ⓒ 女的觉得男的要去的地方不太好　　Ⓓ 男的要买杭州的特产

5 Ⓐ 一个地方　　　　　　　　Ⓑ 两个地方

　Ⓒ 三个地方　　　　　　　　Ⓓ 四个地方

★ 여행과 관련된 단어를 익혀 보세요.

중국어	병음	뜻
旅行社	lǚxíngshè	여행사
环游世界	huányóu shìjiè	세계 일주
往返	wǎngfǎn	왕복
单程	dānchéng	편도
签证	qiānzhèng	비자
旅行支票	lǚxíng zhīpiào	여행자 수표
旅游保险	lǚyóu bǎoxiǎn	여행자 보험
住宿卡	zhùsùkǎ	숙박 카드
另收费用	lìngshōu fèiyòng	별도 비용
洗澡间	xǐzǎojiān	욕실
账单	zhàngdān	계산서, 명세서
安全出口	ānquán chūkǒu	비상구
牙膏	yágāo	치약
牙刷	yáshuā	칫솔
毛巾	máojīn	수건
香皂	xiāngzào	비누
吹风机	chuīfēngjī	드라이어

旅游能给我们带来什么？

　　旅游，是生活中最大的乐趣。旅游虽然要花去不少钱，但它给人们带来欢乐。一次愉快的旅游，会使你终身难忘。旅游至少有三大好处：

　　第一、人长期被绑在家和工作单位里，不但生活单调，还会闷出病来。有了"黄金周"，人们有机会去"放飞"一下，走向自然，与大自然亲密接触，外面的世界多精彩呀！

　　第二、旅游是个综合性的活动，它是一个莫大的知识宝库。简单地说，旅游包含着地理、自然、考古、建筑、风土人情、饮食文化、地方土特产等知识。这些我们在旅游中都能体验到。俗话说："见多识广"，旅游是个"流动的大课堂"。旅游中，不但要大饱眼福，也要大饱口福。"吃在旅途"很值得我们回味。

　　第三、旅游可以健身，增强体质。旅游中做得最多的运动是行走和登山，因此可以说，旅游不知不觉给人带来了一次锻炼身体的机会。这种"强制"健身虽然有些被动，但久而久之，就会能成为习惯，对身体也大有好处。

단어

终身难忘 zhōngshēn nánwàng 평생 잊지 못하다 | 至少 zhìshǎo 〈부〉 적어도 | 绑 bǎng 〈동〉 묶다 | 单调 dāndiào 〈형〉 단조롭다 | 闷出病来 mèn chū bìng lái 답답해서 병이 나다 | 黄金周 huángjīnzhōu 〈명〉 황금 연휴 | 亲密 qīnmì 〈형〉 친밀하다 | 接触 jiēchù 〈동〉 접촉하다 | 精彩 jīngcǎi 〈형〉 멋지다 | 综合性 zōnghéxìng 〈형〉 종합적이다 | 宝库 bǎokù 〈명〉 보고 | 包含 bāohán 〈동〉 포함하다 | 考古 kǎogǔ 〈명〉 유물, 유적 | 建筑 jiànzhù 〈명〉 건축 | 风土人情 fēngtǔ rénqíng 〈명〉 풍토와 인심 | 见多识广 jiàn duō shí guǎng 〈성〉 보는 것이

여행은 우리에게 무엇을 주는가?

여행은 생활에서 가장 큰 즐거움 중 하나다. 여행은 비록 돈이 적지 않게 들어가지만, 사람들에게 기쁨을 준다. 한번의 유쾌한 여행은 평생을 잊지 못하게 만든다. 여행은 적어도 세 가지 큰 장점이 있다.

첫째, 사람이 장기간 집이나 회사에 묶여 있다 보면 생활이 단조로운 데다가 답답해서 병이 날 수도 있다. 황금연휴가 생기면서 사람들은 자신을 떠나보낼 기회가 생겼다. 자연으로 가서 대자연과 친밀하게 만나라. 바깥 세상이 얼마나 멋진가!

둘째, 여행은 종합적인 활동이다. 여행은 방대한 지식의 보고다. 간단히 말하면 여행에는 지리, 자연, 유물, 건축, 풍토와 인심, 음식 문화, 지방 특산품 등의 지식이 포함되어 있다. 이것들은 우리가 여행 중에 체험할 수 있는 것들이다. 속담에 '보고 들은 것이 많아야 박학다식하다'고 하지 않는가? 여행은 이동하는 큰 강의실이다. 여행 중에는 눈을 호강시켜 줄 필요도 있지만 입을 행복하게 만들어 주어야 한다. 여행 중에 먹었던 음식들은 우리에게 추억을 선사한다.

셋째, 여행으로 건강을 챙기고 체력을 강하게 기를 수 있다. 여행 중에 가장 많이 하는 운동은 걷기와 등산이다. 그러므로 여행은 우리가 의식하지 못하는 사이 몸을 단련시킬 수 있는 좋은 기회다. 이런 강제적인 단련이 비록 피동적일지라도 시간이 지나면서 습관이 될 것이고, 이렇게 함으로써 건강에도 좋을 것이다.

많아지면 견문이 넓어진다 | 大饱眼福 dà bǎo yǎnfú 실컷 눈요기를 하다[즐거운 것을 많이 보다] | 大饱口福 dà bǎo kǒufú 먹을 복이 있다 | 体质 tǐzhì 몡 체질, 체력 | 不知不觉 bù zhī bù jué 셩 부지불식간에 | 强制 qiángzhì 통 강제하다, 강요하다 | 久而久之 jiǔ ér jiǔ zhī 셩 오랜 시간이 지나다

PART 9

취업하기

mission 1

직업
설명하기

mission 2

면접관이
자주 하는
질문

mission 3

채용에 대해
문의하기

mission 4

면접 보기

mission 5

채용
합격 후

mission 6

현지회화로
마무리하기

요즘은 **대학** 진학과 동시에 **취업**을 **준비**한다고 하죠.

취업난이 **심각**하기 때문인데요,

중국 학생들도 취업을 위해서 **취업 박람회**도 다니고 **면접 준비**도 철저히 합니다.

우리나라 대학생들이 **스펙**을 쌓는 것에 매달린다면

중국 대학생들은 **학위**를 더 따는 것으로 경쟁력을 올리려고 합니다.

그래서 중국에는 **백수 박사생**(博士生)들이 많다고 하네요.

박사생들은 '高不成低不就(높은 것은 능력이 없어 이루기 어렵고 낮은 것은 원하지 않다)'라서

직장을 구하기가 더 어렵다는군요.

학력과 스펙의 인플레이션 속에 **직장 구하기**의 **왕도**는 없는 것 같습니다.

 다음 단어를 익혀 보세요.

Track 105

[1]
就业
jiù yè
취업하다

[2]
失业
shī yè
실직하다

[3]
面试
miàn shì
면접 시험(을 보다)

[4]
笔试
bǐshì
필기 시험

[5]
辞职
cí zhí
사직하다

[6]
招聘
zhāopìn
모집하다,
채용하다

[7]
简历
jiǎnlì
이력서

Track 106

★ 녹음을 듣고 빈칸을 채운 후, 뜻을 쓰세요.

❶ (　　) 试 ▶ ＿＿＿＿＿＿＿　　❷ (　　) 历 ▶ ＿＿＿＿＿＿＿

❸ (　　) 业 ▶ ＿＿＿＿＿＿＿　　❹ (　　) 聘 ▶ ＿＿＿＿＿＿＿

듣고 따라 읽는 핵심 문장

1 녹음을 듣고, 내용과 일치하는 문장을 고르세요.

Ⓐ _________ 저는 면접에 참가하러 왔습니다.

Ⓑ _________ 우리 회사는 일주일에 5일 근무합니다. 주말에는 근무할 필요가
없습니다.

Ⓒ _________ 우리 부서는 자주 출장을 가야 합니다.

Ⓓ _________ 우리 회사는 매달 25일에 월급을 지급합니다.

Ⓔ _________ 저는 예전에 여행사에서 1년 동안 일한 적이 있습니다.

2 녹음을 나시 들으며 빈칸을 채운 후, 문장을 따라 읽어 보세요.

❶ 我以前在旅行社_________一年。

❷ 我们公司每个月25号_________。

❸ 我们公司一周工作五天。周末_______上班。

❹ 我们部门要_______去出差。

❺ 我是来_______面试的。

단어
发 fā 통 (월급·자료 등을) 지급하다, 나눠 주다 | 工资 gōngzī 명 월급 | 部门 bùmén 명 부서 | 出差
chū chāi 통 출장 가다 | 参加 cānjiā 통 참가하다

1 문장을 듣고 설명하는 직업에 알맞은 사진을 고르세요.

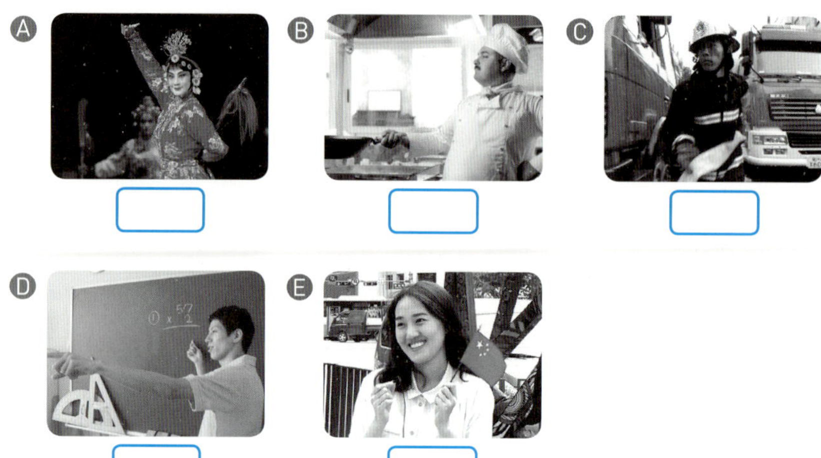

표현

▶或者

접속사 或者는 '～이든가 아니면 ～이든가'라는 뜻으로, 선택 관계를 나타냅니다. 还是와 달리 의문문에는 쓸 수 없습니다.

예 周末我在家看电视**或者**出去玩。주말에 나는 집에서 TV를 보거나 밖으로 놀러 나가요.

2 녹음을 다시 들으며, 큰 소리로 따라 읽어 보세요.

TIP 미래에 각광 받을 중국의 10대 신흥 직업

1	律师	lǜshī	변호사
2	营养师	yíngyǎngshī	영양사
3	物流师	wùliúshī	물류사
4	软件工程师	ruǎnjiàn gōngchéngshī	소프트웨어 엔지니어
5	体育经纪人	tǐyù jīngjìrén	스포츠 에이전트(대리인)
6	同声传译	tóngshēng chuányì	동시 통역사
7	化妆师	huàzhuāngshī	메이크업 아티스트
8	心理咨询师	xīnlǐ zīxúnshī	심리 상담사
9	手机软件工程师	shǒujī ruǎnjiàn gōngchéngshī	스마트폰 앱 엔지니어
10	机器人工程师	jīqìrén gōngchéngshī	로봇 엔지니어

단어

手艺 shǒuyì 명 솜씨 | 或者 huòzhě 접 혹은, 아니면 | 酒店 jiǔdiàn 명 호텔 | 舞台 wǔtái 명 무대 | 表演 biǎoyǎn 통 공연하다

★ 문장을 듣고 알맞은 대답을 고르세요.

❶ (a) 我希望工作很长时间。　(b) 我觉得这个工作适合我。

❷ (a) 不太清楚，以后慢慢了解。　(b) 我在这方面工作了三年。

❸ (a) 我在美国留学过一年。　(b) 我想去外国留学。

mission 03 채용에 대해 문의하기

★ 대화를 듣고 회사에서 요구하는 사항을 고르세요.

❶

❷

❸

❹
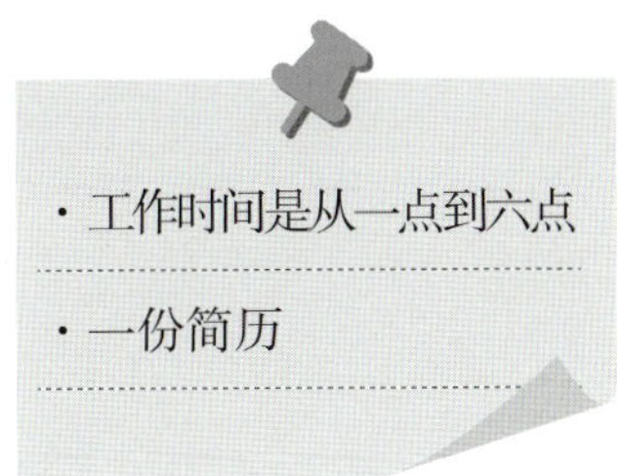

 표현

▶发
동사 发에는 여러 가지 뜻이 있습니다. 发短信, 发e-mail에서는 '보내다'라는 뜻이고, 发工资(월급을 주다)에서는 '상급에서 하급으로 물건을 하달하다'라는 뜻입니다.

 단어

适合 shìhé 통 어울리다 | 了解 liǎojiě 통 이해하다 | 经验 jīngyàn 명 경험 | 钟点工 zhōngdiǎngōng 명 파트타임 | 联系 liánxì 통 연락하다

1 내용을 듣고 네 사람이 생각하는 좋은 일의 조건을 〈보기〉에서 찾아보세요.

❶ 

❷ 

❸ 

❹ 

> **보기**
>
> • 工资高　　• 发展　　• 按时下班　　• 发挥长处　　• 大公司
> • 待遇　　　• 公务员　• 工作舒服　　• 工作稳定

2 녹음을 다시 들으며 들리는 표현을 메모해 보세요.

단어

发展 fāzhǎn 몡 발전 통 발전하다 | 按时 ànshí 뷔 제때에, 시간에 맞춰 | 发挥 fāhuī 통 발휘하다 | 长处
chángchu 몡 장점 | 待遇 dàiyù 몡 대우 | 稳定 wěndìng 혱 안정적이다 | 保证 bǎozhèng 통 보장하다 |
休假 xiūjià 몡 휴가 통 휴가를 주다

1 대화를 듣고 알맞은 답을 고르세요.

Track 112

❶ 男的刚收到什么?

   (a) 信   (b) 通知

   (c) 报告   (d) 电话

❷ 女的让男的告诉她什么?

   (a) 面试的方式   (b) 面试的问题

   (c) 面试的技巧   (d) 面试地点

🎙 표현

▶ **被聘用了**
被 뒤에는 행위자가 생략되어 있습니다. 내가 채용한 것이 아니라 채용된 것이죠? 그래서 被를 꼭 써야 합니다. 행위자는 당연히 회사겠지요.

▶ **恭喜와 庆祝**
둘 다 '축하하다'는 의미인데, 恭喜는 대상에게 축하한다는 말로, 주로 인칭과 함께 쓰지만, 庆祝는 기쁜 일 때문에 어떤 활동을 하거나 그것을 기념하는 것을 말합니다.

2 녹음을 다시 들으며, 큰 소리로 따라 읽어 보세요.

TIP 이것이 중국이다

개미족이 되긴 싫어요!

우리나라 대학생과 마찬가지로 중국의 대학생들에게도 가장 큰 소망은 취업입니다. 가장 큰 소망이 될 정도로 취업이 쉽지 않기 때문이죠. 취업과 관련해서 유행하는 신조어들이 있는데요, 어떤 것들이 있는지 알아볼까요? 개미는 우리나라에서는 부지런한 사람을 비유하는 성실의 대명사죠. 그런데 중국인들이 말하는 蚂蚁族(mǎyǐzú 개미족)는 약간 다른 의미입니다. 80년대 태어나서 대학을 졸업한 학생들이 적은 월급을 받으면서 비정규직으로 힘들게 생활하는 것을 말하지요. 말 그대로 개미처럼 일만 한다는 뜻입니다. 被就业란 말도 있는데, 대학들이 취업률을 올리기 위해 취업이 되지 않은 학생들을 취업생으로 올리는 것을 말합니다. 본인도 모르게 취업이 된 거죠. 씁쓸한 신조어입니다. 서양에서 나온 신조어도 있는데요, 失业乐活라는 말입니다. 갑자기 실직을 하게 되었지만 명퇴나 해고를 불행하게 생각하기 보다는 휴식을 즐기고 즐겁게 보낸다는 뜻입니다.

🔍 단어

通知 tōngzhī 몡 통지 통 통지하다 | 技巧 jìqiǎo 몡 기술 | 恭喜 gōngxǐ 통 축하하다 | 以为 yǐwéi 통 ~인 줄 잘못 알다 | 通不过 tōngbuguò 통과하지 못하다 | 庆祝 qìngzhù 통 축하하다 | 请客 qǐng kè 통 한턱내다

 Track 113

1 회화를 듣고 빈칸을 채우세요.

马 力 你眼看❶就要毕业了，找工作的事怎么样了？

路 路 唉，__________。

为了这事儿，我最近

饭吃不香，觉睡不好。

马 力 我现在__________。

当初光顾❷玩儿了，

英语学得不好，成绩也不怎么样。

路 路 小公司我不想去，大公司又不要我，苦恼死了。

马 力 如果找不到工作，我__________公务员。

路 路 你算了吧。考公务员非常难。

你__________，能行吗？

马 力 那我没办法呀，也不能吃闲饭！那你呢？

路 路 我想考研究生，不过我父母肯定❸__________。

马 力 你跟父母__________吧。

路 路 好了，我走了。

2 완성된 회화문을 보면서 큰 소리로 따라 읽어 보세요.

3 회화를 듣고 질문에 답하세요. 

❶ Ⓠ 路路找工作的事怎么样了?

　Ⓐ

❷ Ⓠ 马力为什么后悔?

　Ⓐ

❸ Ⓠ 如果找不到工作，路路和马力都打算做什么?

　Ⓐ

4 녹음을 듣고 문장을 완성한 후, 회화 내용과 일치하는지 OX로 표시하세요. 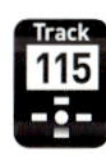

❶ (　　　) 他们已经________了，可是两人都还__________工作。

❷ (　　　) 马力很后悔没有______________，光顾玩儿。

❸ (　　　) 路路想____________，当公务员是她的梦想。

❹ (　　　) 因为马力____________，所以不考公务员了。

眼看 yǎnkàn 튀 머지않아, 곧 | 提 tí 동 (말) 꺼내다 | 香 xiāng 형 (음식이 보기에) 맛있다 | 后悔 hòuhuǐ 동 후회하다 | 苦恼 kǔnǎo 형 괴롭다 | 算了 suànle 그만두다, 됐다 | 吃闲饭 chī xiánfàn 직장 없이 빈둥거리다 | 肯定 kěndìng 튀 틀림없이, 반드시, 꼭 | 商量 shāngliang 동 상의하다

핵심 표현 이해하기

1

你眼看就要毕业了。
졸업이 눈앞으로 다가왔네요.

眼看은 부사로 '머지않아, 곧'이란 뜻으로, 马上과 비슷한 의미입니다. 뒤에는 就라는 부사가 자주 쓰입니다.

眼看天就要黑了，你快点儿回家吧。
곧 하늘이 어두워질 거예요. 빨리 집으로 돌아가세요.

她眼看快要30岁了，可是还没找到工作。
그녀는 곧 서른이에요. 하지만 아직 일을 찾지 못했어요.

해석하기 眼看就要过年了，她打算回家跟家人一起过年。

____

중작하기 곧 개학인데, 숙제를 아직 다 하지 못했습니다.

____

2

当初光顾玩儿了。
당시에 놀기만 해서요.

光顾는 부사 光(~만, 단지)과 顾(신경 쓰다)라는 말로 이루어진 숙어입니다. '단지 ~에만 정신을 팔다, ~에만 신경을 쓰다'라는 뜻입니다. 다른 일에 한눈을 팔 때 자주 씁니다.

我光顾聊天，忘了给你倒茶了。
저는 이야기를 하는 데만 정신이 팔려서, 당신에게 차를 따라 주는 것도 잊었어요.

他光顾看书，坐过站了。
그는 책을 읽는 데만 정신이 팔려서, 정거장을 지나쳤어요.

해석하기 我光顾开车，没听见你在说什么。

____

중작하기 그녀는 텔레비전 보는 데만 정신이 팔려서, 친구에게 전화하는 것을 잊었습니다.

____

3 不过我父母肯定不会同意的。
그런데 우리 부모님이 틀림없이 동의하지 않으실 거예요.

肯定은 부사로는 '틀림없이, 꼭'이라는 뜻입니다. 자신의 판단이 실현될 가능성이 높을 때 쓸 수 있습니다. 이때는 一定과 비슷한 뜻입니다. 肯定이 一定보다 말투가 좀 더 강해서 더 확신에 찼을 때는 肯定을 쓰세요. 그런데 두 단어에는 약간의 차이가 있습니다. 一定은 뒤에 要를 써서 의지를 나타낼 수 있지만, 肯定은 그렇게 쓸 수 없습니다.

他肯定会来的。
그는 틀림없이 올 거예요

她肯定是马力的女朋友。
그녀는 틀림없이 마리의 여자 친구예요.

해석하기 这次足球比赛，韩国队肯定会赢的。

____

중작하기 당신은 지금에서야 출발하면 틀림없이 늦을 거예요.

____

단어

聊天 liáo tiān 동 이야기를 나누다 | 倒茶 dào chá 동 차를 따르다 | 坐过站 zuò guò zhàn 정거장을 지나치다 | 比赛 bǐsài 명 경기, 시합

정답 및 해설 ⇨224쪽

第1-5题：请选出正确答案。

1　Ⓐ 报名　　　　　　　　Ⓑ 准备考试

　　Ⓒ 找工作　　　　　　　Ⓓ 找对象

2　Ⓐ 环境不好　　　　　　Ⓑ 工资很低

　　Ⓒ 公司很远　　　　　　Ⓓ 没意思

3　Ⓐ 女的辞职了　　　　　Ⓑ 男的想辞职

　　Ⓒ 女的被炒鱿鱼了　　　Ⓓ 女的不想工作了

4　Ⓐ 面试　　　　　　　　Ⓑ 考试

　　Ⓒ 笔试　　　　　　　　Ⓓ 爬山

5　Ⓐ 男的运气好　　　　　Ⓑ 男的付出了很多努力

　　Ⓒ 男的很累　　　　　　Ⓓ 女的要请客

★ 취업과 관련된 단어를 익혀 보세요.

중국어	병음	뜻
求职	qiú zhí	구직하다
布告栏	bùgàolán	게시판, 공고
介绍信	jièshàoxìn	소개서
推荐信	tuījiànxìn	추천서
薪水	xīnshui	월급
奖金	jiǎngjīn	보너스
医疗保险	yīliáo bǎoxiǎn	의료 보험
铁饭碗	tiěfànwǎn	철밥통
解雇	jiěgù	해고하다
炒鱿鱼	chǎo yóuyú	(직원을) 해고하다, 자르다
跳槽	tiào cáo	직장을 옮기다
招聘	zhāopìn	채용하다
应聘	yìngpìn	채용에 응하다
上司	shàngsi	상사
下属	xiàshǔ	부하 직원

白领过蚁族生活 变身阿鲁族

广州房租贵、物价高，不少白领过着"月光"生活。为了更好地生存，"阿鲁族"诞生了。"阿鲁族"是"赚外快一族"的正式名称，"阿鲁"源于日文外来语(读成arubaito)，是指打工、兼职、赚外快的人。

两年前毕业于中山大学的赵磊每月薪水不过3500元人民币左右。广州房租贵、菜价高，他想要做兼职，才能生活得更好，于是加入了"阿鲁族"行列。"我做的兼职很多，网络开店，还和朋友一起做过企业文化设计，这些兼职填满了我的业余生活，每个月平均可以额外挣2000元左右。"

韩语系毕业的刘敏是广州一家语言机构的老师，刚刚入职，现任职助教。"我刚毕业，进公司后从助教做起，工资不高，租金很高，每月房租花去了三分之一的薪水。"

刘敏从上个月开始，除了认真做好助教工作，还接了一份兼职，跻身"阿鲁族"。"进公司后，在一个同事的介绍下，我接了一份家教。每晚一个半小时，可以挣100元，一个月可以"阿鲁"两三千元。我同事基本都会下班后做家教，在不影响正常工作的情况下兼职。"

广州城市日常开销高，生活压力大，人们幸福感、安全感不太强。"阿鲁族"多余的时间和精力去做兼职，忙碌而充实地为幸福生活奔跑着。

단어

阿鲁族 ālǔzú 뗑 아르바이트족 | 诞生 dànshēng 뗑 탄생하다 | 赚外快 zhuàn wàikuài 소득 이외의 돈을 벌다 | 兼职 jiānzhí 뗑 겸업 뗑 겸업하다 | 填满 tiánmǎn 뗑 채우다 | 额外 éwài 뗑 정원 외의, 초과된 | 机构 jīgòu 뗑 기구 | 任职 rènzhí 뗑 직무를 맡다 | 跻身 jīshēn 뗑 (대열·위치로) 들어가다, 뛰어들다 | 开销 kāixiāo 뗑 소비, 지출 | 多余 duōyú 뗑 여분의, 나머지의 | 精力 jīnglì 뗑 정력

샐러리맨의 변신 – 개미족에서 아르바이트족으로

광저우는 집세가 비싸고 물가가 높아 많은 샐러리맨들이 월광족(월급을 전부 다 써버리는 사람들) 생활을 한다. 더 나은 생존을 위해 '아르바이트족(阿鲁族)'까지 생겼다. '아르바이트족'이란 월급 외 소득을 벌어들이는 사람이란 말의 정식 명칭이다. '아르바이트(阿鲁)'는 일본 외래어('아루바이토'라고 읽음)에서 온 말로, 아르바이트나 겸업, 월급 외 소득을 벌어들이는 것을 말한다.

2년 전 중산대학을 졸업한 자오레이는 매달 월급이 겨우 3500위안 정도다. 광저우의 집세와 식비가 비싸서 겸업을 해야 생활이 더 나아질 거라고 생각하고, '아르바이트족'의 행렬에 뛰어들었다. "제가 겸업으로 하는 일은 많습니다. 홈페이지를 만들고 또 친구와 함께 기업 문화 기획도 한 적이 있습니다. 이 겸업들로 저는 제 여가 시간을 채웠고, 매달 평균 2000위안 정도의 고정 소득 외 수입이 생겼습니다."

한국어과를 졸업한 류민은 광저우의 한 학원 강사로 막 일을 시작해서 지금은 조교로 일을 한다. "제가 막 졸업해서 회사에 들어간 후 조교로 일을 시작했기 때문에 월급이 높지 않은데, 집세가 비싸서 매달 제 월급의 3분의 1을 차지합니다."

류민은 지난달부터 성실히 조교 일을 하는 것 말고 또 다른 일을 찾았다. '아르바이트족'에 뛰어든 것이다. "회사에 들어간 후 한 동료의 소개로 과외 자리를 얻었습니다. 매일 저녁 한 시간 반씩 100위안을 벌 수 있는데, 한 달이면 2000~3000위안 정도 됩니다. 제 동료들은 거의 퇴근 후에 과외를 하는데, 본업에 영향을 주지 않을 정도로만 겸업을 합니다."

광저우 시는 지출이 커서, 생활하는 데 스트레스를 많이 받기 때문에, 사람들의 행복감과 안정감이 많이 떨어진다. 아르바이트족은 남는 시간과 에너지를 겸업하는 데 쓰면서, 바쁘고 충실하게 행복한 생활을 위해 분주하게 보낸다.

PART 10

헤어
지기

우리의 인생은 만남과 헤어짐의 반복입니다. 만남이 있으면 헤어짐은 피할 수가 없죠.

'헤어진다'는 말은 한자어로 '고별(告別)'이라고 하는데요, 졸업, 이직, 귀국 등 일상생활에서

고별을 해야 하는 상황은 많습니다. 헤어질 때 서운하고 마음이 아프지만,

마무리를 잘해야 다시 만났을 때 좋은 기억으로 남아 있겠죠.

다소 상투적이기는 하지만 헤어지는 상황에 쓰는 말은 정해져 있어요.

'헤어진다니 서운하다(舍不得)', '다음 기회에 꼭 또 보자(后会有期)', '건강해라(保重)' 등의

대화를 나눌 겁니다. 그리고 보니 이번 과가 마지막이네요.

한 과에 6, 7개나 되는 그 많은 회화를 다 배우고 여기까지 오신 분들! 칭찬해 드리고 싶습니다.

우리의 헤어짐은 다른 만남으로 이어질 것을 믿습니다.

워밍업 단어 다음 단어를 익혀 보세요.

Track 118

[1]
遗憾
yíhàn
아쉽다

[2]
联系
liánxì
연락하다

[3]
关心
guān xīn
관심을 갖다

[4]
一路平安
yílù píng'ān
잘 다녀오세요

[5]
舍不得
shěbude
헤어지기 아쉽다

[6]
问好
wèn hǎo
안부를 묻다

[7]
送行
sòng xíng
송별회를 하다

Track 119

★ 녹음을 듣고 빈칸을 채운 후, 뜻을 쓰세요.

❶ (　　) 好 ▶ ＿＿＿＿＿＿＿　　❷ (　　　) 平安 ▶ ＿＿＿＿＿＿＿

❸ 送 (　　) ▶ ＿＿＿＿＿＿＿　　❹ 舍不 (　　) ▶ ＿＿＿＿＿＿＿

1 녹음을 듣고, 내용과 일치하는 문장을 고르세요.

Ⓐ __________ 조심해서 잘 다녀와요. 잘 가요.

Ⓑ __________ 친구를 배웅하는 것은 당연하죠.

Ⓒ __________ 돌아가신 후에 저에게 메일 쓰는 거 잊지 마세요.

Ⓓ __________ 열정적인 도움과 환대에 다시 한번 감사드립니다.

Ⓔ __________ 아빠 엄마를 만나면 저를 대신해서 그들에게 안부를 전해 주세요.

2 녹음을 다시 들으며 빈칸을 채운 후, 문장을 따라 읽어 보세요.

❶ 对于你________的帮助和款待，我再次________感谢。

❷ 你回去以后，可__________给我发e-mail。

❸ 见到爸爸、妈妈，请______我______他们问好。

❹ 为朋友送行是________的。

❺ 祝你__________，再见！

단어

帮助 bāngzhù 명 도움 통 돕다 | 款待 kuǎndài 통 후하게 접대하다, 정성껏 대접하다 | 再次 zàicì 부 다시 한 번 | 表示 biǎoshì 통 표시하다 | 代 dài 통 대신하다 | 问好 wèn hǎo 통 안부를 묻다

1 대화를 듣고 내용이 맞으면 O, 틀리면 X를 표시하세요.

❶ 男的要离开上海。　　　　　　　　（　　　）

❷ 男的非常感谢女的款待。　　　　　（　　　）

❸ 女的希望有机会去上海。　　　　　（　　　）

❹ 男的觉得给女的添了不少麻烦。　（　　　）

2 녹음을 다시 들으며, 큰 소리로 따라 읽어 보세요.

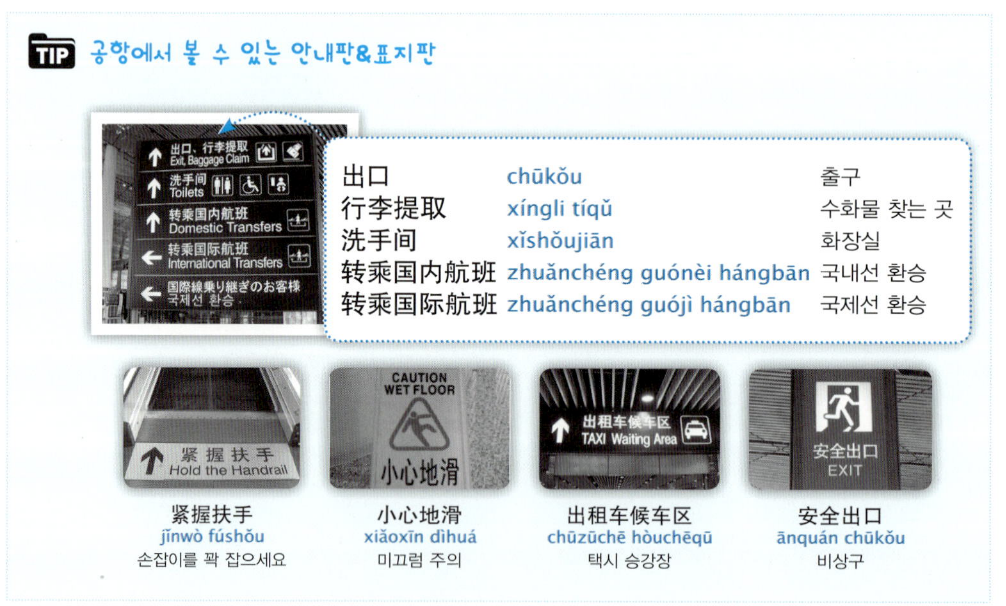

단어

添麻烦 tiān máfan 폐를 끼치다, 번거롭게 하다[주로 상대방의 도움에 감사를 표시할 때 씀] | 客气 kèqi 형
공손하다, 예의를 차리다 동 사양하다

★ 문장을 듣고 알맞은 대답을 고르세요.

❶ (a) 我到了那儿，就给你打电话。　(b) 谢谢你的关心。

❷ (a) 我没什么需要的东西。　(b) 不知道怎么谢谢你们。

❸ (a) 好的，别忘了告诉我。　(b) 好的，有空打电话。

🎙 표현

▶ 一路顺风
여행을 떠나거나 해외로 나가는 사람에게 쓸 수 있는 인사 표현입니다. '가는 길 내내 편안하길 바랍니다'라는 뜻입니다. 비슷한 표현으로는 '一路平安'이 있습니다.

mission

03 유학 가는 친구 배웅하기

★ 대화를 듣고 현재 시간과 장소를 알맞게 연결한 것을 고르세요.

❶ 

❷ 

❸ 

❹ 

단어

送 sòng 통 배웅하다, 데려다 주다 | 托运 tuōyùn 통 짐을 부치다

Track 124 

1 대화를 듣고 일기를 완성해 보세요.

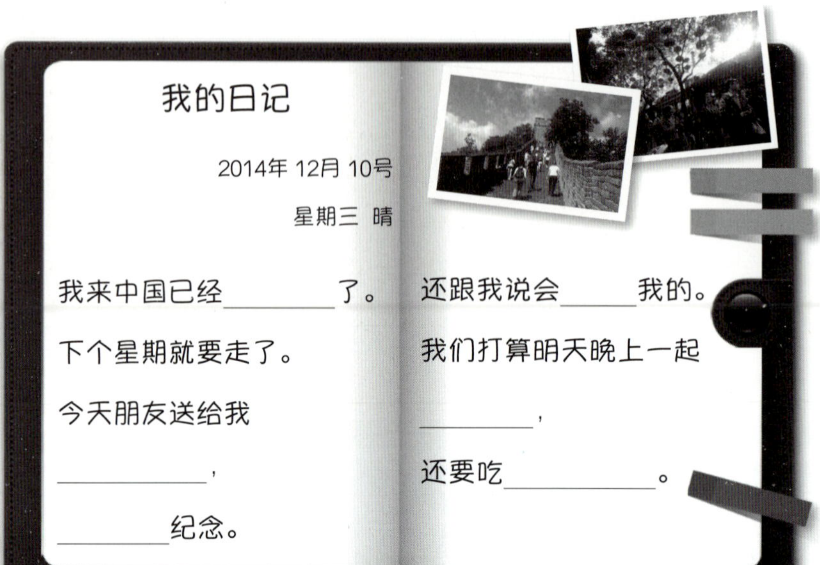

我的日记

2014年 12月 10号

星期三　晴

我来中国已经________了。

下个星期就要走了。

今天朋友送给我

____________，

________纪念。

还跟我说会______我的。

我们打算明天晚上一起

________，

还要吃________。

2 녹음을 다시 들으며 들리는 표현을 메모해 보세요.

단어

一转眼 yìzhuǎnyǎn 눈 깜짝할 사이에 | 留作 liúzuò 동 남겨 두다 | 纪念 jìniàn 명 기념 | 联系 liánxì
동 연락하다 | 有空 yǒu kòng 시간이 있다 | 羊肉串 yángròuchuàn 명 양고기 꼬치

1 대화를 듣고 알맞은 답을 고르세요.

❶ 男的什么时候要回国?

  (a) 三十号   (b) 三十一号

  (c) 二十九号   (d) 二十八号

❷ 男的走之前，女的要为男的做什么?

  (a) 送礼物   (b) 一起喝酒

  (c) 送行   (d) 请客

표현

▶ **临时**
'잠시 동안의, 임시의, 임박해서'라는 의미가 있는데, 계획한 것이 아니라 어떤 상황이 임박했을 때 순간적으로 하기로 한 상황에서 씁니다. 临은 부사로 '~하려고 할 때'라는 뜻이 있습니다. 临走时, 临睡前처럼 뒤에 주로 동사를 쓰고 时, 前을 붙입니다.

2 녹음을 다시 들으며, 큰 소리로 따라 읽어 보세요.

TIP 이것이 중국이다

우산은 선물하지 마세요!

중국인들에게 선물하지 말아야 할 물건이 있습니다. 바로 伞(우산)입니다. 伞(sǎn)의 발음이 散(sàn 헤어지다)과 비슷해서 우산을 선물하면 헤어진다는 속설이 있습니다. 그리고 시계도 선물하지 않는데, 送钟(sòng zhōng 시계를 선물하다)은 送终(sòngzhōng 임종을 지키다)과 발음이 똑같습니다. 병문안을 갈 때는 뿌리가 있는 꽃은 선물하지 않는데요, 뿌리가 있다는 것은 병원에서 뿌리를 내리라는, 즉 퇴원하지 말라는 의미로 받아들인다고 합니다. 결혼과 관련된 풍속은 우리와 다른 점이 많습니다. 우리는 축의금을 흰 봉투에 넣어서 주지만, 중국에서는 장례식 때만 흰 봉투에 넣습니다. 그럼 중국인은 어디에 돈을 넣냐고요? 빨간색 봉투에 넣습니다. 이런 봉투를 红包(hóngbāo)라고 합니다. 우리는 축의금 액수를 홀수로 하지만, 중국인은 짝수로 해요. 축의금 액수를 반드시 짝수로 준비하셔야 합니다. 우리처럼 했다가는 큰일나겠죠?

단어

送行 sòng xíng 동 송별회를 하다 | 临时 línshí 부 임시로, 순간적으로, 갑자기 | 决定 juédìng 동 결정하다 | 离开 lí kāi 동 떠나다 | 省 shěng 동 생략하다 | 聚 jù 동 모이다, 뭉치다

1 회화를 듣고 빈칸을 채우세요.

马　力　你什么时候回韩国?

小　米　快了。下星期______________。

马　力　你是星期六走还是❶星期天走?

小　米　我打算星期天走。

　　　　星期六朋友们要给我送行。

　　　　我要和朋友们好好儿__________。

马　力　和刚来到中国的时候比起来，你的汉语进步特别大，

　　　　你现在汉语______________。

小　米　谈不上❷很流利，不过确实有进步。

　　　　我刚到中国的时候，中国人说的话______________。

马　力　你到了韩国，就跟我联系吧。

　　　　有时间刷微博，我上去看看你的照片。

小　米　好的。在韩国用wifi很方便，联系一定会________。

马　力　问你爸爸妈妈好。祝❸你好运。

小　米　________!

2 완성된 회화문을 보면서 큰 소리로 따라 읽어 보세요.

3 회화를 듣고 질문에 답하세요.

❶ Q 小米什么时候回韩国?

A

❷ Q 下星期六小米打算干什么?

A

❸ Q 马力觉得现在小米的汉语怎么样?

A

4 녹음을 듣고 문장을 완성한 후, 회화 내용과 일치하는지 OX로 표시하세요.

❶ (　　　) 马力打算星期天＿＿＿＿＿＿＿＿。

❷ (　　　) 小米的汉语和刚到中国的时候＿＿＿＿＿＿，进步＿＿＿＿＿。

❸ (　　　) 小米现在也＿＿＿＿＿＿＿中国人说的话。

❹ (　　　) 马力想，小米回国以后，联系起来就＿＿＿＿＿＿了。

단어

和……比起来 hé……bǐ qǐlai ~과 비교해 보니 | 进步 jìnbù 몡 진보, 향상 통 (실력·재주가) 늘다 | 流利 liúlì 혱 유창하다 | 谈不上……, 不过 tánbushàng……, búguò ~라고 말할 정도(수준)는 아니지만 | 确实 quèshí 뷔 확실히 | 差不多 chàbuduō 뷔 대체로, 거의 | 刷 shuā 통 (솔로) 닦다, (소셜 미디어에) 글이나 사진을 올리다 | 微博 Wēibó 몡 웨이보[중국의 소셜 네트워킹] | 照片 zhàopiàn 몡 사진 | 祝你好运 zhù nǐ hǎoyùn 행운을 빌게요 | 保重身体 bǎozhòng shēntǐ 몸 건강하세요

핵심 표현 이해하기

1 ### 你是星期六走还是星期天走?
당신은 토요일에 떠나요 아니면 일요일에 떠나요?

'A还是B'는 'A인가요? 아니면 B인가요?'라고 묻는 선택의문문입니다. 평서문에는 쓸 수 없으니 주의해야 합니다.

你去还是我去。(X) → 你去或者我去。(O)
당신이 가거나 아니면 제가 가거나 하죠.

你两点去还是三点去?
당신은 2시에 갈 건가요? 아니면 3시에 갈 건가요?

你坐飞机去还是坐船去?
당신은 비행기를 타고 갈 건가요? 아니면 배를 타고 갈 건가요?

해석하기 你喜欢吃甜的还是不甜的?

———————————————————————————

중작하기 당신은 밖에 나가서 먹을 건가요? 아니면 집에서 만들어서 먹을 건가요?

———————————————————————————

2 ### 谈不上很流利，不过确实有进步。
유창하다고 할 정도는 아니지만 확실히 늘기는 했어요.

谈은 '말하다'라는 동사이고, 上은 보어입니다. 동사와 보어 사이에 不가 있으니 가능보어 형태입니다. 上은 '어느 정도나 목표에 도달하다'는 의미로, 谈不上은 '어느 정도(수준, 목표)라고 말할 수 없다'라는 뜻입니다. 뒤의 문장에는 不过, 只是를 쓸 수 있습니다.

这次考试谈不上难。
이번 시험은 어렵다고 할 정도는 아닙니다.

我们谈不上亲密，只是认识。
우리는 친하다고 할 정도는 아닙니다. 단지 아는 정도예요.

해석하기 她谈不上漂亮，只是很可爱。

____

중작하기 올해 여름은 덥다고 할 정도는 아닙니다.

____

❸ 祝你好运。

행운을 빌어요.

祝는 '축하하다'는 뜻으로, 상대방에게 좋은 일이 있기를 바란나는 덕담이나 좋은 밀을 해주고 싶을 때 문장 앞에 붙이면 됩니다.

祝你生日快乐。
생일 축하합니다.

祝你成功。
성공하세요.

해석하기 祝你新婚快乐。

____

중작하기 새해 복 많이 받으세요.

____

단어

亲密 qīnmì 형 사이가 좋다, 친밀하다 ｜ 新婚 xīnhūn 명형 신혼(의)

정답 및 해설 ⇨230쪽

第1-5题：请选出正确答案。

1 Ⓐ 旅行　　　　　　Ⓑ 写信

　　Ⓒ 回国　　　　　　Ⓓ 打电话

2 Ⓐ 司机　　　　　　Ⓑ 医生

　　Ⓒ 老师　　　　　　Ⓓ 导游

3 Ⓐ 机场　　　　　　Ⓑ 公司

　　Ⓒ 家　　　　　　　Ⓓ 学校

4 Ⓐ 难过　　　　　　Ⓑ 开心

　　Ⓒ 愉快　　　　　　Ⓓ 无聊

5 Ⓐ 伤心　　　　　　Ⓑ 生气

　　Ⓒ 郁闷　　　　　　Ⓓ 高兴

정답 및 해설 ⇨230쪽

주제별★알짜 단어 　헤어짐

★ 헤어짐과 관련된 단어를 익혀 보세요.

중국어	병음	뜻
打招呼	dǎ zhāohu	인사하다
分别	fēnbié	헤어지다
告辞	gàocí	작별을 고하다
失陪	shīpéi	먼저 실례하겠습니다
早日康复	zǎorì kāngfù	쾌유를 빕니다
后会有期	hòu huì yǒu qī	나중에 기회가 되면 만나요
初次见面	chūcì jiàn miàn	처음 뵙겠습니다
欢迎	huānyíng	환영합니다
送	sòng	배웅하다
接	jiē	마중하다
保重	bǎozhòng	몸조심하다, 건강에 주의하다
问好	wèn hǎo	안부를 묻다
一路平安	yílù píng'ān	가는 길 내내 평안하세요
收拾行李	shōushi xíngli	짐을 꾸리다
托运	tuōyùn	짐을 부치다

从情侣告别方式来看你的性格

　　情侣间的每一次分别都会依依不舍，那么你们是怎么分别的呢？在经过了一天的甜蜜时光后，是不是更加不舍了呢？现在就从你们告别的方式看看你的他(她)是个怎么样的人吧！

　　测试题目：当你们两个去约完会后，回来时，你们是如何告别的呢？

　　　　A. 握手道别　　　　　　B. 目送你离开
　　　　C. 频频回首兼挥手　　　D. 头也不回地走了

　　选择A的人：如果平时握手说再见是个不常见的举动，那一天告别时他(她)却这样做，表示他(她)那天过得非常充实。

　　选择B的人：目送你离开的人，是个非常体贴，善解人意的人，虽然在意对方，不过却不会勉强对方，对于爱人或朋友的要求都会竭尽全力办妥。

　　选择C的人：他(她)一再回头和挥手，表示他(她)很想你，当他(她)这样做时，希望你会这样做，属于礼尚往来的人。

　　选择D的人：分手后头也不回的人不拘小节。看起来这种人颇为冷淡，但在关键的时候他(她)一定全力保护对方，是个重视家庭的人。

단어

情侣 qínglǚ 몡 연인 | 依依不舍 yīyī bùshě 헤어지기 서운하다 | 甜蜜 tiánmì 휑 달콤하다 | 时光 shíguāng 몡 시간 | 测试 cèshì 몡 테스트 | 题目 tímù 몡 제목 | 握手 wò shǒu 통 악수하다 | 目送 mùsòng 통 눈으로 작별하다 | 频频 pínpín 휜 잇달아, 연달아 | 回首 huíshǒu 통 고개를 돌리다 | 挥手 huī shǒu 통 손을 흔들다 | 举动 jǔdòng 몡 거동 | 体贴 tǐtiē 휑 자상하다, 배려하다 | 善解人意 shàn jiě rényì 이해심이 많다 | 在意 zài yì 통 마음에 두다 | 勉强 miǎnqiǎng 통 강요하다 | 竭尽 jiéjìn 통 다하다 |

연인의 헤어지는 방식으로 성격 알아보기

연인끼리 만났다가 헤어질 때 아쉬움으로 헤어지는 것을 주저하게 되는데, 그렇다면 여러분은 어떻게 헤어지나요? 달콤했던 하루의 데이트가 끝나면 더욱 아쉽지는 않나요? 지금부터 여러분의 헤어지는 방식으로 여러분의 연인이 어떠한 사람인지를 알아보겠습니다.

테스트 내용: 여러분은 데이트를 끝내고 돌아갈 때 어떻게 헤어지나요?

  A. 악수를 하며 헤어진다
  B. 눈으로 작별 인사를 대신한다
  C. 여러 번 고개를 돌리며 손을 흔든다
  D. 고개도 돌리지 않고 그대로 가버린다

A를 선택한 사람: 만약 평소 악수로 작별 인사를 하는 행동은 자주 못 봤는데, 그날따라 헤어질 때 이렇게 했다면, 그(그녀)가 그날을 굉장히 충실히 보냈다는 것을 뜻한다.

B를 선택한 사람: 눈으로 작별 인사를 대신하는 사람은 굉장히 자상하고 다른 사람의 마음을 잘 이해해 주는 사람이다. 비록 상대를 굉장히 사랑하지만, 상대에게 강요하지 않는다. 배우자나 친구의 요구에 대해서도 온 힘을 다해 맞추려고 한다.

C를 선택한 사람: 그(그녀)가 연거푸 고개를 돌려 손을 흔든다면, 그가 당신을 그리워한다는 뜻이다. 그(그녀)가 이렇게 할 때 당신도 이렇게 하기를 바란다. 주고 받는 것이 있어야 한다고 여기는 사람이다.

D를 선택한 사람: 헤어지고 고개도 돌리지 않는 사람은 작은 것에 얽매이지 않는다. 보기에는 냉담할 수 있지만, 중요할 때 그(그녀)는 전력을 다해 당신을 보호할 것이다. 가정을 중시하는 사람이다.

办妥 bàntuǒ 图 적절하게 처리하다 | 属于 shǔyú 图 ~에 속하다 |
礼尚往来 lǐ shàng wǎng lái 성 예는 서로 왕래하면서 교제하는 것을 귀하게 여긴다 | 不拘小节 bùjū xiǎojié 성 사소한 것에 구애 받지 않는다 | 冷淡 lěngdàn 형 냉담하다 | 关键 guānjiàn 형 중요하다 | 保护 bǎohù 图 보호하다 | 重视 zhòngshì 图 중시하다

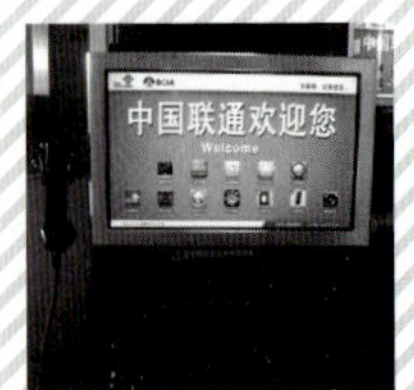
中国联通欢迎您
Welcome

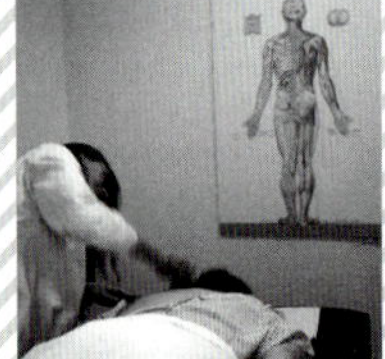

听力
맛있는
중국어
듣기

정답
&
해석

워밍업 단어

❶ (接) 电话 ▶ 전화를 받다
❸ (充) 电 ▶ 충전하다

❷ (挂) 电话 ▶ 전화를 끊다
❹ 铃 (声) ▶ 벨소리

Track 02

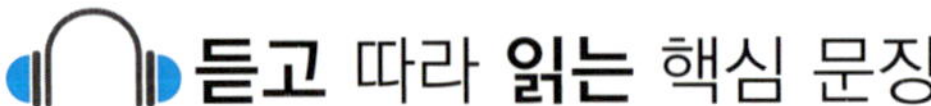

🎧 듣고 따라 읽는 핵심 문장

1 Ⓐ 5　　Ⓑ 3　　Ⓒ 1　　Ⓓ 4　　Ⓔ 2

2 녹음 원문 및 정답

Track 03

❶ 你要留言吗?
❷ 现在有点儿忙, 一会儿再给你打电话, 好吗?
❸ 这儿没有叫王力的, 你打错了。
❹ 那就这样吧, 再见。
❺ 您拨打的电话已关机。

❶ 당신은 남기실 말씀이 있으세요?
❷ 지금 조금 바빠요. 잠시 후에 다시 전화 드려도 될까요?
❸ 여기는 왕리라는 분이 안 계세요. 전화를 잘못 거셨습니다.
❹ 그럼 이렇게 하시죠. 안녕히 계세요.
❺ 당신이 거신 전화는 이미 꺼져 있습니다.

mission 01 전화 안내 멘트 🎤

1 ❶ O　　❷ X　　❸ X　　❹ X　　❺ O

Track 04

❶ 现在电话占线。
❷ 请转留学生楼。
❸ 我听不见，请您大点儿声。
❹ 号码错了，不是45690111。
❺ 过半个小时以后你再打过来，她现在不在。

❶ 지금은 통화 중입니다.
❷ 유학생동으로 연결해 주세요.
❸ 저는 잘 안 들려요. 큰 소리로 말해 주세요.
❹ 번호가 틀렸어요. 45690111이 아닙니다.
❺ 30분 후에 다시 전화하세요. 그녀는 지금 자리에 없어요.

mission 02 전화 걸기

★ ❶ a　　❷ b　　❸ a

Track 05

❶ 喂，请问王老师在吗？
❷ 你好！我找张总，我是他的朋友。
❸ 你怎么不接电话？

❶ 여보세요. 왕 선생님 계세요?
❷ 안녕하세요! 장 사장님을 찾습니다. 저는 그의 친구입니다.
❸ 당신은 왜 전화를 안 받나요?

mission 03 상대방을 바꿔 달라고 요청하기

★ ③

Track 06

男　喂，你干嘛呢？
女　刚才我和小花、丽丽一起逛街了。现在在吃饭。
男　小花也在？我想和小花说几句。
女　她说有事得回家，所以她先走了。
男　她的手机好像没电了。
女　那我告诉你她家的电话，你有笔吗？记一下。

남　여보세요? 뭐해?
여　방금 샤오화, 리리랑 같이 쇼핑했어. 지금은 밥 먹고 있어.
남　샤오화도 있어? 나 샤오화랑 얘기 좀 할게.
여　그녀는 일이 있어서 집에 가야 한다고 해서, 먼저 일어났는데.
남　그녀의 핸드폰에 배터리가 없나 봐.
여　그럼 내가 그녀의 집 전화번호를 알려줄게. 펜 있어? 적어 봐.

mission 04 약속 내용 전달하기

1

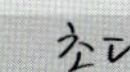

Track 07

男	喂，路路在吗？
女	她有事出去了，你打她的手机吧。
男	她不接电话。
女	是吗？那你过两个小时以后，再打电话吧。
男	我是路路的朋友李健。麻烦您帮我转告她明天晚上6点半在开心饭馆儿有同学聚会。
女	好的，我会告诉她的。再见！

남	여보세요? 루루 집에 있나요?
여	그녀는 일이 있어서 나갔어요. 그녀의 핸드폰으로 전화를 해봐요.
남	전화를 받지 않아요.
여	그래요? 그럼 두 시간 후에 다시 전화해 보세요.
남	저는 루루의 친구 이건인데요. 그녀에게 내일 저녁 6시 반에 카이신(开心) 식당에서 동창회가 있다고 전해 주세요.
여	알겠어요. 그녀에게 알려줄게요. 안녕히 계세요.

mission 05 상황·전달하기

1 ❶ c ❷ b

Track 08

女	喂，老板，您好！
男	小花，你去跟客户签合同了吗？
女	我在去的路上。
男	你也知道这次合同非常重要。再看看合同，有没有什么问题。还有，你别迟到了。
女	您放心吧，我约的时间是4点半。时间还来得及。我离他只有几站地。
男	好，合同签好了，我给你发红包。
女	谢谢老板，拜拜。

여	여보세요? 사장님, 안녕하세요!
남	샤오화! 거래처와 계약하러 갔어요?
여	가는 길이에요.
남	이 계약이 아주 중요하다는 걸 당신도 알 거예요. 계약서에 무슨 문제가 있는지 다시 한번 봐요. 그리고 늦지 말고요.
여	염려 놓으세요. 약속한 시간은 4시 반이에요. 시간은 아직 여유가 있어요. 그분이 있는 데서 몇 정거장 안 돼요.
남	알겠어요. 계약이 체결되면. 보너스를 줄 거예요.
여	감사합니다. 사장님.

❶ 女的很可能在哪儿？
❷ 女的要几点到？

❶ 여자는 어디에 있을 가능성이 큰가요?
❷ 여자는 몇 시까지 도착해야 하나요?

mission 06 현지회화로 마무리하기

1 녹음 원문 및 정답

Track 09

李 健	喂，我找李老师。
职 员	请稍等。我去叫他。
李老师	喂，哪位啊？
李 健	李老师，我是李健。不知道您记不记得我？

이건	여보세요? 리 선생님을 찾습니다.
직원	잠시 기다리세요. 제가 그를 불러드릴게요.
리 선생님	여보세요? 누구세요?
이건	리 선생님, 저는 이건입니다. 저를 기억하실지 못 하실지 모르겠네요.

<table>
<tr><td>

李老师 哦，是李健啊。当然记得了。你还好吗？

李 健 我很好。我现在在上海呢。

李老师 什么风把你吹来了？

李 健 我带家人来上海玩儿，顺便带了些东西，准备给您送过去。

李老师 你看你，大老远的还带什么东西啊。

李 健 这是应该的。您什么时候有空？

李老师 这样吧，星期五晚上你过来吧。

李 健 行。

李老师 那咱们星期五晚上见吧。

李 健 那就这样，再见！

</td><td>

리 선생님 아, 이건이군. 당연히 기억하지. 잘 지냈나?

이건 잘 지냈어요. 지금 상하이에 있어요.

리 선생님 무슨 바람이 불어서 왔나?

이건 저는 가족을 데리고 상하이에 놀러 왔어요. 그 김에 뭘 좀 가져왔는데, 선생님께 가져다드리려고요.

리 선생님 자네 좀 보게. 그 먼 곳에서 또 무슨 물건을 가져오고 그래.

이건 당연히 해야 하는 거죠. 언제 시간이 되세요?

리 선생님 이렇게 하세. 금요일 저녁에 오게나.

이건 그럴게요.

리 선생님 그럼 우리 금요일 저녁에 보세.

이건 그럼 그렇게 하겠습니다. 안녕히 계세요.

</td></tr>
</table>

3 ❶ 李健现在在上海。

❷ 李健带家人来上海玩儿。

❸ 他们打算星期五晚上见面。

4 ❶（ X ）公司派李健来上海。

❷（ O ）李健带了一些东西。

❸（ X ）李健的手机丢了，还没找到。

❹（ X ）李健想住上海饭店，可是老师让他住自己的家。

핵심 표현 이해하기

1 해석하기 무슨 바람이 불어서 왔어요? 요 몇 년간 뭐했어요?

중작하기 这是谁啊？什么风把你吹来了？

2 해석하기 나는 병원에 진찰 받으러 간 김에 입원한 친구를 병문안했습니다.

중작하기 你去中国的时候，顺便帮我买几本汉语书。

3 해석하기 내일이 시험인데, 무슨 컴퓨터를 하고 그럽니까?

중작하기 你生病了，还上什么班啊？

1

男 小张家的电话号码是3047023吗？	남 샤오장의 집 전화번호가 3047023이에요?
女 那是我家的号码，小张家是3047203。	여 그것은 우리 집 전화번호예요. 샤오장 집은 3047203이에요.
问 女的家里号码是多少？	질문 여자의 집 전화번호는 무엇인가요?
Ⓐ 3047203　　Ⓑ 3047230	Ⓐ 3047203　　Ⓑ 3047230
Ⓒ 3047023　　Ⓓ 3047320	Ⓒ 3047023　　Ⓓ 3047320

공략　숫자가 나올 때는 꼭 옆에 메모를 해주세요. 숫자가 답으로 나오는 경우가 많아요.

2

女 伯伯，请你转告王丽，回来以后一定给我来个电话，我有事找她。	여 큰아버지, 왕리에게 말 좀 전해 주세요. 집에 돌아오면 꼭 저한테 전화해 달라고요. 제가 걔한테 볼 일이 있거든요.
男 你放心好了，我一定转告。有时间来玩儿啊！	남 안심해라. 내가 꼭 전하마. 시간 있으면 놀러 오거라.
问 女的可能在跟谁说话？	질문 여자는 누구와 얘기를 하고 있을까요?
Ⓐ 王丽的父亲　　Ⓑ 王丽的同事	Ⓐ 왕리의 아버지　　Ⓑ 왕리의 동료
Ⓒ 王丽的丈夫　　Ⓓ 王丽的哥哥	Ⓒ 왕리의 남편　　Ⓓ 왕리의 오빠

공략　정답은 伯伯에 있습니다. 伯伯는 '큰아버지'라는 말이지요. 왕리는 큰아버지의 딸이겠죠.

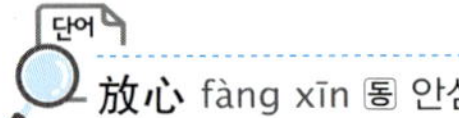
단어　放心 fàng xīn 통 안심하다

3

男 我昨天给你打了好几次电话，都没人接，你出去了吧？	남 내가 어제 여러 번 전화했었어요. 안 받더라고요. 당신은 나갔었어요?
女 我昨天一直呆在家里，哪儿也没去。你没拨错号码吧？	여 어제 계속 집에 있었어요. 어디에도 안 갔는데요. 전화번호를 잘못 누른 건 아니죠?
问 女的认为男的没打通的原因是什么？	질문 여자는 남자가 통화하지 못한 이유가 무엇이라고 생각하나요?
Ⓐ 电话坏了	Ⓐ 전화가 고장 나서
Ⓑ 拨错号码了	Ⓑ 번호를 잘못 눌러서

ⓒ 电话占线	ⓒ 전화가 통화 중이어서
ⓓ 她正好出去了	ⓓ 그녀가 마침 외출해서

공략 집에 계속 있었다는 말이 나오죠? 拨는 '전화 버튼을 누르다'라는 뜻입니다. 拨错(버튼을 잘못 누르다)라는 말로 미루어 남자가 전화를 잘못 걸었다는 말투네요.

단어 呆 dāi 통 머무르다 | 拨错 bōcuò 잘못 누르다

4

女 喂，是小民吗？我是小花。	여 여보세요? 샤오민이야? 나 샤오화야.
男 是你啊！	남 너구나!
女 下个星期六晚上有同学会，你也来吧。	여 다음 주 토요일 저녁에 동창회가 있는데, 너도 와라.
男 下个星期六晚上？我有事。	남 다음 주 토요일 저녁? 나 일이 있어.
女 什么事？你能不能把那件事推掉？	여 무슨 일인데? 너 그 일을 미루면 안 돼?
男 嗯。那好吧。我也去。	남 응, 그래 알았어. 나도 갈게.

问 他们打算什么时候见面?

질문 그들은 언제 만나기로 했나요?

❹ 星期六	❺ 星期天	❹ 토요일	❺ 일요일
❻ 星期二	❼ 星期一	❻ 화요일	❼ 월요일

공략 시간이나 장소가 나오면 무조건 외워야 합니다. 星期六晚上에 동창회를 한다고 여자가 알려줬죠?

단어 推 tuī 통 (약속을) 미루다 | 掉 diào 통 ~해 버리다[동작 뒤에서 삭제나 제거의 의미를 나타냄]

5

男 有人给你来了好几次电话。	남 누가 당신에게 전화를 여러 번 했어요.
女 是客户打来的还是家里人打来的？	여 거래처예요 아니면 집에서 온 전화예요?
男 都不像。一个男的说和你约好见面。	남 다 아닌 것 같아요. 한 남자분이 만나기로 약속했다고 하시던데요.
女 哎呀，怎么忘了？那是我的老同学，我来北京办事，想跟我聊聊天。	여 아이고! 어쩌다 잊었지? 그 사람은 내 동창인데, 내가 볼일이 있어서 베이징에 와서, 나와 이야기를 나누고 싶다고 했어요.

问 谁来电话了?

질문 누가 전화를 했나요?

❹ 家里人	❺ 客户	❹ 가족	❺ 거래처
❻ 同事	❼ 老同学	❻ 동료	❼ 옛 동창

공략 여자가 거래처냐 가족이냐 물었을 때 남자가 뭐라고 말했죠? 不像이라고 했죠. '그런 것 같지 않아요'라는 뜻이에요. 여자의 마지막 말에서 답이 나오죠? 老同学라고요.

단어 客户 kèhù 명 거래처 | 约好 yuēhǎo 통 약속하다 | 办事 bàn shì 통 일을 처리하다, 업무를 보다

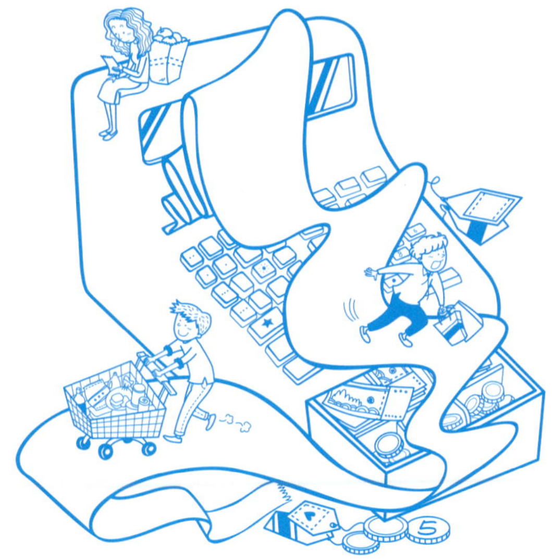

워밍업 단어

Track 15

① (退) 款 ▶ 환불하다
② (现) 金 ▶ 현금
③ (网) 购 ▶ 인터넷 쇼핑을 하다
④ 款 (式) ▶ 모양, 스타일

 듣고 따라 **읽는** 핵심 문장

1 Ⓐ 2　　　Ⓑ 4　　　Ⓒ 5　　　Ⓓ 3　　　Ⓔ 1

2 녹음 원문 및 정답

Track 16

① 我来挑一下。
② 这个苹果怎么卖?
③ 还要别的吗?
④ 不能再便宜了,再便宜我就要赔本了。
⑤ 太贵了,能不能便宜点儿?

① 제가 좀 고를게요.
② 이 사과는 어떻게 팝니까?
③ 또 다른 것이 필요하세요?
④ 더 이상 싸게는 안 됩니다. 더 싸면 손해예요.
⑤ 너무 비싸네요. 좀 싸게 해주실 수 있나요?

mission
01 생필품 사기

1　❶ b　　　❷ c

     Track 17

男 请你给我一块香皂。
女 好的，您还要买点儿什么？
男 我还要一包纸巾、一卷卫生纸和一盒牛奶。
女 您要什么牌子的？
男 随便。

❶ 下边哪个是没买的？
❷ 他要什么牌子的？

남 비누 하나 주세요.
여 알겠습니다. 무엇이 더 필요하세요?
남 티슈 하나와 두루마리 화장지 하나, 우유 한 팩이 필요해요.
여 어떤 상표를 원하세요?
남 알아서 주세요.

❶ 아래에서 어느 것을 사지 않았나요?
❷ 그는 어떤 상표를 원하나요?

mission 02 상품 고르기

★ ❶ a　　❷ b　　❸ a

     Track 18

❶ 还有别的颜色的吗？
❷ 这件有点儿小。我要大一号的。
❸ 你可以给我换一个新的吗？

❶ 또 다른 색이 있나요？
❷ 이 옷은 좀 작아요. 한 치수 큰 것을 원합니다.
❸ 새것으로 바꿔 주실 수 있으세요？

mission 03 불건 교환하기

★ ①

     Track 19

女 您好！上次我在这里买了一本书，想换一本。
男 出了什么问题吗？
女 第30页到40页根本就没有。
男 是吗？我看看。真对不起。发票带来了吗？
女 带来了。给您。
男 我马上去给您换。

여 안녕하세요! 지난번에 제가 여기서 책을 한 권 샀어요. 책을 바꾸고 싶어요.
남 무슨 문제가 있나요?
여 30쪽에서 40쪽까지 전혀 없어요.
남 그래요? 제가 좀 볼게요. 정말 죄송합니다. 영수증 가져오셨나요?
여 가져왔습니다. 여기요.
남 제가 바로 교환해 드릴게요.

1

账单	
种类	数量
牙刷	两个
饼干	（一包）
可乐	（两瓶）
牛奶	（三盒）
圆珠笔	（两支）
练习本	（一本）
总价	（一百五十六块）
实付	（两百块）
找钱	（四十四块）
谢谢光临	

녹음 원문　　　　　　　　　　　　　　　　　　　　　　　Track 20 🎧

男　一共多少钱?

女　两个牙刷、一包饼干、两瓶可乐、三盒牛奶、两支圆珠笔、一本练习本，一共一百五十六块。

男　给您两百块。

女　您给了我两百块，找您四十四块。谢谢光临! 再见! 下一位。

남　전부 얼마예요?

여　칫솔 두 개, 비스킷 한 봉지, 콜라 두 병, 우유 세 팩, 볼펜 두 자루, 연습장 한 권, 전부 156위안입니다.

남　200위안 드릴게요.

여　200위안 주셨고요. 거스름돈 44위안입니다. 찾아 주셔서 감사합니다. 안녕히 가세요. 다음 분!

1　❶ d　　　❷ c

녹음 원문　　　　　　　　　　　　　　　　　　　　　　　Track 21 🎧

女　你在干什么?

男　我在和一个网上的卖家谈事。在网上买了一台打印机，但是有些问题。

女　什么问题?

男　一些我想要的功能，它没有。

女　卖家怎么说?

男　他说我应该在买之前认真地看介绍。

女　那倒是。

男　我想退款。买家在七天内是可以退款的，但是我要自己付运费。

여　무엇을 하고 있어요?

남　인터넷 판매자와 이야기를 나누고 있어요. 인터넷에서 프린터를 한 대 샀는데, 문제가 약간 있어요.

여　무슨 문제인데요?

남　내가 원하는 기능이 그 프린터에는 없어요.

여　판매자는 뭐라고 해요?

남　내가 사기 전에 설명서를 잘 봤어야 했대요.

여　그건 그러네요.

남　나는 환불을 하고 싶어요. 구매자는 7일 이내에 환불을 할 수 있어요. 그러나 택배비는 본인이 지불해야 해요.

❶ 男的买了什么？ ❷ 买家在几天内可以退款？	❶ 남자는 무엇을 샀나요？ ❷ 구매자는 며칠 내에 환불이 가능한가요？

mission 06 현지회화로 마무리하기

1 녹음 원문 및 정답　　　　　　　　　　　　　　Track 22

小　米	你看，这件连衣裙很漂亮。	샤오미	봐봐, 이 원피스는 정말 예쁘다.
路　路	（过去看了看价格）哇！怎么这么贵呀！	루루	（가서 가격을 본다) 와! 왜 이렇게 비싸?
小　米	就是，你看，这条裤子怎么样？	샤오미	그러게. 봐봐, 이 바지는 어때？
路　路	好是好，不过颜色太扎眼了。平时哪有机会穿呢？	루루	좋긴 좋은데, 색깔이 너무 튄다. 평소에 어떻게 입겠어？
小　米	要不，你看那件衬衫怎么样？样子很好看，颜色也正。拿一件试试。	샤오미	아니면 저 블라우스는 어때？ 모양도 예쁘고 색깔도 선명하네. 한 벌 갖다가 입어 봐.
路　路	这件不是我的风格。	루루	이 옷은 내 스타일이 아니야.
小　米	好吧，不过你可别后悔。	샤오미	알았어, 근데 너 후회하지 마라.
路　路	我从来不后悔。以后肯定会有更好的。	루루	난 여태껏 후회란 건 안 했어. 나중에 분명히 더 예쁜 것이 있을 거야.

3 ❶ 太贵。

　❷ 好是好，不过颜色太扎眼了。

　❸ 不是她的风格。

4 ❶（ X ）路路觉得连衣裙比较便宜。

　❷（ O ）裤子平时不能常穿。

　❸（ X ）衬衫的样子不太好看，可是颜色很正。

　❹（ X ）路路担心这次买不到好看的衣服。

핵심 표현 이해하기

1 해석하기　이 옷은 예쁘긴 예쁜데, 색깔이 나에게 안 어울려요.

　중작하기　坐地铁方便是方便，不过上下班时间地铁里太挤了。

2 해석하기　아니면 이렇게 하죠. 우리 조금 일찍 출발해요.

　중작하기　今天能写完吗？ 要不明天写吧。

3 해석하기　나는 여태껏 그녀를 믿어 본 적이 없어요.

　중작하기　我从来没交过外国朋友。

1

男 你去了书店，那本书你为什么没买？ 女 不是不想买，卖完了。	남　서점에 갔는데, 그 책은 왜 안 샀어요？ 여　사고 싶지 않은 게 아니라 다 팔렸어요.

问 女的为什么没买书？ 　Ⓐ 没去书店　　Ⓑ 不想买 　Ⓒ 卖完了　　Ⓓ 不知道在哪儿买	질문　여자는 왜 책을 안 샀나요？ 　Ⓐ 서점에 가지 않아서　Ⓑ 사고 싶지 않아서 　Ⓒ 다 팔려서　　Ⓓ 어디서 사는지 몰라서

공략　사고 싶지 않아서가 아니고 '卖完了'라고 말하네요.
다 팔렸다는 얘기죠.

2

女 请给我换一双38号运动鞋，行吗？ 这是 　我今天早上在这儿买的。 男 您这是37号的，我给您找找看。	여　38호 운동화로 바꿔 주세요. 가능할까요？ 이것 　은 제가 오늘 아침에 여기서 산 거예요. 남　손님 것은 37호네요. 제가 찾아볼게요.

问 女的为什么请售货员换这双鞋？ 　Ⓐ 太大　　Ⓑ 太小 　Ⓒ 有毛病　　Ⓓ 难看	질문　여자는 왜 판매원에게 이 신발을 바꿔 달라고 했 　나요？ 　Ⓐ 너무 커서　　Ⓑ 너무 작아서 　Ⓒ 문제가 있어서　　Ⓓ 예쁘지 않아서

공략　여자가 산 신발은 37호인데, 38호로 바꾸기를 원하고 있
죠？ 신발이 작아서 바꾸는 것이겠죠？

단어　售货员 shòuhuòyuán 몡 판매원, 점원

3

男 她特别有眼光，买的衣服总是又便宜又 　好看。 女 就是。今天她穿的衣服才300块，可是 　看起来像1000多块呢。	남　그녀는 보는 눈이 있어요. 산 옷이 항상 싸고 　예뻐요. 여　그러게요. 오늘 입은 옷도 겨우 300위안밖에 안 　한다네요. 그런데 보기에는 1000위안이 넘는 것 　같아요.

问 通过对话，我们可以了解她什么？ 　Ⓐ 她买的衣服总是很漂亮 　Ⓑ 她买的衣服很贵 　Ⓒ 她没有眼光 　Ⓓ 她很喜欢买衣服	질문　대화를 통해서, 우리는 그녀에 대해 무엇을 알 수 　있나요？ 　Ⓐ 그녀가 산 옷은 항상 예쁘다 　Ⓑ 그녀가 산 옷은 비싸다 　Ⓒ 그녀는 안목이 없다 　Ⓓ 그녀는 옷 사는 것을 좋아한다

有眼光은 '안목이 있다'는 뜻입니다. 눈은 眼睛인데요, 眼光과 眼睛 두 단어의 의미는 완전히 달라요. 기억하세요. 그녀가 옷을 고르는 안목이 있다고 하면서 산 옷은 싸고 예쁘다고 했으니 답은 A이겠죠?

眼光 yǎnguāng 몡 안목, 식견

4

女 小英一逛就是六七个小时，简直是个购物狂。

男 所以我每次都不陪她逛街。

女 上次我陪她逛街的时候，累得不行了。可是她看起来一点儿都不累。

男 你还是别和她逛街了。

问 通过对话，我们能知道什么?

Ⓐ 小英是个好人
Ⓑ 小英很喜欢逛街
Ⓒ 小英没有朋友
Ⓓ 男的喜欢陪小英逛街

여 샤오잉은 한번 쇼핑을 하면 6, 7시간이야. 정말이지 쇼핑광이야.

남 그래서 나는 매번 그녀와 같이 쇼핑을 안 해.

여 지난번에 그녀와 쇼핑을 할 때 힘들어서 혼났어. 그런데 그녀는 하나도 힘들어 보이지 않더라.

남 너는 그녀와 쇼핑을 안 하는 게 좋겠어.

질문 대화를 통해서, 우리는 무엇을 알 수 있나요?

Ⓐ 샤오잉은 좋은 사람이다
Ⓑ 샤오잉은 쇼핑하는 것을 좋아한다
Ⓒ 샤오잉은 친구가 없다
Ⓓ 남자는 샤오잉과 쇼핑하는 걸 좋아한다

샤오잉은 한번 쇼핑을 하면 6, 7시간을 한다네요. 쇼핑광 (쇼퍼홀릭)이라고 살짝 흉을 보네요. 남자는 한술 더 떠서 샤오잉과는 같이 쇼핑하지 않는다는 걸 보면, 샤오잉은 공인된 쇼핑광이군요.

简直 jiǎnzhí 凰 정말이지 | 购物狂 gòuwùkuáng 몡 쇼핑광

5

男 我要退这条围巾。

女 有什么问题吗?

男 围巾上有一个洞，买的时候没仔细看。我才刚买了一会儿。

女 好的，很抱歉。能看一下您的收据吗?

남 저는 이 스카프를 환불하려고요.

여 무슨 문제가 있나요?

남 스카프에 구멍이 있어서요. 살 때 자세히 못 봤거든요. 저는 금방 막 샀어요.

여 알겠습니다. 죄송합니다. 영수증을 볼 수 있을까요?

问 男的为什么要退款?

Ⓐ 围巾不好看
Ⓑ 围巾有点儿贵
Ⓒ 围巾破了
Ⓓ 围巾有点儿脏

질문 남자는 왜 환불하려고 하나요?

Ⓐ 스카프가 예쁘지 않아서
Ⓑ 스카프가 좀 비싸서
Ⓒ 스카프가 찢어져서
Ⓓ 스카프가 약간 때가 타서

남자는 왜 환불을 하려고 하느냐는 문제인데요. 洞(dòng)은 '구멍'이란 뜻입니다. 구멍이 나거나 찢어지거나 뜯어진 경우 破(pò)란 형용사를 주로 씁니다. '망가졌다'란 뜻인데요, 여러 상황에 쓸 수 있으니 알아두세요.

围巾 wéijīn 몡 스카프 | 洞 dòng 몡 구멍 | 仔细 zǐxì 혱 자세하다 | 抱歉 bào qiàn 됭 죄송합니다 | 收据 shōujù 몡 영수증

PART 3 음식

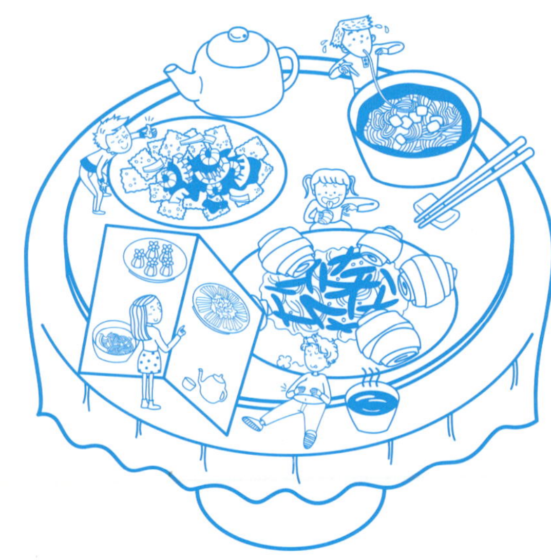

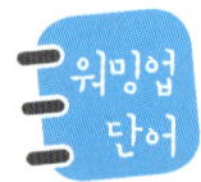

워밍업 단어

Track 28

❶ (甜) ▶ 달다
❷ (辣) ▶ 맵다
❸ (点) 菜 ▶ (음식을) 주문하다
❹ (放) ▶ (조미료 등을) 넣다

듣고 따라 읽는 핵심 문장

1 Ⓐ 5 Ⓑ 1 Ⓒ 2 Ⓓ 4 Ⓔ 3

2 녹음 원문 및 정답

Track 29

❶ 我肚子开始咕咕叫了。	❶ 배에서 꼬르륵 소리가 나기 시작했어요.
❷ 趁热吃吧。	❷ 뜨거울 때 드세요.
❸ 给客人倒点儿茶。	❸ 손님에게 차를 따라 드리세요.
❹ 这汤不够热，凉了。	❹ 이 국은 뜨겁지 않네요. 식었어요.
❺ 不知道合不合你的口味。	❺ 당신의 입맛에 맞는지 모르겠네요.

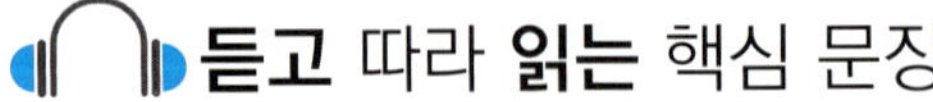

mission 01 음식을 먹을 때

1 ❶ O ❷ X ❸ O ❹ O ❺ X

Track 30

❶ 我吃饱了，不能再吃了。	❶ 저는 배가 불러요. 더 못 먹겠어요.
❷ 这个菜我以前没尝过。	❷ 이 음식은 예전에 먹어 보지 못했던 거예요.
❸ 中国菜很合我的口味。	❸ 중국 음식은 제 입맛에 맞아요.
❹ 我吃得不够饱，再来一碗面条。	❹ 저는 배가 충분히 부르지 않아요. 국수 한 그릇 더 주세요.
❺ 味道挺好的，就是有点儿辣。	❺ 맛이 아주 좋아요. 그런데 좀 맵네요.

mission 02 음식 주문하기 

★ ❶ b ❷ a ❸ a

Track 31

❶ 请问来点儿什么？	❶ 무엇을 드시겠습니까?
❷ 酒水需要吗？	❷ 음료나 술이 필요하세요?
❸ 再来一盘卷心菜。	❸ 양배추 요리 하나 더요.

mission 03 식당에서 음식을 재촉할 때 

★ ④

Track 32

男 小姐，菜怎么还没上来？	남 아가씨, 요리가 왜 아직 안 나오죠?
女 不好意思，马上就来。	여 죄송합니다. 곧 나올 거예요.
男 我们等了20多分钟了。能快点吗？	남 우리는 20여 분을 기다렸어요. 좀 빨리 될까요?
女 对不起，今天客人太多了。可能还要等5分钟。	여 죄송합니다. 오늘 손님이 너무 많아서요. 아마 5분을 더 기다리셔야 할 것 같아요.
男 还要等5分钟啊？麻烦你帮我们催一下。	남 5분이나 더 기다려요? 죄송한데 가서 재촉 좀 해주세요.

mission 04 식당에서 음식을 먹고 난 후 

1

녹음 원문

李 健	菜的味道怎么样？不辣吧？	이건	음식 맛이 어때? 안 맵지?
路 路	挺不错的，就是有点儿辣。	루루	좋아. 근데 좀 매워.
李 健	汤不咸吧？	이건	국은 안 짜지?
路 路	不咸，还淡了一点儿。	루루	안 짜. 오히려 좀 싱거워.
李 健	鱼有点儿酸吧？	이건	생선은 조금 시지?
路 路	有点儿酸，还有点儿甜。	루루	조금 시큼하고 또 조금 달아.
李 健	这叫糖醋鱼，酸味和甜味都有。	이건	이걸 탕수어라고 해. 신맛과 단맛이 모두 있어.

mission 05 중국인의 집에 초대 받아 갔을 때

1
① 中国菜讲究色、香、味。
② 这个糖醋鱼是我的拿手菜。
③ 做得像饭馆儿一样好吃。
④ 那你别客气。

녹음 원문 — Track 34

男	怎么做了这么多菜？	남	왜 이렇게 많은 음식을 차렸어요?
女	你多吃点儿，别剩下。	여	많이 드세요. 남기지 마세요.
男	这些菜看起来很好吃。	남	이 음식들은 맛있어 보여요.
女	中国菜讲究色、香、味俱全。光好看不行，味道也得好。	여	중국 음식은 색, 향, 맛 모두 갖춰야 해요. 보기만 좋아서는 안 돼요. 맛도 좋아야 해요.
男	这些都是我爱吃的。	남	이 음식들은 내가 다 좋아하는 거예요.
女	这个糖醋鱼是我的拿手菜，你尝尝。	여	이 탕수어는 내가 제일 잘 만드는 음식이에요. 맛 좀 보세요.
男	做得像饭馆儿一样好吃。	남	식당에서 만든 것처럼 맛있어 보여요.
女	是吗？那你别客气。	여	그래요? 그럼 사양 말고 (많이) 드세요.

mission 06 현지회화로 마무리하기

1 **녹음 원문 및 정답** — Track 35

马 力	想吃什么随便点，今天我请客！	마리	먹고 싶은 거 마음대로 시켜. 내가 밥 살게.
小 米	我一看菜单就头晕，我不知道这些菜名指的是什么。我们请服务员推荐一下吧。	샤오미	난 메뉴만 보면 머리가 어지러워. 나는 이 음식들 이름이 무엇을 가리키는지 모르겠어. 종업원한테 추천해 달라고 하자.
马 力	别，他们推荐的菜，不一定合我们的口味。我来点，你爱吃鱼，红烧鱼怎么样？	마리	그러지 마. 종업원이 추천해 주는 게 꼭 우리 입맛에 잘 맞는 건 아니야. 내가 시킬게. 너는 생선을 잘 먹으니까, 홍샤오위(红烧鱼)가 어때?

<table>
<tr><td>

小　米　里面**不要放香菜**。我吃不惯香菜。

马　力　好的。再来一个鱼香茄子吧。他们
这儿虽然不是川菜馆，可是这些菜
做得非常地道。

小　米　我觉得中国菜**很合我的口味**，就是
油太多，怕胖。

马　力　别担心，你这么瘦，**胖点儿没什么**。

小　米　我想吃辣的，再要一个麻婆豆腐怎
么样？

马　力　好，麻婆豆腐是我的**最爱**。

</td><td>

샤오미　안에 고수는 넣지 마. 난 고수가 입맛에 안
맞아.

마리　알았어. 위샹체쯔(鱼香茄子) 하나 더 시키
자. 여기는 쓰촨 요리 전문 식당은 아니지만,
이 음식들을 아주 제대로 만들어.

샤오미　중국 음식이 내 입맛에 잘 맞는 것 같아. 근데
기름이 너무 많아서, 살찔까 봐 겁나.

마리　걱정하지 마. 이렇게 말랐는데, 살이 좀 쪄도
괜찮지 뭐.

샤오미　나는 매운 거 먹고 싶어. 마파두부 하나 더
시키는 게 어때?

마리　그래. 마파두부는 내가 제일 좋아하는 음식
이야.

</td></tr>
</table>

3 ❶ 小米看不懂菜单，一看菜单就头晕。

　　❷ 服务员推荐的不一定合他们的口味。

　　❸ 中国菜合她的口味，可是油太多，怕胖。

4 ❶（ X ）他们一共点了**四道菜**。

　　❷（ X ）马力**喜欢吃辣的**，所以点了麻婆豆腐。

　　❸（ O ）这里不是川菜馆，可是做得**很地道**。

　　❹（ X ）小米觉得中国菜又油腻，又咸，**吃不惯**。

핵심 표현 이해하기

1 해석하기　저는 컴퓨터만 하면 다 잊어버립니다.

　　중작하기　她一喝牛奶，肚子就不舒服。

2 해석하기　그 옷을 당신이 꼭 맘에 들어 할 것 같진 않아요.

　　중작하기　中国队不一定能赢。

3 해석하기　남방 사람들은 쌀밥을 먹기 때문에, 그에게 매일 찐빵을 먹으라고 한다면 아마 먹는 게 익숙하지 않을
거예요.

　　중작하기　中国酒度数太高，我喝不惯。

 # 도전! 新HSK 听力 따라잡기 

1

男 小王，你喝什么？喝啤酒还是葡萄酒？
女 喝什么我无所谓。

问 女的喝什么？

Ⓐ 烧酒　　　　Ⓑ 啤酒
Ⓒ 葡萄酒　　　Ⓓ 什么都行

남 샤오왕, 당신은 뭘 마실래요? 맥주요 아니면 포도주요?
여 무엇을 마셔도 다 상관없어요.

질문 여자는 무엇을 마시나요?

Ⓐ 소주　　　　Ⓑ 맥주
Ⓒ 포도주　　　Ⓓ 무엇이든 다 좋다

공략
'无所谓(이것이든 저것이든 상관없다)'를 배우지 않았다면 이 표현이 어려울 수 있어요. 그러나 그 앞 문장을 볼까요? '喝什么……(무엇을 마셔도 ~)'라고 나오죠. 특정 음료가 마시고 싶었다면 명칭을 말했겠죠. '뭘 마셔도 괜찮다'라고 말했을 거라고 추측할 수 있겠네요.

단어
无所谓 wúsuǒwèi 상관없다, 개의치 않다 | 烧酒 shāojiǔ 명 소주

2

女 我们去哪儿吃晚饭？听说对面的那家不错，你看怎么样？
男 你一个人去吧。我肚子疼，不去了。

问 男的想做什么？

Ⓐ 休息　　　　Ⓑ 吃晚饭
Ⓒ 喝酒　　　　Ⓓ 一起去

여 우리 어디에 가서 저녁을 먹어요? 맞은편 저 집이 괜찮대요. 어때요?
남 혼자 가세요. 저는 배가 아파서, 안 갈래요.

질문 남자는 무엇을 하고 싶은가요?

Ⓐ 쉬다　　　　Ⓑ 저녁을 먹다
Ⓒ 술을 마시다　Ⓓ 같이 가다

공략
여자가 저녁을 먹자면서 맞은편 식당이 괜찮다는 얘기를 꺼내니까 남자는 혼자 가라고 합니다. 배가 아파서 안 가겠다고 하네요. 배가 아플 때는 배를 비워 두고 쉬어야겠죠?

단어
疼 téng 형 아프다

3

男 晚上朋友来玩儿，你都准备了什么？
女 茶叶、水果、点心。怎么办？忘了买果汁了。来的人里有几个爱喝果汁。

问 女的忘了买什么了？

Ⓐ 茶叶　　　　Ⓑ 果汁
Ⓒ 水果　　　　Ⓓ 点心

남 저녁에 친구들이 놀러 온다는데, 당신은 무엇을 준비했어요?
여 찻잎, 과일, 디저트요. 어떡해요? 주스 사오는 걸 깜빡했어요. 오는 사람 중에 몇 명이 주스를 좋아하는데.

질문 여자는 뭘 사는 것을 잊었나요?

Ⓐ 찻잎　　　　Ⓑ 주스
Ⓒ 과일　　　　Ⓓ 디저트

남자가 뭘 준비했냐고 물었더니 여자가 찻잎, 과일, 간식거리를 준비했다고 했죠. 준비한 것을 보니 집에 손님이 오기로 했군요. 그런데 怎么办이라고 했어요. 우리는 안 좋은 일이 일어났을 때 주로 이 말을 쓰죠? "어떡해!" 果汁(주스) 사오는 걸 깜빡했다네요. 오는 사람 중에 몇 명이 좋아하는데 말이죠.

点心 diǎnxin 몡 간식 | 果汁 guǒzhī 몡 과일 주스

4

女	你会做菜吗?	여	당신은 요리를 할 줄 아나요?

女 你会做菜吗?
男 炒菜还不容易? 把菜放进锅里就行了。
女 菜做得怎么样? 好吃吗?
男 我觉得好吃，可是家里人谁都不愿意吃。

问 男的做菜做得怎么样?
Ⓐ 好吃　　　Ⓑ 不知道
Ⓒ 难吃　　　Ⓓ 还行

여　당신은 요리를 할 줄 아나요?
남　음식 볶는 것이 뭐가 어려워서요? 재료를 프라이팬에 넣으면 되는 거죠.
여　음식 잘 만들어요? 맛있나요?
남　나는 맛있다고 느끼는데, 가족들은 누구도 먹으려 들지를 않아요.

질문　남자는 음식을 잘 만드나요?
Ⓐ 맛있다　　　Ⓑ 모르겠다
Ⓒ 맛이 없다　　　Ⓓ 그런대로 괜찮다

남자는 자신 있게 '炒菜还不容易?(볶는 게 뭐가 어려울 게 있어요?)' 이렇게 얘기하며 프라이팬에 음식만 넣으면 된다고 했는데요. 맛을 물어보자, 가족들은 '不愿意吃', 즉 먹지 않으려 한다고 하죠? '맛이 없다'는 말입니다.

锅 guō 몡 솥, 프라이팬

5

男 今天的牛肉是怎么做的? 真难吃。
女 是吗? 怎么回事? 按书上说的方法做的。
男 书没错，可能是你做菜的手艺不行。
女 我做菜的手艺好像没有进步。

问 男的觉得菜为什么难吃?
Ⓐ 材料不好
Ⓑ 盐放多了
Ⓒ 书上的方法错了
Ⓓ 手艺不好

남　오늘 소고기는 어떻게 만든 거죠? 정말 맛없어요.
여　그래요? 어떻게 된 거지? 책에 있는 방법대로 만들었어요.
남　책은 잘못이 없죠. 이미 당신이 음식을 만드는 솜씨가 안 좋은 거겠죠.
여　나는 음식 만드는 솜씨가 늘지를 않는 것 같아요.

질문　남자가 느끼기에 왜 음식이 맛이 없나요?
Ⓐ 재료가 안 좋아서
Ⓑ 소금을 많이 넣어서
Ⓒ 책의 방법이 틀려서
Ⓓ 솜씨가 안 좋아서

남자가 여자에게 음식이 맛없다고 하자, 여자는 '按书上说的方法(책의 방법대로)' 만들었다고 하죠. 남자는 책은 틀린 게 없을 테고, 手艺(솜씨)가 不行이라고 하네요. 不行은 '안 돼!'라는 뜻만 있는 것이 아니라 실력이나 능력이 떨어진다는 뜻도 있습니다.

怎么回事 zěnme huí shì 어떻게 된 것입니까 | 按 àn 게 ~에 따라서

PART 4

교통 수단

 워밍업 단어

① (**找**) 钱 ▶ 돈을 거슬러 주다
② (**往**) 前走 ▶ 앞으로 가다
③ (**停**) 车 ▶ 차를 멈추다
④ (**挤**) ▶ 붐비다

Track 41

 듣고 따라 읽는 핵심 문장

1 Ⓐ 2 Ⓑ 4 Ⓒ 5 Ⓓ 3 Ⓔ 1

2 녹음 원문 및 정답

Track 42

① 停在路边就行了。
② 到站的时候，请告诉我一声。
③ 一直往前走，到前边拐弯儿就是学校。
④ 去图书馆要坐几路车？
⑤ 上下班的时候，车里非常挤。

① 길가에 세워 주시면 돼요.
② 정류장에 도착하면 알려주세요.
③ 앞으로 곧장 가시다가, 앞에서 돌면 바로 학교예요.
④ 도서관에 가려면 몇 번 차를 타야 하나요?
⑤ 출퇴근 시간에는 차 안이 붐벼요.

1 ❶ X ❷ O ❸ O ❹ X ❺ X

Track 43

女	请问车费多少钱？
司机	两块，请往里边走，后边有很多空位。
女	请问，这辆车到不到天安门？
司机	没错。还有7、8站。
女	到站的时候，你可以告诉我一声吗？
司机	可以。

여	차비가 얼마예요?
기사	2위안입니다. 안으로 들어가세요. 뒤에 빈 좌석이 많이 있습니다.
여	죄송한데요, 이 차는 천안문까지 가요?
기사	맞습니다. 일고여덟 정거장이 남았어요.
여	정거장에 도착할 때, 저한테 한마디만 해주실 수 있으세요?
기사	해드릴게요.

---

mission 02 택시 타기 

★ ❶ a ❷ b ❸ a

Track 44

❶ 您要到哪儿？
❷ 进了门再怎么走？
❸ 这是70块，不用找钱了。

❶ 당신은 어디까지 가나요?
❷ 문으로 들어가서 또 어떻게 갑니까?
❸ 여기 70위안이에요. 잔돈은 필요 없습니다.

---

mission 03 전철 이용하기 

★ ②

Track 45

男	从新街口到灯市口要怎么走？
女	你先坐4号线到西单，然后换乘1号线坐到东单。
男	坐到东单吗？
女	对，然后换乘5号线，再走一站就是灯市口。
男	我怕坐错车。
女	你看地铁线路图就行了。

남	신제커우(新街口)에서 덩스커우(灯市口)까지 어떻게 가나요?
여	우선 4호선을 타고 시단(西单)까지 가신 후에, 1호선으로 갈아타서 둥단(东单)까지 가세요.
남	둥단까지 타고 가나요?
여	네, 그다음에 5호선으로 갈아타세요. 또 한 정거장 가시면 덩스커우예요.
남	제가 차를 잘못 탈까 봐 걱정되네요.
여	전철 노선도를 보시면 돼요.

---

mission 04 길을 물어볼 때 

1 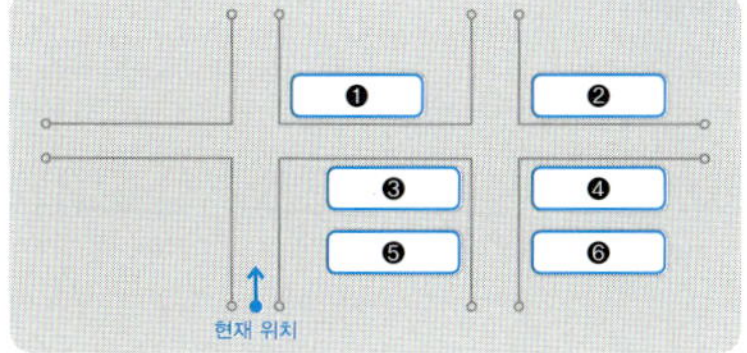

❸ 美术馆

❻ 博物馆

❹ 图书馆

男 请问，去博物馆怎么走？	남 죄송한데요, 박물관은 어떻게 가나요?
女 哦，博物馆啊。你沿着这条路往前走，到十字路口时，往右拐。大概走100米，右边有个美术馆。	여 아, 박물관이요. 이 길을 따라서 앞으로 가세요. 사거리가 나오면 오른쪽으로 꺾으세요. 한 100미터만 걸어가시면, 오른쪽에 미술관이 있어요.
男 美术馆旁边吗？	남 미술관 옆인가요?
女 不是，美术馆对面有图书馆，图书馆旁边就是博物馆。到那儿你再问问。	여 아니요. 미술관 맞은편에 도서관이 있는데, 도서관 옆이 박물관이에요. 거기 가서 다시 물어보세요.
男 谢谢你。	남 고맙습니다.

mission 05 차를 기다릴 때

1
❶ 因为这是起点站。
❷ 人多，而且男的身体不舒服，所以他们不等车了。
❸ 他们打算打的去。

男 哟，这么多人排队等车。	남 아이고, 이렇게 많은 사람들이 줄을 서서 차를 기다리고 있네요.
女 这是起点站，人很多。	여 여기가 시발역이에요. 사람이 많죠.
男 我们上得去吗？	남 우리가 탈 수 있을까요?
女 上不去，得再等一辆。	여 탈 수 없어요. 다음 차를 기다려야겠어요.
男 不知道还要等多久。	남 얼마나 더 기다려야 할지 모르겠네요.
女 现在是上下班时间，车上特别挤。	여 지금은 출퇴근 시간이니까, 차에 사람이 엄청 붐벼요.
男 今天我觉得有点儿不舒服。上了车可能挤不动。	남 오늘 저는 몸이 좀 안 좋아요. 차에 탄 후에는 붐벼서 못 움직일 것 같아요.
女 你身体不舒服，挤车一定受不了。那咱们不等车了，打的去吧。	여 몸이 안 좋을 때, 차가 붐비면 분명히 괴로울 거예요. 그럼 우리 차를 기다리지 말고, 택시를 잡아타고 가요.

❶ 这里为什么排队的人很多？
❷ 他们为什么不等车了？
❸ 他们打算怎么去？

❶ 여기에 왜 줄을 선 사람들이 많나요？
❷ 그들은 왜 차를 기다리지 않기로 했나요？
❸ 그들은 어떻게 갈 작정인가요？

mission 06 현지회화로 마무리하기

1 녹음 원문 및 정답

路路 明天没有课，咱们去世界公园玩儿，怎么样？	루루 내일 수업이 없으니까, 우리 세계공원에 가자. 어때?

李　健　好! 我一直想去那儿呢。你说咱们怎么去?	이건　좋아! 나는 줄곧 그곳에 가고 싶었어. 우리 어떻게 갈까?
路　路　坐公交车吧。应该坐几路啊?	루루　버스 타고 가자. 몇 번을 타고 가야 하지?
李　健　我们看看线路图吧。	이건　우리 노선도 보자.
路　路　啊，在前门先坐310路，然后再倒913路，坐到头就到了。没想到这么方便。	루루　아, 첸먼(前门)에서 310번을 탄 후에, 다시 913번으로 갈아타서 끝까지 가면 도착이야. 이렇게 편리할 줄 생각도 못했네.
李　健　明天路上千万别堵车。上次去颐和园，堵车堵了差不多一个小时。	이건　내일 길에서 제발 막히면 안 되는데. 지난번에 이화원에 가는데, 차가 거의 1시간이나 막혔어.
路　路　堵车的时候，坐在车上特别难受。	루루　차가 막힐 때, 차 안에 앉아 있으면 굉장히 괴로워.
李　健　对，那天我还有点儿晕车。那你说坐地铁怎么样? 不堵车，而且比公交车快。	이건　맞아. 그날 나는 차멀미까지 했다니까. 그럼 지하철 타는 건 어때? 차도 안 막히고 게다가 버스보다 빠르잖아.
路　路　不好，坐地铁太挤了。还是坐公交车去吧。	루루　별로야. 지하철을 타면 사람이 너무 붐벼. 아무래도 버스를 타는 게 좋겠어.

3 ❶ 先要坐310路，然后再倒913路。
　　❷ 堵车堵了差不多一个小时。
　　❸ 坐地铁太挤了。

4 ❶ (X) 他们打算坐地铁去颐和园玩儿。
　　❷ (X) 坐地铁又不方便，又挤。
　　❸ (O) 坐公交车去世界公园要换一次车。
　　❹ (O) 因为李健担心堵车，所以想坐地铁。

핵심표현 이해하기

1 해석하기　이곳이 이렇게 추울 줄 생각지도 못했어요. 빨리 히터를 켜세요.
　　중작하기　真没想到她一句汉语也不会说。

2 해석하기　제발 조심하세요. 이것은 쉽게 깨져요.
　　중작하기　这是贵重物品，千万别丢了。

3 해석하기　이 일은 거의 다 완성했습니다.
　　중작하기　我昨天差不多睡了10个小时。

1

男 小王家有点儿远，我们坐车去吧。
女 多麻烦，还得换车。我们走着去吧。

问 女的为什么不愿意坐车?

Ⓐ 怕麻烦
Ⓑ 怕慢
Ⓒ 喜欢走路
Ⓓ 坐车太挤

남 샤오왕네가 조금 멀어요. 우리 차를 타고 가죠.
여 얼마나 귀찮은데요. 또 차를 갈아타야 하잖아요. 우리 걸어서 가죠.

질문 여자는 왜 차를 타려고 하지 않나요?

Ⓐ 귀찮을까 봐서
Ⓑ 느릴까 봐서
Ⓒ 걸어 다니는 걸 좋아해서
Ⓓ 차를 타면 너무 붐벼서

공략 '多麻烦'에서 多는 감탄사입니다. 얼마나 귀찮은가? 즉 '귀찮아 죽겠다'는 말이죠. 그래서 걸어서 가자고 하네요.

단어 愿意 yuànyì 통 바라다, 희망하다

2

女 请问，375路公交车几点开?
男 以前是八点半，现在改成九点半了，还有一个半小时呢。

问 现在可能是几点?

Ⓐ 八点 　　　Ⓑ 八点半
Ⓒ 九点 　　　Ⓓ 九点半

여 죄송한데요, 375번 버스는 몇 시에 출발해요?
남 예전에는 8시 반이었는데, 지금은 9시 반으로 바뀌었어요. 아직 1시간 반이 남았어요.

질문 지금은 대략 몇 시일까요?

Ⓐ 8시 　　　Ⓑ 8시 30분
Ⓒ 9시 　　　Ⓓ 9시 30분

공략 375번 버스가 언제 출발하냐고 물었더니, 예전에는 8시 반이었는데 지금은 9시 반으로 바뀌었다고 하네요. 1시간 반이나 남았다는 걸 보면 지금은 8시겠죠.

단어 公交车 gōngjiāochē 명 버스

3

男 请问，到天安门还有几站?
女 下一站就到了。

问 这段对话是在什么地方说的?

Ⓐ 飞机上 　　　Ⓑ 船上
Ⓒ 公共汽车上 　　　Ⓓ 出租车上

남 죄송한데요, 천안문까지 몇 정거장 남았나요?
여 한 정거장만 가면 도착합니다.

질문 이 대화는 어디에서 하는 건가요?

Ⓐ 비행기에서 　　　Ⓑ 배에서
Ⓒ 버스에서 　　　Ⓓ 택시에서

공략 천안문까지 몇 정거장이나 가야 하냐는 질문에 다음 정거장이라네요. 버스나 지하철에서 물어볼 수 있는 질문이네요.

4

女 我想去前门，你知道怎么坐车吗？
男 先坐331，再换22路或者47路，终点是前门。
女 没有直达的吧？
男 好像没有。你觉得换车很麻烦，那就坐出租车吧。

问 去前门得换几次车？

Ⓐ 一次　　　　Ⓑ 两次
Ⓒ 三次　　　　Ⓓ 四次

여 나는 첸먼에 가고 싶은데, 어떻게 차를 타고 가는지 아세요?
남 먼저 331번을 타고, 다시 22번 혹은 47번으로 갈아타면, 종착역이 첸먼이에요.
여 직행은 없죠?
남 없는 것 같아요. 차를 갈아타는 게 번거로우면, 그럼 택시를 타요.

질문 첸먼에 가려면 차를 몇 번 갈아타야 하나요?

Ⓐ 한 번　　　　Ⓑ 두 번
Ⓒ 세 번　　　　Ⓓ 네 번

공략　여자가 첸먼에 가는 길을 물어보자 남자가 가는 방법을 알려주네요. 331번을 탔다가 22번이나 47번으로 갈아타야 한다고 하죠.

단어　**直达** zhídá 통 직통하다, 직행하다

5

男 公共汽车站在我家旁边。
女 多好！你坐公共汽车上班吗？
男 不，公共汽车有时得等半天，所以我一般都坐地铁上班。
女 我也是。地铁虽然很挤，但不用担心迟到。

问 他们为什么常常坐地铁？

Ⓐ 地铁人少
Ⓑ 车站离家很远
Ⓒ 公共汽车太挤了
Ⓓ 地铁比较准时

남 버스 정류장이 우리 집 옆에 있어요.
여 얼마나 좋아요. 당신은 버스를 타고 출근해요?
남 아니요. 버스는 어떤 때는 한참을 기다려야 해요. 그래서 보통 지하철을 타고 출근해요.
여 나도 그래요. 지하철은 비록 붐비지만, 지각할 걱정은 없죠.

질문 그들은 왜 자주 지하철을 타나요?

Ⓐ 지하철에 사람이 적어서
Ⓑ 정거장이 집에서 멀어서
Ⓒ 버스가 너무 붐벼서
Ⓓ 지하철 시간이 비교적 잘 지켜져서

공략　남자와 여자는 둘 다 지하철 타는 것을 선호한다고 말하고 있어요. 남자는 집 바로 옆이 버스 정류장이지만, 버스는 오래 기다려야 해서 지하철을 이용한다고 하고, 여자는 지각할 염려가 없는 것을 지하철의 장점으로 들고 있네요.

단어　**挤** jǐ 통 붐비다

PART 5 가족

워밍업 단어

Track 54

❶ (结) 婚 ▶ 결혼하다
❷ (家) 务 ▶ 집안일
❸ (喜) 糖 ▶ 결혼 사탕
❹ (生) 孩子 ▶ 아이를 낳다

🎧 듣고 따라 읽는 핵심 문장

1 Ⓐ 5 Ⓑ 3 Ⓒ 4 Ⓓ 2 Ⓔ 1

2 녹음 원문 및 정답

Track 55

❶ 他是妻管严，什么事都得听老婆的。
❷ 先成家，后立业。
❸ 你找对象了没有？
❹ 孩子考上大学了吗？
❺ 他是典型的大男子主义。

❶ 그는 공처가예요. 무슨 일이든 아내의 말을 들어야 해요.
❷ 먼저 가정을 이룬 후 출세를 한다.
❸ 결혼 상대자를 찾았어요?
❹ 아이가 대학에 붙었나요?
❺ 그는 전형적인 가부장적인 남자예요.

mission **01** 가족 수 묻기 🎤

1 ❶ O ❷ X ❸ X ❹ X ❺ O

Track 56

我家有五口人，爸爸、妈妈、两个哥哥和我。爸爸是公务员，妈妈在医院工作。大哥工作很忙，在银行工作，有女朋友。二哥在新加坡留学，六个月回韩国一次。

우리 집은 다섯 식구입니다. 아빠, 엄마, 형 두 명 그리고 제가 있습니다. 아빠는 공무원이시고, 엄마는 병원에서 일하십니다. 큰형은 일이 바쁜데, 은행에서 일하고, 여자 친구가 있습니다. 둘째 형은 싱가포르에서 유학 중인데, 6개월에 한 번 한국에 옵니다.

mission 02 가정에 관련된 질문하기

★ ❶ b ❷ a ❸ a

Track 57

❶ 你找对象了没有？
❷ 你孩子的高考考得怎么样？
❸ 听说你搬家了。

❶ 결혼 상대자를 찾았어요？
❷ 당신 아이는 대입 시험을 잘 봤나요？
❸ 이사하셨다면서요？

mission 03 가사 분담에 대해 묻기

★ ❶ 他很少帮。
❷ 不但是大男子主义，而且说自己在公司也很累。
❸ 丈夫负责洗碗、打扫房间，妻子负责洗衣服、做菜。

Track 58

兰兰　丽丽，在家里你丈夫帮你做家务吗？
丽丽　别提了，他是典型的大男子主义。
兰兰　一点儿都不帮吗？
丽丽　很少帮我。他说自己在公司也很累。兰兰，你丈夫怎么样？
兰兰　家务我们两个人分工。他负责洗碗、打扫房间，我负责洗衣服、做菜。
丽丽　你丈夫还真体贴！

란란　리리, 집에서 남편이 집안일을 살 도와줘요？
리리　말도 마요. 남편은 전형적인 가부장적인 남자예요.
란란　하나도 안 도와줘요？
리리　거의 잘 안 도와줘요. 남편이 자기도 회사에서 힘들대요. 란란, 덩신 남편은 이떼요？
란란　집안일은 우리 둘이서 나눠서 해요. 남편이 설거지하고 방 청소를 하면, 저는 빨래하고 요리하죠.
리리　남편이 참 자상도 하네요.

❶ 丽丽的丈夫在家做家务吗？
❷ 丽丽的丈夫为什么不做家务？
❸ 兰兰家怎么分工？

❶ 리리의 남편은 집에서 집안일을 하나요？
❷ 리리의 남편은 왜 집안일을 하지 않나요？
❸ 란란네는 어떻게 (집안일을) 분담하나요？

mission 04 가족에 대해 알아보기

1 

❶ 80多岁，身体还健康。

❷ 表情很严肃，可是很随和。

③  现在**有点胖了**，年轻时，**非常苗条**。

④ 是**导游**，还没**结婚**。

⑤ **戴**眼镜，和我长得**很像**，现在在**当兵**。

Track 59

这是我家的全家福。在这张照片上，坐在前排中间的是我奶奶。奶奶今年80多了，身体还很健康。站在左边的是我爸爸。表情很严肃，可是很随和。爸爸旁边的是我妈妈。虽然现在有点胖了，可是年轻时，非常苗条。奶奶右边的是姑姑。姑姑是导游，还没结婚。戴眼镜的是哥哥，我和哥哥长得很像。他现在在当兵。

이것은 우리 집 가족사진입니다. 이 사진의 앞줄 중간에 앉아 계신 분이 저희 할머니세요. 할머니는 올해 여든이 넘으셨어요. 몸은 매우 건강하세요. 왼쪽에 서 계신 분이 저희 아빠세요. 표정이 엄숙해 보이시지만 따뜻한 분이세요. 아빠 옆이 저희 엄마세요. 비록 지금은 약간 살이 찌셨지만, 젊었을 때는 매우 날씬했어요. 할머니 오른쪽에 있는 사람은 고모예요. 고모는 관광 가이드이고, 아직 결혼하지 않았어요. 안경을 쓴 사람은 오빠예요. 저와 오빠는 많이 닮았어요. 지금 군 복무 중이에요.

mission 05 아이 교육에 관해 묻기

1 ❶ a ❷ b ❸ a

Track 60

男 你去哪儿？
女 带孩子去辅导班。
男 孩子上课的时候，你干什么？
女 以前我一般做美甲、QQ聊天打发时间。可是我最近参加了一个培训班，学画画。
男 陪读很辛苦啊！
女 只要孩子学习好，我就不累。

남 어디 가세요?
여 아이를 데리고 학원에 가요.
남 아이가 수업할 때, 당신은 무엇을 하나요?
여 예전에는 보통 네일 케어를 하거나 QQ로 수다를 떨면서 시간을 보냈어요. 그런데 요즘에는 학원을 하나 끊어서, 그림을 배워요.
남 아이와 함께 공부하러 다녀주는 것(헬리콥터 엄마)이 쉬운 게 아니죠?
여 아이가 공부만 잘 한다면, 전 안 힘들어요.

mission 06 현지회화로 마무리하기

1

Track 61

爸爸 你也快30了。什么时候成家？
女儿 结婚的事以后再说吧。先立业，后成家。
爸爸 以后**没人要**你怎么办？你不着急，我都替你着急。
女儿 虽然我不是不婚主义，可是一个人生活也挺好的。

아빠 너도 서른이 다 되어가는데, 언제 결혼할 거니?
딸 결혼 얘기는 나중에 다시 얘기해요. 먼저 일에서 성공하고 결혼해야죠.
아빠 이후에 아무도 널 원하지 않으면 어쩌냐? 넌 조바심이 나지 않는 모양인데, 내가 너 때문에 조바심이 난다.
딸 비록 저는 독신주의는 아니지만, 혼자서 사는 것도 좋아요.

爸 爸 一个女孩子不结婚怎么行啊？	아빠 여자가 결혼을 안 하면 어떡하냐?
女 儿 真是有代沟啊。结婚的事，我**自己处理**。你别管了。	딸 정말 세대 차이 느껴요. 결혼은 제가 알아서 할게요. 아빠는 신경 쓰지 마세요.
爸 爸 不管有没有代沟，反正明天你得去相亲。我都给你**安排好了**。	아빠 세대 차이가 있든 없든, 어쨌든 내일 너는 선보러 가야 한다. 내가 다 준비해 놨다.
女 儿 爸爸，你太过分了。怎么都**不问问**我的意见？	딸 아빠, 너무하세요. 어떻게 제 의견은 물어보지도 않을 수 있어요?
爸 爸 **就这么决定**了。如果你明天不去相亲，你就**搬出去**一个人住。	아빠 그렇게 하기로 결정한 거다. 만일 내일 선보러 안 갈 거면, 너는 집 나가서 혼자 살거라.
女 儿 好了，好了，我去！	딸 알겠어요! 알겠어요! 갈게요!

3 ❶ 女儿快30了，可是还没结婚。
   ❷ 女儿觉得一个人生活也挺好的。
   ❸ 爸爸明天让女儿去相亲。

4 ❶（O）女儿觉得先**立业**，然后**成家**。
   ❷（X）女儿是**不婚主义**，所以不想去相亲。
   ❸（O）爸爸为女儿的婚事很着急，可是女儿**一点儿都**不着急。
   ❹（O）爸爸认为女孩儿**应该结婚**。

핵심 표현 이해하기

1 `해석하기` 아빠가 돌아오시면 다시 얘기해. 나는 결정하지 못하겠어.
   `중작하기` 钱你先用着，别的事以后再说吧。

2 `해석하기` 당신은 다른 사람들 생각도 좀 해야 해요.
   `중작하기` 你今天身体不舒服，我替你加班。

3 `해석하기` 좌우지간 오늘은 별일 없으니, 우리 같이 물건을 사러 갑시다.
   `중작하기` 反正我爸爸是不会同意的。你不用去见我爸爸。

도전! 新HSK 听力 따라잡기 `녹음 원문 및 정답` Track 64

1

男 听说了吗？小李要办喜事了。	남 들었어요? 샤오리가 결혼할 거래요.
女 这早已不是新闻了。	여 이건 이미 뉴스도 아니에요.

问 女的是什么意思?

Ⓐ 她早就知道
Ⓑ 她早就听新闻了
Ⓒ 没有人知道
Ⓓ 小李要离婚了

질문 여자는 무슨 의미인가요?

Ⓐ 그녀는 진작에 알았다
Ⓑ 그녀는 진작에 뉴스를 들었다
Ⓒ 아는 사람이 없다
Ⓓ 샤오리는 곧 이혼한다

'办喜事'는 결혼을 일컫습니다. 喜事는 즐거운 일로, 여러 가지 집안 경사를 말하는데, 그중에서 결혼에 많이 씁니다. 新闻은 뉴스인데요. '진작에 이미 뉴스도 아니다'라는 말로 소문이 퍼졌다는 것을 알 수 있네요.

新闻 xīnwén 명 뉴스

2

女 你结婚了吗?
男 有谈婚论嫁的女朋友，可是结婚日子还没定下来呢。

问 男的是什么意思?

Ⓐ 结婚了　　　Ⓑ 离婚了
Ⓒ 有女朋友　　Ⓓ 不结婚了

여 당신은 결혼했나요?
남 결혼 얘기가 오가는 여자 친구가 있어요. 그러나 결혼 날짜가 아직 정해지지 않았어요.

질문 남자는 무슨 의미인가요?

Ⓐ 결혼했다　　　Ⓑ 이혼했다
Ⓒ 여자 친구가 있다　Ⓓ 결혼을 안 했다

谈婚论嫁는 '결혼 얘기가 오가다'라는 뜻입니다. 결혼 상대자는 있는데 결혼 날짜는 아직 정하지 않았다네요. 结婚日子는 결혼 날짜를 말합니다.

谈婚论嫁 tán hūn lùn jià 결혼 이야기가 오가다

3

男 你的新家很不错，房间布置得很漂亮。什么时候搬家的?
女 好几个月了，一直很忙，今天才请你来我家。

问 女的什么时候搬家的?

Ⓐ 几天前　　　Ⓑ 几个月前
Ⓒ 几年前　　　Ⓓ 一年前

남 새집이 매우 좋아요. 방을 예쁘게 인테리어 했네요. 언제 이사했어요?
여 몇 개월이나 지났죠. 계속 바빠서 오늘에서야 집으로 초대를 했어요.

질문 여자는 언제 이사했나요?

Ⓐ 며칠 전　　　Ⓑ 몇 개월 전
Ⓒ 몇 년 전　　　Ⓓ 1년 전

搬家는 이사한다는 말입니다. 房间布置는 인테리어를 말하는데요, 아주 예쁘다고 하네요. 몇 달 전에 이사를 왔는데 바빠서 오늘 초대를 했다는 말을 보면 몇 달 전에 이사했다는 것을 알 수 있어요. 好几个月에서 好는 수량이 많음을 나타냅니다.

布置 bùzhì 동 꾸미다, 배치하다

4

女 听说小李的孩子考上北京大学了。小李
　　该多自豪啊！
男 是吗？他儿子学习原来那么好啊？
女 嗯，他儿子学习挺努力的，而且脑子也
　　很聪明。
男 我要给小李打个电话，祝贺一下，顺便
　　问问有什么教育孩子的好方法。

问 男的为什么要打电话祝贺小李？
　　Ⓐ 小李的孩子找到工作了
　　Ⓑ 小李的孩子考上大学了
　　Ⓒ 小李的孩子没考上大学
　　Ⓓ 小李的孩子得了第一名

여 샤오리 아들이 베이징대학에 붙었대요. 샤오리
　　는 얼마나 자랑스러울까요?
남 그래요? 샤오리 아들이 원래 그렇게 공부를 잘
　　했어요?
여 네. 그 사람 아들은 노력파에다가 머리도 똑똑
　　해요.
남 전화해서 축하해 줘야겠어요. 그 김에 아이를 교육
　　시키는 좋은 방법에는 뭐가 있나 물어봐야겠어요.

질문 남자는 왜 샤오리에게 전화해서 축하하려고 하나요?
　　Ⓐ 샤오리의 자식이 직장을 구해서
　　Ⓑ 샤오리의 자식이 대학에 붙어서
　　Ⓒ 샤오리의 자식이 대학에 붙지 못해서
　　Ⓓ 샤오리의 자식이 1등을 해서

공략
여기서 중요하게 들어야 할 포인트는 考上입니다. '시험을
봐서 붙다'라는 의미입니다. 뒤에 大学(대학)를 쓰면 '대학
시험에 붙다'라는 말이 됩니다. 베이징대학에 붙었다는 얘
기를 전해 듣고 전화로 축하해(祝贺) 줘야겠다고 하네요.

단어
脑子 nǎozi 명 두뇌, 머리 | 祝贺 zhùhè 통 축하하다
| 顺便 shùnbiàn 부 ~한 김에

5

男 你最近怎么样？成家了吗？
女 没有。我正在找对象，可是没有合适的。
男 你不要急着结婚。我上有老，下有小，
　　负担很大。你多好！
女 看起来单身很自在，可是很寂寞。

问 通过对话，我们可以知道什么？
　　Ⓐ 女的结婚了
　　Ⓑ 男的没有孩子
　　Ⓒ 女的离婚了
　　Ⓓ 女的还没结婚

남 요즘 어때요? 결혼했어요?
여 아니요. 결혼 상대자를 찾고 있긴 한데, 맞는 사람
　　이 없어요.
남 결혼을 서두르지 마세요. 나는 모셔야 할 부모에,
　　양육해야 할 아이까지 있어서, 부담이 커요. 당신
　　은 얼마나 좋아요.
여 싱글이 자유로워 보여도 외로워요.

질문 대화를 통해 우리는 무엇을 알 수 있나요?
　　Ⓐ 여자는 결혼했다
　　Ⓑ 남자는 아이가 없다
　　Ⓒ 여자는 이혼했다
　　Ⓓ 여자는 아직 결혼하지 않았다

공략
'上有老, 下有小'는 '위로는 부모가 계시고 아래로는 자
식들이 있다'는 말로, 결혼한 사람에게 부양 가족이 있음
을 말합니다. 그러나 독신(单身)이 자유로워 보이지만(自
在) 외롭다(寂寞)고 자신의 고충을 털어놓네요.

단어
负担 fùdān 명 부담 | 单身 dānshēn 명 독신 | 自在
zìzài 형 자유롭다 | 寂寞 jìmò 형 외롭다

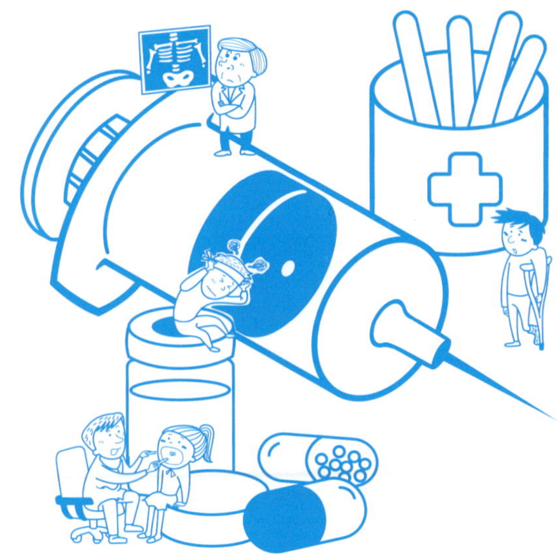

워밍업 단어

① (挂) 号 ▶ 접수하다
③ (检) 查 ▶ 검사하다
② (吃) 药 ▶ 약을 먹다
④ 不舒(服) ▶ 불편하다

듣고 따라 읽는 핵심 문장

1 Ⓐ 4 　 Ⓑ 1 　 Ⓒ 2 　 Ⓓ 5 　 Ⓔ 3

2 녹음 원문 및 정답　　　　　　　　　Track 68

① 你怎么了? 脸色不太好。
② 听说抽烟容易得癌症。
③ 巧克力吃多了, 牙会坏的。
④ 一天三次, 一次吃两片, 饭后半小时吃。
⑤ 脚脖子扭伤了, 走路很困难。

① 왜 그래요? 안색이 안 좋아요.
② 담배를 피우면 암에 쉽게 걸린대요.
③ 초콜릿을 많이 먹으면 이가 썩을 거예요.
④ 하루 세 번, 한 번에 두 알씩, 식후 30분에 드세요.
⑤ 발목이 접질렸어요. 걷는 것이 힘들어요.

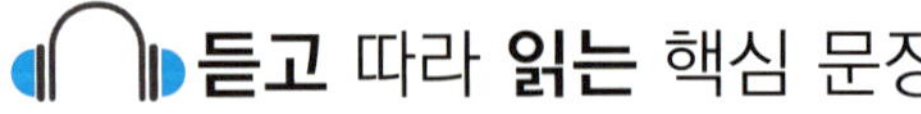

1 ❶ X 　 ❷ X 　 ❸ X 　 ❹ O 　 ❺ X

  Track 69

病　人	你好！我要挂号。
挂号员	请问您要挂什么科？
病　人	内科，请问，有专家门诊吗？
挂号员	只有李大夫的了。
病　人	那我挂一个李大夫的专家门诊。

환자	안녕하세요! 접수하려고 하는데요.
접수 창구 직원	무슨 과에 접수하실 겁니까?
환자	내과요. 죄송한데, 특진이 있나요?
접수 창구 직원	이 선생님 것밖에 없습니다.
환자	그럼 이 선생님의 특진으로 접수할게요.

mission 02 접수하기 2

★　❶ b　　❷ b　　❸ a

  Track 70

❶ 我挂个号！
❷ 请把病历卡填一下。
❸ 内科在哪儿？

❶ 접수할게요.
❷ 진료 카드를 작성해 주세요.
❸ 내과는 어디에 있나요？

mission 03 진료를 받을 때

★　④

  Track 71

大　夫	你哪儿不舒服？
病　人	头和嗓子疼，老咳嗽。
大　夫	我看看，张开嘴，说 "啊"。扁桃腺有点儿红。流鼻涕吗？
病　人	不流鼻涕。
大　夫	你这是重感冒。吃点儿药，休息几天，就会好的。
病　人	谢谢。

의사	어디가 편찮으세요？
환자	머리와 목이 아프고, 계속 기침을 해요.
의사	제가 볼게요. 입을 벌리고, '아' 해보세요. 편도선이 약간 부었네요. 콧물이 나요？
환자	콧물은 안 나요.
의사	독감이네요. 약 좀 드시고 며칠 쉬시면 괜찮을 거예요.
환자	고맙습니다.

mission 04 진료비 납부 및 약 타기

1

처방 약품 명칭	1일 복용 횟수	1회 복용량	복용 시간
XXXXXXX	三次	两片	饭后30分钟吃

② 划价　…　交费　…　取药

Track 72

病　人	请问，是在这儿交费吗？
收费员	是。你的药方呢？
病　人	这儿呢，给你。
收费员	你这药方还没划价呢，<u>你先去划价，然后再来交费</u>。
病　人	请问在哪儿划价？
收费员	左边第二个窗口。

환자	말씀 좀 묻겠습니다. 여기에다 납부하나요?
수납 창구 직원	네. 처방전은요?
환자	여기요. 드릴게요.
수납 창구 직원	이 처방전은 아직 계산이 안 됐네요. 먼저 계산하시고, 다시 납부하러 오세요.
환자	죄송한데요. 어디에서 계산하나요?
수납 창구 직원	왼쪽 두 번째 창구입니다.

| 病　人 | 我取药。 |
| 药剂师 | 这种药<u>一天三次，一次两片</u>，饭后30分钟吃。 |

| 환자 | 저는 약을 타러 왔습니다. |
| 약사 | 이 약은 하루 세 번, 한 번에 두 알씩, 식후 30분에 드세요. |

mission 05 병의 증세를 말할 때

1　❶ 男的以前胃疼过，男的说胃又疼了。
　　❷ 女的认为吃药对身体不太好。
　　❸ 男的经常不定时吃饭。

Track 73

男	哎呀，<u>胃又疼了</u>。
女	要是疼得厉害，得去医院看看。
男	先吃点儿药试试，我有治胃病的药。
女	<u>你别吃药</u>，对身体不太好。
男	我也知道，吃了药也不能把胃病治好。可是现在受不了，吃药能止疼。
女	<u>你经常不定时吃饭</u>，所以得了胃病。
男	对，要是还疼，我就去医院检查一下。

남	아이고, 위가 또 아파요.
여	만일 심하면 병원에 가봐요.
남	먼저 약을 좀 먹어 보고요. 저는 위 치료하는 약이 있어요.
여	약을 먹지 마요. 몸에 안 좋아요.
남	나도 알아요. 약을 먹어도 위병을 치료할 수 없죠. 그런데 지금 못 견디겠어요. 약을 먹으면 통증을 멈출 수 있어요.
여	자주 제때 식사를 하지 않으니까, 위병에 걸리는 거예요.
남	맞아요. 만일 더 아프면, 병원에 가서 검사 좀 받아야겠어요.

mission 06 현지회화로 마무리하기

1　녹음 원문 및 정답

Track 74

| 马　力 | 你最近干什么了？<u>一直没看到你</u>。 |
| 路　路 | 三天没去上课了，今天刚从家里出来。 |

| 마리 | 너 요즘에 뭐했어? 계속 안 보이더라. |
| 루루 | 3일 동안 수업에 안 갔어. 오늘 막 집에서 나왔어. |

<table>
<tr><td>

马　力　没去上课？你生病了吗？严重吗？
路　路　没什么，不小心从楼梯上摔下来，受伤了。
马　力　伤到哪里了？
路　路　脚脖子扭伤了。
马　力　只是脚脖子扭伤，不至于不能上课吧？
路　路　可是肿得很厉害，走不了了。医生说不在家休息不行。
马　力　现在恢复得怎么样了？
路　路　没问题了，又可以走路了。
马　力　以后你可小心点儿。

</td><td>

마리　수업에 안 갔어? 병 났었어? 심각해?
루루　별거 아니야. 실수로 계단에서 떨어져서 다쳤어.
마리　어디를 다쳤는데?
루루　발목이 접질렸어.
마리　겨우 발목이 접질린 것 가지고 수업에 못 나올 정도는 아니지 않아?
루루　그런데 심하게 부었고, 걸을 수가 없었어. 의사가 집에서 쉬지 않으면 안 된대.
마리　지금 회복 정도가 어때?
루루　문제없어. 다시 걸을 수 있어.
마리　다음에는 꼭 조심해.

</td></tr>
</table>

3 ❶ 不小心从楼梯上摔下来，受伤了。

　　❷ 肿得很厉害，走不了了，医生说不在家休息不行。

　　❸ 没问题了，又可以走路了。

4 ❶（X）路路四天没去上课。　　❷（O）路路从楼梯上摔下来了。

　　❸（X）现在路路在医院，几天后才能出院。　❹（O）路路脚脖子扭伤了。

🔲 핵심 표현 이해하기

1 〔해석하기〕그녀가 막 교실로 걸어 들어오자마자 수업종이 울렸어요.

　〔중작하기〕他刚走，你还能追上他。

2 〔해석하기〕그는 단지 농담한 거예요. 당신이 울 정도는 아니잖아요.

　〔중작하기〕你为这么点儿小事，不至于分手吧。

3 〔해석하기〕이 프로젝트는 오늘 완성하지 않으면 안 돼요.

　〔중작하기〕这次考试我不参加不行。

 도전! 新HSK 听力 따라잡기 〔녹음 원문 및 정답〕 Track 77

1

<table>
<tr><td>男　小王今天又请假去医院看病了。</td><td>남　샤오왕이 오늘 또 병원에 진찰 받으러 간다고 병가를 냈어요.</td></tr>
</table>

女 鬼才相信他有病。

问 女的对小王有什么看法?
ⓐ 小王人很好
ⓑ 小王爱生病
ⓒ 小王爱说假话
ⓓ 小王住院了

여 귀신이 그가 아프다는 말을 믿겠네요!

질문 여자는 샤오왕에 대해 어떤 견해를 갖고 있나요?
ⓐ 샤오왕은 좋은 사람이다
ⓑ 샤오왕은 자주 병이 난다
ⓒ 샤오왕은 거짓말을 곧잘 한다
ⓓ 샤오왕은 입원했다

샤오왕이 오늘 또 병가를 냈대요. 请假는 '휴가를 신청하다'는 뜻입니다. 휴가를 내서 병원에 진찰 받으러 갔다는 얘기니, 병가를 냈다고 해석할 수 있습니다. 그런데 여자의 반응이 귀신이라야 그가 병이 있다고 믿는다네요. 믿기 어렵다는 말이죠.

鬼 guǐ 圀 귀신 | 假话 jiǎhuà 圀 거짓말

2

女 小王, 你爱人最近怎么样? 听说她住院了。
男 已经出院了。但大夫说还要卧床休息, 以后再上班。

问 小王爱人现在在哪儿?
ⓐ 在医院　　　　ⓑ 在家里
ⓒ 在单位　　　　ⓓ 在学校

여 샤오왕, 당신 부인은 요즘 어때요? 입원했다면서요.
남 이미 퇴원했어요. 하지만 의사가 누워서 좀 쉬다가 나중에 다시 출근하래요.

질문 샤오왕의 부인은 지금 어디에 있나요?
ⓐ 병원에 있다　　　　ⓑ 집에 있다
ⓒ 회사에 있다　　　　ⓓ 학교에 있다

샤오왕의 부인이 입원했다는 얘기를 들었대요. 住院(입원하다)의 반대는 出院(퇴원하다)이죠? 이미 퇴원을 했는데 집에서 누워서 쉬고 있다고 했어요. 지금 집에서 요양 중인 걸 알 수 있네요.

卧床 wòchuáng 圄 침대에 눕다

3

男 大夫, 我又感冒了。老咳嗽, 发烧, 嗓子疼。可是这次头不疼。
女 还好这次你不头疼。我给你开两天的药。

问 男的这次感冒跟以前不同的是什么?
ⓐ 不头疼　　　　ⓑ 发烧
ⓒ 咳嗽　　　　　ⓓ 发冷

남 의사 선생님, 제가 또 감기에 걸렸어요. 계속 기침하고 열도 나고 목도 아파요. 그러나 이번에는 머리가 아프지 않아요.
여 다행히 이번에는 머리가 아프지 않네요. 제가 이틀치 약을 처방해 드릴게요.

질문 남자는 이번 감기에서 이전과 다른 점은 무엇인가요?
ⓐ 머리가 안 아프다　　ⓑ 열이 난다
ⓒ 기침이 난다　　　　ⓓ 오한이 난다

공략
남자가 의사에게 와서 또 감기가 걸렸다고 하면서 증상을 얘기하네요. 계속 기침하고 열이 나고 목이 아프다고 했는데, 이번에는 머리는 아프지 않다고 했어요. 의사도 머리가 안 아파서 다행이라고 하네요.

단어
发冷 fālěng 통 오한이 나다, 한기를 느끼다

4

女 我的牙今天疼了一天，明天一定得去医院看看。
男 你的牙怎么了？有虫牙吗？
女 不是，智齿发炎了。疼得受不了了。
男 牙科门诊星期三才有呢。明天还不能看。你能忍到后天吗？

问 今天星期几？
Ⓐ 星期天　　　　Ⓑ 星期一
Ⓒ 星期二　　　　Ⓓ 星期三

여 오늘 이가 하루 종일 아팠어요. 내일 꼭 병원에 가봐야겠어요.
남 이가 왜 그래요? 충치가 있어요?
여 아니요. 사랑니에 염증이 생겼어요. 아파서 못 참겠어요.
남 치과 진료는 수요일에나 있어요. 내일은 진찰을 받을 수 없어요. 모레까지 참을 수 있겠어요?

질문 오늘은 무슨 요일인가요?
Ⓐ 일요일　　　　Ⓑ 월요일
Ⓒ 화요일　　　　Ⓓ 수요일

공략
여자가 하루 종일 이가 아파서 내일은 꼭 병원에 가야 한다고 말했더니, 남자가 치과 진료는 수요일에나 있다고 하네요. 모레까지 참을 수 있냐고 질문하는 걸 보니, 오늘은 월요일이네요.

단어
智齿 zhìchǐ 명 사랑니 | 发炎 fāyán 통 염증이 나다 | 忍 rěn 통 인내하다, 참다

5

男 你的血压比较高，这几天最好别累着，好好儿休息两天。
女 单位里最近没什么大事。我会休息两天的。
男 还有，以后你得注意饮食。吃清淡的菜，多吃蔬菜。
女 好的。我会注意的。

问 女的为什么要休息？
Ⓐ 血压很高
Ⓑ 气温太高
Ⓒ 她太累了
Ⓓ 她有大事

남 혈압이 비교적 높으세요. 요 며칠 되도록이면 피곤하게 만들지 마세요. 이틀 푹 쉬세요.
여 회사에 요즘 큰일이 없어요. 이틀 쉴 수 있어요.
남 그리고 이후에는 음식에 주의하셔야 해요. 싱거운 음식을 드시고, 재소를 많이 드세요.
여 알겠어요. 주의할게요.

질문 여자는 왜 쉬려고 하나요?
Ⓐ 혈압이 높아서
Ⓑ 기온이 너무 높아서
Ⓒ 그녀는 너무 피곤해서
Ⓓ 그녀는 큰일이 있어서

공략
남자가 여자에게 혈압이 높으니 몸을 힘들게(累着) 하지 말라고 했어요. 여자는 회사에 큰일이 없어서 이틀을 쉴 수 있다고 말하네요. 여자는 혈압으로 쉬어야 해요.

단어
血压 xuèyā 명 혈압 | 饮食 yǐnshí 명 음식 | 清淡 qīngdàn 형 싱겁다 | 蔬菜 shūcài 명 채소

워밍업 단어   Track 80

① (晴) 天 ▶ 맑음
③ (刮) 风 ▶ 바람이 불다

② 下 (雨) ▶ 비가 내리다
④ (阴) 天 ▶ 흐림

 듣고 따라 읽는 핵심 문장

1   Ⓐ 4   Ⓑ 2   Ⓒ 3   Ⓓ 5   Ⓔ 1

2 녹음 원문 및 정답   Track 81

① 气温比这儿高三四度。
② 天气预报说明天白天阴有小雨。
③ 这儿比首尔更冷，而且非常干燥。
④ 春天很暖和，但是经常刮风。
⑤ 今天雾很大。

① 기온이 여기보다 3, 4도 높아요.
② 일기 예보에 의하면 내일 낮에는 흐리고 비가 조금 온대요.
③ 여기는 서울보다 훨씬 추울 뿐 아니라 굉장히 건조해요.
④ 봄에는 따뜻하지만 바람이 자주 불어요.
⑤ 오늘 안개가 많이 꼈어요.

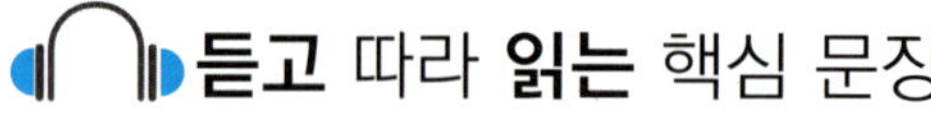

1   ①X   ②O   ③O   ④X   ⑤X

녹음 원문

Track 82

❶ 北京：小雪，–6°C ~ –2°C
❷ 哈尔滨：雨，–15°C ~ –9°C
❸ 沈阳：晴，–8°C ~ –4°C
❹ 天津：晴转多云，–2°C ~ 4°C
❺ 西安：阴有小雨，3°C ~ 6°C

❶ 베이징: 눈 조금, –6℃ ~ –2℃
❷ 하얼빈: 비, –15℃ ~ –9℃
❸ 션양: 맑음, –8℃ ~ –4℃
❹ 톈진: 맑은 후 구름 많이 낌, –2℃ ~ 4℃
❺ 시안: 흐리고 비 조금, 3℃ ~ 6℃

mission 02 날씨로 화제 삼기

★ **❶** a **❷** b **❸** b

녹음 원문

Track 83

❶ 今天天气非常好。
❷ 天气预报说明天白天阴有雨。
❸ 听说今天有雨，可是一滴也没下。

❶ 오늘 날씨가 아주 좋아요.
❷ 일기 예보에서 내일 낮에 흐렸다가 비가 온다고 하네요.
❸ 오늘 비가 내린다고 했는데, 한 방울도 내리지 않았어요.

mission 03 일기 예보 시청하기

★ ①

녹음 원문

Track 84

各位观众晚上好，让我们一起关注一下明天的天气。从今晚开始，受北方冷空气的影响，气温会开始下降，今晚最低气温将达到零下5摄氏度。明天上午开始有小雪，将会持续到晚间。明天白天最高气温只有6摄氏度，请市民朋友们注意保暖。

시청자 여러분 안녕하십니까? 내일 날씨를 보도록 하겠습니다. 오늘 저녁부터 북쪽의 찬 공기의 영향을 받아서 기온이 내려갑니다. 오늘 저녁 최저 기온은 영하 5도까지 내려갑니다. 내일 오전에 눈이 약간 내리기 시작해, 저녁까지 계속되겠습니다. 내일 낮 최고 기온은 6도입니다. 시민 여러분 보온에 주의하세요.

mission 04 계절에 대해 이야기하기

1

	좋아하는 계절	좋아하는 이유
李健	夏天	虽然有很多烦人的蚊子，可是有很多地方可以去玩儿。我刚开始学游泳，所以很期待有机会去游泳。
路路	春天	因为一到春天花开了，草绿了，很美。而且天气也很暖和，能出去活动。
马力	冬天	因为我非常怕热，受不了热天气。冬天虽然很冷，可是还可以去滑雪。

| 秋天 | 秋天是一年中最好的季节。没有夏天的炎热，没有春天的风沙，更没有冬日的寒冷！ |

녹음 원문

Track 85

我是李健，我最喜欢夏天。虽然有很多烦人的蚊子，可是有很多地方可以去玩儿。我刚开始学游泳，所以很期待有机会去游泳。	저는 이건입니다. 저는 여름을 제일 좋아합니다. 비록 짜증 나는 모기가 기승을 부리지만, 놀러 갈 수 있는 곳이 많습니다. 저는 수영을 막 배우기 시작했는데, 수영하러 갈 기회가 생기기를 기대하고 있습니다.
我是路路，我最喜欢春天，因为一到春天花开了，草绿了，很美。而且天气也很暖和，能出去活动。	저는 루루입니다. 저는 봄을 제일 좋아합니다. 봄이 되면 꽃이 피고 풀이 초록색이 돼서 아름답습니다. 게다가 날씨도 따뜻해져서 밖으로 나가 활동할 수 있습니다.
我是马力，我最喜欢冬天，因为我非常怕热，受不了热天气。冬天虽然很冷，可是还可以去滑雪。	저는 마리입니다. 저는 겨울을 제일 좋아합니다. 저는 더위를 많이 타서 더운 날씨를 못 견뎌 합니다. 겨울은 비록 춥지만, 스키를 탈 수 있습니다.
我是小米，我最喜欢秋天，我认为秋天是一年中最好的季节。没有夏天的炎热，没有春天的风沙，更没有冬日的寒冷！天高气爽，走在街上特别舒服。	저는 샤오미입니다. 저는 가을을 제일 좋아합니다. 저는 가을은 1년 중에서 제일 좋은 계절이라고 생각합니다. 여름의 폭염도 없고, 봄의 황사도 없고, 겨울철 추위도 없습니다. 하늘은 높고 날씨는 쾌적합니다. 거리를 걸어 다니면 굉장히 상쾌합니다.

mission 05 장마에 관해 대화하기

1　❶ b　　❷ d

녹음 원문

Track 86

男　昨天雨下得真大。	남　어제 비가 참 많이 내리더라고요.
女　可不是，一夜都没停。	여　그러게 말이에요. 밤새 멈추지를 않더라고요.
男　我这次去旅游，真不走运。	남　저는 이번 여행에서 운이 따라 주질 않았어요.
女　怎么了？是不是因为天气不好啊？	여　왜요? 날씨가 안 좋아서인가요?
男　就是啊，这几天不是下雨就是阴天，没见过太阳呢。	남　그렇죠. 요 며칠 비가 오거나 아니면 흐렸어요. 해가 나오는 걸 못 봤어요.
女　现在正是梅雨季节。	여　지금은 딱 장마철이거든요.
男　梅雨季节什么时候结束呢？我想晒晒太阳。	남　장마는 언제 끝나요? 햇볕을 좀 쬐고 싶네요.
女　大概7月末就结束了。	여　한 7월 말쯤이면 끝나요.
❶ 男的这次去旅游的时候，天气怎么样？	❶ 남자가 이번에 여행 갔을 때 날씨가 어땠나요?
❷ 女的说梅雨季节什么时候结束？	❷ 여자는 장마철이 언제 끝난다고 말하나요?

1 녹음 원문 및 정답

Track  87

马 力	昨天下了场雨，今天凉快多了。再不下雨就受不了了。
小 米	新闻里说，北京的夏天从来没有这么热过。
马 力	这几年北京一年比一年热，现在没有空调不行。
小 米	我看了天气预报，好像北京不是最热的，武汉、重庆才是最热的。
马 力	南方都比较热。上海、南京、武汉、重庆被人们叫做四大火炉。
小 米	等放假了，我打算去东北旅游。一来那儿有很多名胜古迹，二来不太热。
马 力	不过我觉得有的地方，虽然很热，可是你值得去看看。
小 米	我非常怕热。坐着都出汗。夏天还是去东北旅游好。

마리	어제 비가 한차례 와서 오늘 훨씬 시원해졌어. 더 비가 안 내리면 못 견뎠을 거야.
샤오미	뉴스에서 그러는데, 베이징의 여름이 이렇게까지 더웠던 적이 없대.
마리	요 몇 년 베이징은 한 해가 다르게 더웠어. 지금은 에어컨이 없으면 안 돼.
샤오미	내가 일기 예보를 봤는데, 베이징이 제일 더운 곳이 아닌 것 같았어. 우한, 충칭이야말로 제일 더운 곳이었어.
마리	남방은 모두 비교적 더워. 상하이, 난징, 우한, 충칭은 중국의 4대 가마라고 불려.
샤오미	방학하면, 나는 동북으로 여행 갈 계획이야. 첫째는 명승고적이 많아서고, 둘째는 별로 안 더워서야.
마리	근데 어떤 지역은 비록 덥지만 가볼 만해.
샤오미	나는 굉장히 더위를 타. 앉아만 있어도 땀이 나. 여름에는 아무래도 동북으로 여행 가는 것이 좋겠어.

3 ❶ 这几年北京一年比一年热，现在没有空调不行。
❷ 上海、南京、武汉、重庆被人们叫做四大火炉。
❸ 她非常怕热。坐着都出汗。

4 ❶（X）昨天下了雨以后，天气变冷了。 ❷（O）这几年里，北京今年的夏天最热。
❸（X）等放假了，小米打算去上海旅游。 ❹（O）小米非常怕热，不想去南方旅游。

핵심표현 이해하기

1 해석하기 당신이 더 배우지 않으면, 이후에 배울 기회가 없을 거예요.
중작하기 你再不开门，我就把门踹了。

2 해석하기 요즘 날씨가 하루가 다르게 따뜻해지고 있어요.
중작하기 这几个月的考试一次比一次难。

3 해석하기 나는 이 동네에 살고 싶습니다. 첫째는 사람이 적고, 둘째는 집값도 약간 싸서입니다.
중작하기 我喜欢这儿的东西，一来便宜，二来种类多。

1

男 你觉得今年夏天热吗？
女 比往年热得多，你看，我坐着都出汗。

问 现在是什么季节？
- Ⓐ 春天
- Ⓑ 夏天
- Ⓒ 秋天
- Ⓓ 冬天

남 올해 여름이 더운 것 같아요?
여 왕년보다는 훨씬 덥죠. 봐요, 앉아만 있는 데도 땀이 나잖아요.

질문 지금은 무슨 계절인가요?
- Ⓐ 봄
- Ⓑ 여름
- Ⓒ 가을
- Ⓓ 겨울

 남자의 말에 정답이 이미 있어요. "올해 여름이 덥습니까?" 이렇게 물어봤어요. 여자는 往年(왕년)보다 훨씬 덥다고 했고 앉아만 있어도 땀이 난대요.

 往年 wǎngnián 圐 왕년, 옛날

2

女 今年的天气多怪。都十二月了还下雨。
男 就是。应该下雪才对。

问 女的是什么意思？
- Ⓐ 12月该下雨了
- Ⓑ 12月下雨太早了
- Ⓒ 12月不该下雨了
- Ⓓ 以前，12月常下雨

여 올해 날씨가 얼마나 이상한지 몰라요. 12월인데 아직 비가 내려요.
남 그러게요. 눈이 내려야 맞는 거죠.

질문 여자는 무슨 의미인가요?
- Ⓐ 12월에 비가 내려야 한다
- Ⓑ 12월에 비가 내리는 것은 너무 이르다
- Ⓒ 12월에는 비가 내리면 안 된다
- Ⓓ 예전에는 12월에 자주 비가 내렸다

 여자는 올해 날씨가 이상하다고 했어요. 이미 12월인데 아직도 비가 온다고 했어요. 남자는 눈이 내려야 맞는 거라고 하죠? 12월에는 '비가 내리면 안 된다'가 맞는 답이네요.

 怪 guài 圐 이상하다 | 以前 yǐqián 圐 이전, 예전

3

男 天气预报说明天北京零下7度，出去要多穿点儿衣服了。
女 昨天在广州还觉得有点儿热呢。温差很大。

问 明天北京的天气怎么样？
- Ⓐ 很冷
- Ⓑ 不太冷
- Ⓒ 很热
- Ⓓ 不太热

남 일기 예보에서 그러는데, 내일 베이징은 영하 7도래요. 나갈 때 옷을 많이 입어야겠어요.
여 어제 광저우에서는 오히려 좀 덥다고 느꼈는데요. 온도 차이가 크네요.

질문 내일 베이징의 날씨는 어떤가요?
- Ⓐ 춥다
- Ⓑ 별로 춥지 않다
- Ⓒ 덥다
- Ⓓ 별로 덥지 않다

 남자는 내일 베이징 기온이 영하 7도라고 했어요. 밖에 나갈 때 옷을 더 껴입어야겠다고 했죠. 그러니 내일 날씨는 '춥다'겠네요.

 温差 wēnchā 명 온도차, 일교차

4

女　你听天气预报了吗？明天是晴天，最高气温是25度。
男　这怎么可能？现在，才刚到四月份。
女　这几年天气为什么这么反常？是不是跟环境污染有关系？
男　可能是吧。说不定再过几十年以后，只有夏天和冬天了。

问　男的对天气是什么态度？
- Ⓐ 天气太暖和
- Ⓑ 气温太高
- Ⓒ 气温太低
- Ⓓ 气温不高也不低

여　일기 예보를 들었어요? 내일은 날씨가 맑아요. 최고 기온이 25도래요.
남　이게 어떻게 가능해요? 이제 겨우 4월인데요.
여　최근 몇 해 동안 날씨가 왜 이렇게 비정상적이죠? 환경 오염과 관련이 있는 거 아닐까요?
남　아마도 그럴 거예요. 몇십 년 더 지나면 여름과 겨울밖에 안 남을지도 몰라요.

질문　남자는 날씨에 대해 어떤 태도인가요?
- Ⓐ 날씨가 너무 따뜻하다
- Ⓑ 기온이 너무 높다
- Ⓒ 기온이 너무 낮다
- Ⓓ 기온이 높지도 낮지도 않다

일기 예보에서 오늘 최고 기온이 25도가 될 거라고 하자, 남자가 '这怎么可能?' 하면서 놀라네요. 겨우 4월인데, 25도는 비교적 높은 기온이죠. 남자는 기온이 너무 높다는 생각을 하고 있어요.

反常 fǎncháng 형 이상하다, 비정상적이다 | 环境污染 huánjìng wūrǎn 명 환경 오염 | 说不定 shuōbudìng 부 아마도

5

男　大家说今年冬天有点儿反常。不像往年那么冷，而且雪下得也不多。
女　不冷多好，我很怕冷。
男　今年雪下得太少，所以去滑雪也没什么意思。
女　听说这次是10年以来最暖和的冬天。

问　今年冬天天气怎么样？
- Ⓐ 雪下得很多
- Ⓑ 跟往年一样
- Ⓒ 很冷
- Ⓓ 不太冷

남　다들 올해 겨울은 좀 이상하대요. 예전보다 그렇게 춥지 않고, 눈도 많이 안 내렸고요.
여　안 추운 게 얼마나 좋아요. 나는 추위를 많이 타거든요.
남　올해는 눈이 너무 적게 내려서, 스키를 타러 가도 재미가 별로 없었어요.
여　이번이 10년 이래로 제일 따뜻했던 겨울이었대요.

질문　올해 겨울은 날씨가 어떤가요?
- Ⓐ 눈이 많이 내렸다
- Ⓑ 예전과 마찬가지다
- Ⓒ 춥다
- Ⓓ 별로 춥지 않다

反常은 '평소와 다르다'는 말입니다. 예전에 비해 춥지도 않고 눈도 많이 안 왔다고 하고 10년 이래 제일 따뜻한 겨울이란 말도 하네요. 대화를 종합해 볼 때, 겨울은 그다지 춥지 않았다는 것을 알 수 있네요.

PART 8 여행 & 호텔

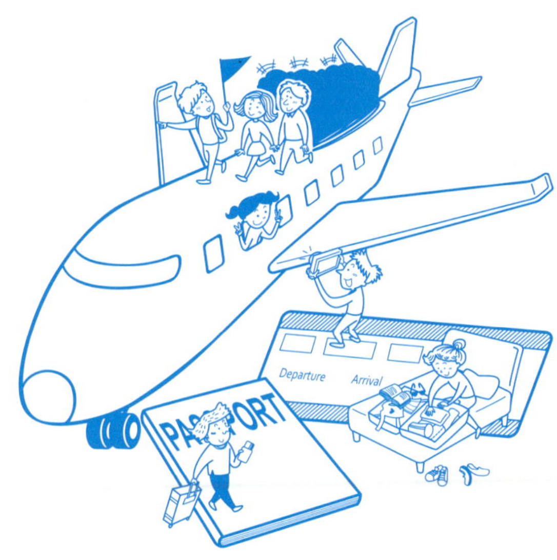

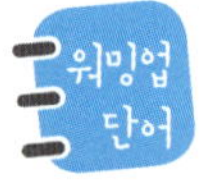

워밍업 단어

Track 93

❶ (订) 酒店 ▶ 호텔을 예약하다
❷ (跟) 团游 ▶ 단체 여행
❸ (办) 签证 ▶ 비자를 받다
❹ 旅游 (费用) ▶ 여행 경비

듣고 따라 읽는 핵심 문장

1 Ⓐ 2 Ⓑ 1 Ⓒ 5 Ⓓ 3 Ⓔ 4

2 녹음 원문 및 정답

Track 94

❶ 我打算趁暑假去上海旅游。	❶ 저는 여름 방학을 이용해서 상하이로 여행 갈 작정입니다.
❷ 这次我在首尔玩儿得很开心，多亏有你给我当导游。	❷ 이번에 서울에서 즐겁게 놀았습니다. 당신이 가이드를 맡아 준 덕분이에요.
❸ 时间不够的话，去玩儿两天也可以。	❸ 시간이 부족하면 이틀간 놀아도 괜찮아요.
❹ 跟团旅游虽然很便宜，但是没意思。	❹ 단체 여행은 비록 싸지만 재미가 없어요.
❺ 出国旅游吃东西要小心。	❺ 외국으로 나가서 여행할 때는 먹는 것을 조심해야 해요.

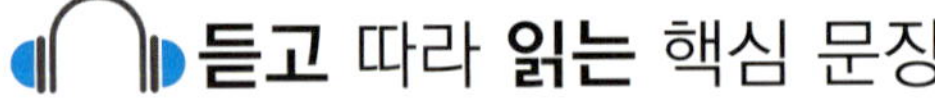

mission 01 빈방 유무 확인하기

1 ①

男 请问有空房间吗?
女 你想要什么样的房间?
男 给我开一个单人间。
女 有。
男 房间有阳台吗?
女 对不起，有阳台的房间已经没有了。

Track 95

남 죄송한데, 빈방이 있나요?
여 어떤 방을 원하세요?
남 1인실 주세요.
여 있습니다.
남 방에 발코니가 있나요?
여 죄송합니다. 발코니가 있는 방은 다 나갔습니다.

mission 02 여행 갈 준비하기

★ ❶ a   ❷ b   ❸ a

❶ 你去过香港吗?
❷ 我要租一辆车出去玩儿。
❸ 机票订好了吗?

Track 96

❶ 홍콩에 가본 적 있어요?
❷ 나는 차를 한 대 빌려서 놀러 가려고 해요.
❸ 비행기 표는 예약했어요?

mission 03 숙박하기

★ ④

女 您预订房间了吗?
男 预订了。我叫马力。
女 您预订的是一个标准间和一个套间。从6号到7号，7号退房。
男 对，能再告诉一下价格吗?
女 标准间一天500，套间800。
男 包括早餐吧?
女 包括。早餐时间是从早上6点到上午10点。

Track 97

여 방을 예약하셨습니까?
남 예약했습니다. 저는 마리입니다.
여 손님이 예약한 방은 표준실(일반 객실) 하나와 스위트룸 하나입니다. 6일부터 7일까지 묵고, 7일에 퇴실하실 예정입니다.
남 맞습니다. 가격을 다시 알려주실 수 있습니까?
여 표준실은 하루에 500위안이고, 스위트룸은 800위안입니다.
남 조식은 포함되죠?
여 포함됩니다. 조식 시간은 아침 6시에서 오전 10시까지입니다.

mission 04 여행 전 짐을 꾸릴 때

1

❶ 衣服
❷ 鞋
❸ 书

❶ 相机
❷ 护照
❸ 钱
❹ 机票

Track 98

男 行李收拾了吗？

女 收拾好了。衣服、鞋、书都放到大旅行箱里。相机、护照、钱随身带着。

男 相机随身带着方便。机票呢，放好了吗？

女 机票和护照都放在一起了。

男 上次你没带机票，回过一趟家。这次别忘带了。

女 知道了。这次不会的。

남 짐 쌌어요?

여 다 쌌어요. 옷, 신발, 책 모두 큰 여행 가방에 넣었어요. 카메라, 여권, 돈은 몸에 지니고 있을게요.

남 카메라는 몸에 지니는 게 편하죠. 비행기 표는요? 넣었어요?

여 비행기 표와 여권은 같이 넣었어요.

남 지난번에 당신이 비행기 표를 안 챙겨서, 집에 돌아간 적이 있었죠. 이번에는 잊어버리지 마요.

여 알았어요. 이번에는 그러지 않을 거예요.

---

mission 05 퇴실하기

1 ❶ b　　　❷ c

Track 99

女 先生，有什么需要帮忙的吗？

男 我要退房。这是房卡。

女 这是您的账单。请您看一下。

男 没错。信用卡付款，可以吗？

女 可以。您住得满意吗？

男 非常满意。房间很舒适，服务很周到。顺便问一下，在哪儿可以放行李？我要在午饭后离开。

女 我们帮您保管吧，您要走的时候，可以过来拿。

男 谢谢。

❶ 男的要怎么付款？

❷ 男的什么时候离开？

여 선생님, 필요한 도움이 있으십니까?

남 저는 퇴실하려고 합니다. 이것은 방 카드입니다.

여 이것은 당신의 명세서입니다. 한번 보세요.

남 맞습니다. 신용 카드로 계산해도 될까요?

여 가능합니다. 만족스러우셨습니까?

남 굉장히 만족스러웠습니다. 방이 쾌적하고 서비스도 세심했습니다. 하나 물어보고 싶은 게 있는데요, 어디에 짐을 놓을 수 있나요? 저는 점심을 먹고 출발하려고요.

여 저희가 보관해 드리겠습니다. 떠나실 때 가지러 오세요.

남 고맙습니다.

❶ 남자는 어떻게 돈을 지불하려고 하나요?

❷ 남자는 언제 떠나나요?

---

mission 06 현지회화로 마무리하기

1 녹음 원문 및 정답

Track 100

马力 好久不见，你出去旅游了吧？

小米 哦，我刚旅游回来。跑了一个月，把我累坏了。

马力 一定去了不少地方吧？

마리 오랫동안 못 만났네. 너 여행 갔었지?

샤오미 응, 막 여행에서 돌아왔어. 한 달 동안 여행 했었는데, 힘들어서 혼났어.

마리 여러 곳을 갔다 왔겠네?

<table>
<tr><td>小 米</td><td>主要是南方，杭州、桂林、大理，这些地方都去了。</td><td>샤오미</td><td>주로 남방이었어. 항저우, 구이린, 다리, 이 지역들을 다 갔었어.</td></tr>
<tr><td>马 力</td><td>真不简单。连大理都去了。玩儿得很痛快吧。</td><td>마리</td><td>정말 대단하다. 다리도 갔었구나. 신나게 놀았겠네.</td></tr>
<tr><td>小 米</td><td>玩儿得很痛快。我简直不想回来了。</td><td>샤오미</td><td>신나게 놀았지. 난 정말이지 돌아오고 싶지 않았어.</td></tr>
<tr><td>马 力</td><td>桂林和大理是中国数得上的旅游景点。</td><td>마리</td><td>구이린과 다리는 중국에서 손꼽히는 관광 명소야.</td></tr>
<tr><td>小 米</td><td>比起桂林来，大理更值得去看看。</td><td>샤오미</td><td>구이린과 비교하면, 다리가 더 가볼 만했어.</td></tr>
<tr><td>马 力</td><td>你为什么觉得大理更好呢？</td><td>마리</td><td>너는 왜 다리가 더 좋았어?</td></tr>
<tr><td>小 米</td><td>大理的风景特别漂亮，而且还能体验白族的生活。</td><td>샤오미</td><td>다리는 경치가 무척이나 아름다울 뿐 아니라 바이족의 생활도 체험해 볼 수가 있었거든.</td></tr>
<tr><td>马 力</td><td>听你这么一说，我也想去看看。</td><td>마리</td><td>네 말을 들으니까, 나도 가보고 싶다.</td></tr>
</table>

3 ❶ 小米去了一个月。

❷ 杭州、桂林、大理，这些地方都去了。

❸ 大理的风景特别漂亮，而且还能看到白族的生活。

4 ❶ (X) 小米去旅游回来几个星期了，还是觉得很累。

❷ (O) 桂林和大理是中国数得上的旅游景点。

❸ (X) 小米认为比起大理来，桂林更值得去看看。

❹ (O) 马力还没去过大理，他很想去看看。

핵심 표현 이해하기

1 `해석하기` 일이 너무 많아서, 정말 저는 바빠서 어쩔 줄 모르겠어요.

`중작하기` 我看了一天的电脑，眼睛都累坏了。

2 `해석하기` 이것은 정말이지 소리 지르는 것이지, 어디가 노래를 부르는 것이냐고요?

`중작하기` 这次考试简直太难了，一定不会有得满分的人。

3 `해석하기` 중국의 춘절은 한국과 비교하자면 훨씬 요란합니다.

`중작하기` 比起别的季节来，我更喜欢春天。

1

男 你明天大概几点到？我去接你吧。	남 당신은 내일 대략 몇 시까지 도착할 수 있습니까? 제가 데리러 가겠습니다.
女 不用了。我晚上6点到，打车直接到酒店。	여 필요 없습니다. 저녁 6시에 도착하는데, 택시를 잡아 타고 직접 호텔로 가겠습니다.
问 女的打算怎么去酒店？	질문 여자는 어떻게 호텔에 가려고 하나요?
Ⓐ 坐飞机　　Ⓑ 骑车 Ⓒ 坐地铁　　Ⓓ 坐出租车	Ⓐ 비행기를 타고　　Ⓑ 자전거를 타고 Ⓒ 지하철을 타고　　Ⓓ 택시를 타고

공략 남자가 여자에게 마중 가겠다고 했더니, 여자는 그럴 필요가 없다고 대답하네요. 打车는 '차를 잡아 타다'라는 뜻으로, 택시를 타고 가는 것을 알 수 있습니다.

단어 直接 zhíjiē 🤎 직접

2

女 听说你出国旅游。	여 외국 여행을 갈 거라면서요?
男 是的，签证一个月前办好了。这个月底去。	남 네. 한 달 전에 비자도 받았고, 이번 달 말에 가요.
问 关于男的，下面哪个正确？	질문 남자에 관해 다음 중 옳은 것은 무엇인가요?
Ⓐ 想请假 Ⓑ 在办护照 Ⓒ 下周出差 Ⓓ 拿到签证了	Ⓐ 휴가를 내고 싶다 Ⓑ 여권을 만들고 있다 Ⓒ 다음 주에 출장을 간다 Ⓓ 비자를 받았다

공략 남자가 곧 여행을 떠난대요. 비자(签证)도 한 달 전에 다 받았고, 이번 달 말에 떠난다고 했어요. 남자에 대한 설명으로 맞는 것은 비자 발급이죠.

단어 签证 qiānzhèng 🤎 비자 | 月底 yuèdǐ 🤎 월말

3

男 给我开一间标准间。	남 표준실 하나 주세요.
女 对不起，现在是旺季，所有的房间都住满了。	여 죄송합니다. 지금은 성수기라, 모든 방이 꽉 찼습니다.
问 现在有没有空房间？	질문 지금 빈방이 있나요?
Ⓐ 现在是旺季，没有房间 Ⓑ 现在没有标准间，只有单人间	Ⓐ 지금은 성수기라 방이 없다 Ⓑ 지금은 표준실이 없고, 1인실만 있다

ⓒ 现在有很多房间
ⓓ 只有一间标准间

ⓒ 지금은 방이 많다
ⓓ 표준실이 하나밖에 없다

 지금이 성수기라 방이 다 찼다(住满)고 했으니, 빈방은 없겠죠?

 旺季 wàngjì 몡 성수기 ｜ 所有 suǒyǒu 혱 모든 ｜ 住满 zhùmǎn 객실이 꽉 차다

4

女 放假了，你打算到什么地方玩儿？
男 我想去一趟上海、杭州。
女 上海、杭州都是好地方，值得去玩儿。
男 我回来的时候，给你买些上海的特产，好不好？
女 那太谢谢你了。

问 根据对话，哪个正确？
Ⓐ 男的刚旅行回来
Ⓑ 男的要去上海、杭州
ⓒ 女的觉得男的要去的地方不太好
ⓓ 男的要买杭州的特产

여 방학인데, 어디로 놀러 갈 계획이에요?
남 저는 상하이, 항저우에 가고 싶어요.
여 상하이, 항저우 모두 좋은 곳이죠. 놀러 갈 만해요.
남 내가 돌아올 때, 상하이의 특산품을 사다 줄게요. 어때요?
여 그럼 아주 고맙죠.

질문 대화에 근거하여, 다음 중 옳은 것은 무엇인가요?
Ⓐ 남자는 막 여행에서 돌아왔다
Ⓑ 남자는 상하이와 항저우에 가려고 한다
ⓒ 여자는 남자가 가려는 곳이 별로 안 좋다고 생각한다
ⓓ 남자는 항저우의 특산품을 사려고 한다

상하이, 항저우로 여행 갈 계획이라고 남자가 말하면서 상하이의 특산품을 사다 주겠다고 하네요

特产 tèchǎn 몡 특산품

5

男 好久不见！你出去旅行了吧？
女 可不是。我刚旅行回来。
男 你去了哪些地方？
女 主要是南方，广州、桂林、昆明。这些地方都去了。我简直不想回来了。

问 女的去了几个地方？
Ⓐ 一个地方　　Ⓑ 两个地方
ⓒ 三个地方　　ⓓ 四个地方

남 오랜만이네요. 당신은 여행 갔었지요?
여 그렇고 말고요. 여행에서 막 돌아왔어요.
남 어디로 갔었어요?
여 주로 남방이요. 광저우, 구이린, 쿤밍이요. 이곳에 다 갔었어요. 저는 정말이지 돌아오고 싶지 않았어요.

질문 여자는 몇 곳을 갔었나요?
Ⓐ 한 곳　　Ⓑ 두 곳
ⓒ 세 곳　　ⓓ 네 곳

주로 갔었던 곳이 남방이라면서 장소 세 곳을 말하네요. 돌아오고 싶지 않을 만큼 재미있었다는 말도 덧붙이고 있습니다.

워밍업 단어

Track 106

❶ (面) 试 ▶ 면접 시험(을 보다)　　❷ (简) 历 ▶ 이력서
❸ (失) 业 ▶ 실직하다　　❹ (招) 聘 ▶ 모집하다, 채용하다

듣고 따라 읽는 핵심 문장

1　Ⓐ 5　　Ⓑ 3　　Ⓒ 4　　Ⓓ 2　　Ⓔ 1

2 녹음 원문 및 정답

Track 107

❶ 我以前在旅行社**工作过**一年。	❶ 저는 예전에 여행사에서 1년 동안 일한 적이 있습니다.
❷ 我们公司每个月25号**发工资**。	❷ 우리 회사는 매달 25일에 월급을 지급합니다.
❸ 我们公司一周工作五天。周末**不用**上班。	❸ 우리 회사는 일주일에 5일 근무합니다. 주말에는 근무할 필요가 없습니다.
❹ 我们部门要**经常**去出差。	❹ 우리 부서는 자주 출장을 가야 합니다.
❺ 我是来**参加**面试的。	❺ 저는 면접에 참가하러 왔습니다.

mission 01 직업 설명하기

1　Ⓐ 4　　Ⓑ 3　　Ⓒ 5　　Ⓓ 1　　Ⓔ 2

 Track 108

❶ 在学校工作，教学生。
❷ 经常带中国游客去很多旅游景点。
❸ 做菜的手艺不错。在饭馆或者在酒店工作。
❹ 他们是在舞台、电影、电视剧中表演的人。
❺ 人们出什么问题，就会打119找他们。

❶ 학교에서 일해요, 학생들을 가르치죠.
❷ 자주 중국 여행객들을 데리고 여러 관광 명소를 가요.
❸ 요리 솜씨가 좋아요. 식당이나 호텔에서 일해요.
❹ 그들은 무대, 영화, 드라마에서 연기하는 사람이에요.
❺ 사람들에게 무슨 문제가 생기면, 119에 전화해서 그들을 찾아요.

mission 02 면접관이 자주 하는 질문 

★ ❶ b ❷ b ❸ a

 Track 109

❶ 你为什么希望进入我们公司？
❷ 你对这方面有经验吗？
❸ 你的英文怎么样？

❶ 당신은 왜 우리 회사에 들어오길 바랍니까?
❷ 당신은 이 방면에 경험이 있습니까?
❸ 당신의 영어는 어떻습니까?

mission 03 채용에 대해 문의하기

★ ①

 Track 110

女 喂，您好！请问贵公司正在招聘，是吗？
男 是的，我们公司需要一名钟点工。你把简历发过来吧。
女 工作时间是从2点到6点，对吗？
男 对。如果需要面试，我们会跟你联系。

여 여보세요? 안녕하세요! 귀사는 직원 채용 중인가요?
남 네. 저희 회사는 시간제 직원을 필요로 합니다. 당신의 이력서를 보내 주세요.
여 일하는 시간은 2시부터 6시까지가 맞나요?
남 맞습니다. 만일 면접이 필요하면, 연락드리겠습니다.

mission 04 면접 보기

1

❶ 
发挥长处 / 发展

❷ 
工作稳定 / 公务员

❸ 
工资高 / 待遇 / 大公司

❹ 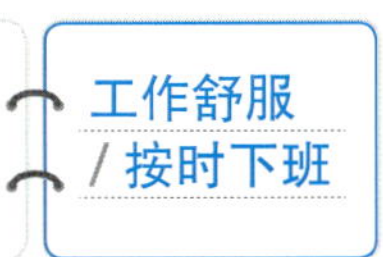
工作舒服 / 按时下班

❶ 路　路　我希望找到的工作能发挥我的长处，这样我在公司发展的机会会很多。

루루　저는 제 장점을 발휘할 수 있는 일을 찾고 싶습니다. 이러면 저는 회사에서 발전할 기회가 더 많을 것입니다.

❷ 马　力　我觉得稳定的工作就是好工作。所以我准备考公务员考试。没有一个工作像公务员这么稳定。

마리　저는 안정적인 일이 좋은 일이라고 생각합니다. 그래서 공무원 시험을 준비 중입니다. 공무원과 같이 이렇게 안정적인 일은 없습니다.

❸ 李　健　工资高就是好工作。工资高的公司一般待遇、环境都很好。所以我想进大公司。

이건　월급이 높아야 좋은 일입니다. 월급이 높은 회사는 보통 대우, 환경이 모두 좋습니다. 그래서 대기업에 들어가고 싶습니다.

❹ 小　米　公司能保证按时上下班，保证休假，工作得舒服就是好工作。钱多不多都没关系。

샤오미　회사는 시간에 맞춘 출퇴근 시간과 휴가를 보장할 수 있어야 하고, 일이 편하면 좋은 일입니다. 돈이 많고 적고는 상관없습니다.

mission 05 채용 합격 후 

1　❶ b　　❷ c

男　我刚收到公司的通知，我被聘用了。
女　太好了。恭喜你。是你一直想去的那家公司吧？
男　对，我的经验不多，以为面试通不过呢。真没想到。
女　你可能面试考得很好。告诉我你的面试技巧吧。
男　其实没什么技巧。
女　我们出去庆祝一下。
男　好，今天我请客。

❶ 男的刚收到什么？
❷ 女的让男的告诉她什么？

남　방금 회사로부터 통지를 받았어요. 채용됐대요.
여　잘 됐네요. 축하해요. 줄곧 가고 싶었던 바로 그 회사죠?
남　맞아요. 저는 경험이 많지 않아서, 면접에서 떨어질 줄 알았어요. 정말 생각도 못했어요.
여　당신은 면접 시험을 잘 봤을 거예요. 당신의 면접 기술을 알려주세요.
남　사실 별 기술이 없어요.
여　우리 나가서 축하 좀 해야죠.
남　좋아요. 오늘 내가 한턱낼게요.

❶ 남자는 방금 무엇을 받았나요?
❷ 여자는 남자에게 무엇을 알려 달라고 하나요?

mission 06 현지회화로 마무리하기 

1　녹음 원문 및 정답   Track 113

马　力　你眼看就要毕业了，找工作的事怎么样了？

마리　졸업이 눈앞으로 다가왔네. 직장 구하는 일은 어떻게 됐어?

路 路 唉，**别提了**。为了这事儿，我最近饭吃不香，觉睡不好。

马 力 我现在**后悔死了**。当初光顾玩儿了，英语学得不好，成绩也不怎么样。

路 路 小公司我不想去，大公司又不要我，苦恼死了。

马 力 如果找不到工作，我**试试考**公务员。

路 路 你算了吧。考公务员非常难。你**不爱学习**，能行吗？

马 力 那我没办法呀，也不能吃闲饭！那你呢？

路 路 我想考研究生，不过我父母肯定**不会同意的**。

马 力 你跟父母**商量一下**吧。

路 路 好了，我走了。

루루 아이고, 말도 마. 이 일 때문에, 나 요즘에 밥도 잘 못 먹고, 잠도 잘 못 자.

마리 나 요즘 후회돼 죽겠어. 당시에 놀기만 해서 영어를 못하지, 성적도 별로지.

루루 작은 회사는 가기 싫고, 큰 회사는 또 나를 원하지 않고. 괴로워 죽겠어.

마리 만일 직장을 구하기 어려우면, 나는 공무원 시험에 도전할 거야.

루루 그만둬. 공무원 시험은 굉장히 어려워. 너는 공부하는 거 좋아하지도 않으면서, 되겠어?

마리 그렇지만 방법이 없어. 굶을 수는 없잖아. 그럼 너는?

루루 나는 대학원 시험을 보려고. 그런데 부모님이 틀림없이 동의하지 않으실 거야.

마리 부모님과 한번 상의해 봐.

루루 그래. 나 갈게.

3 ❶ 她还没找到工作。她为了这事儿，她最近饭吃不香，觉睡不好。
  ❷ 当初光顾玩儿了，英语学得不好，成绩也不怎么样。
  ❸ 路路想考研究生，马力考公务员。

4 ❶（ X ）他们已经**毕业**了，可是两人都还**没找到**工作。
  ❷（ O ）马力很后悔没有**好好儿学习**，光顾玩儿。
  ❸（ X ）路路想**考公务员**，当公务员是她的梦想。
  ❹（ X ）因为马力**不爱学习**，所以不考公务员了。

핵심 표현 이해하기

1 [해석하기] 머지않아 곧 설입니다. 그녀는 집에 돌아가서 가족들과 함께 설을 보낼 작정입니다.
  [중작하기] 眼看就要开学了，可是作业还没做完。

2 [해석하기] 나는 운전하는 데 정신이 팔려서, 당신이 뭐라고 말하는지 못 들었습니다.
  [중작하기] 她光顾看电视，忘了给朋友打电话了。

3 [해석하기] 이번 축구 경기에서 한국 팀은 틀림없이 이길 거예요.
  [중작하기] 你现在才出发，肯定会迟到的。

1

男 我在网上投了很多简历，可是没有回音，真让人着急。	남 저는 인터넷으로 이력서를 많이 보냈는데, 답장이 없어요. 정말 초조해요.
女 别着急，你再试试小公司，肯定会有机会的。	여 초조해하지 마세요. 작은 회사에도 넣어 봐요. 분명히 기회가 있을 거예요.
问 男的最近干什么？	질문 남자는 요즘 무엇을 하고 있나요？
ⓐ 报名	ⓐ 신청을 하고 있다
ⓑ 准备考试	ⓑ 시험을 준비하고 있다
ⓒ 找工作	ⓒ 직장을 구하고 있다
ⓓ 找对象	ⓓ 결혼 상대자를 찾고 있다

> **공략** 남자가 이력서를 많이 보냈다고 했어요. 投는 '던지다'라는 동사인데, '이력서를 넣다'라고 할 때 씁니다. 그런데 연락(回音)이 없어서 상심했는데요. 여자가 작은 회사에 지원해 보라고 용기를 주네요. 남자는 구직 중이죠.

> **단어** 回音 huíyīn 몡 답장, 회신

2

女 你今天怎么没上班？请假了吗？	여 오늘 왜 출근하지 않았어요? 휴가 냈어요?
男 没有，我一直对我的工资不满意，所以这次辞职了。	남 아니요. 저는 계속 월급에 불만이 있었어요. 그래서 이번에 퇴직했어요.
问 男的为什么辞职了？	질문 남자는 왜 퇴직했나요？
ⓐ 环境不好 ⓑ 工资很低	ⓐ 환경이 안 좋아서 ⓑ 월급이 낮아서
ⓒ 公司很远 ⓓ 没意思	ⓒ 회사가 멀어서 ⓓ 재미없어서

> **공략** 남자는 줄곧 자신의 월급에 불만을 갖고 있었대요. 그래서 그만두었다고 말하고 있습니다.

> **단어** 辞职 cí zhí 동 사직하다, 직장을 그만두다

3

男 你这样做，肯定会被老板炒鱿鱼的。	남 이렇게 하다가는 분명히 사장한테 해고 당할 거예요.
女 无所谓，反正我也不想干了。	여 상관없어요. 어차피 저도 일하고 싶지 않아요.
问 根据对话，我们能知道什么？	질문 대화를 통해 우리가 알 수 있는 것은 무엇인가요？
ⓐ 女的辞职了	ⓐ 여자는 직장을 그만두었다
ⓑ 男的想辞职	ⓑ 남자는 직장을 그만두고 싶다

ⓒ 女的被炒鱿鱼了
ⓓ 女的不想工作了

ⓒ 여자는 해고 당했다
ⓓ 여자는 직장을 다니고 싶지 않다

공략
炒鱿鱼(오징어를 볶다)는 '해고 당하다'라는 뜻인데요. 여자는 无所谓(상관없다)라고 말하네요. 대화를 통해 우리가 알 수 있는 것은 여자는 회사를 다니고 싶지 않다는 것이죠.

단어
炒鱿鱼 chǎo yóuyú 해고하다(오징어를 볶다)

4

女 明天有面试，我紧张死了。
男 你一定没问题，进去之前，做一下深呼吸。放松一下。
女 晚上恐怕睡不着了。
男 那也得早点儿睡。别太紧张了。

问 女的明天干什么?

ⓐ 面试　　　ⓑ 考试
ⓒ 笔试　　　ⓓ 爬山

여 내일 면접이에요. 긴장되어 죽겠어요.
남 분명히 문제없을 거예요. 들어가기 전에, 깊게 심호흡을 해요. 긴장을 풀고요.
여 저녁에 아마 잠을 못 이룰 거예요.
남 그래도 일찍 자야 해요. 너무 긴장하지 마세요.

질문 여자는 내일 무엇을 하나요?

ⓐ 면접 시험　　　ⓑ 시험
ⓒ 필기 시험　　　ⓓ 등산

공략
여자가 면접이라 긴장된다고 하니까 남자는 면접에 들어가기 전에 심호흡을 하고 긴장을 풀라고 말하네요. 내일 여자는 면접을 봅니다.

단어
深呼吸 shēnhūxī 몡 심호흡 | 放松 fàngsōng 통 긴장을 풀다 | 恐怕 kǒngpà 뷔 아마도 | 睡不着 shuìbuzháo 잠을 이루지 못하다, 잠이 안 오다

5

男 我投了很多简历，终于被聘用了。
女 恭喜你，真是功夫不负有心人啊。
男 对，我为了进那家公司，确实付出了很多努力。
女 你今天请客吧，要请我吃好吃的。

问 女的是什么意思?

ⓐ 男的运气好
ⓑ 男的付出了很多努力
ⓒ 男的很累
ⓓ 女的要请客

남 많은 이력서를 냈었는데, 드디어 취직이 되었어요.
여 축하해요. 정말이지 노력을 들인 보람이 있네요.
남 맞아요. 저는 그 회사에 들어가기 위해서, 정말이지 많은 노력을 기울였어요.
여 오늘 한턱내요. 나한테 맛있는 거 사줘야 해요.

질문 여자는 무슨 의미인가요?

ⓐ 남자는 운이 좋다
ⓑ 남자는 많은 노력을 했다
ⓒ 남자는 피곤하다
ⓓ 여자는 한턱내려고 한다

공략
남자가 취업됐다고 하니까 '功夫不负有心人'이라고 말하는데요. 이 말은 '노력은 사람을 저버리지 않는다'는 말입니다. 그러니까 남자가 노력을 많이 했다는 뜻이죠.

단어
功夫不负有心人 gōngfu bú fù yǒuxīnrén 노력은 사람을 저버리지 않는다 | 确实 quèshí 뷔 확실히, 정말로

워밍업 단어

❶ (问) 好 ▶ 안부를 묻다
❸ 送 (行) ▶ 송별회를 하다

❷ (一路) 平安 ▶ 잘 다녀오세요
❹ 舍不 (得) ▶ 헤어지기 아쉽다

Track 119

🎧 듣고 따라 읽는 핵심 문장

1 Ⓐ 5　　　Ⓑ 4　　　Ⓒ 2　　　Ⓓ 1　　　Ⓔ 3

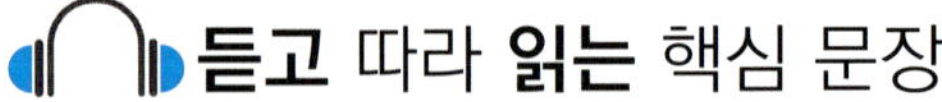

2 녹음 원문 및 정답

Track 120

❶ 对于你**热情**的帮助和款待，我再次**表示**感谢。
❷ 你回去以后，可**别忘了**给我发e-mail。
❸ 见到爸爸、妈妈，请**代**我**向**他们问好。
❹ 为朋友送行是**应该**的。
❺ 祝你**一路平安**，再见!

❶ 열정적인 도움과 환대에 다시 한번 감사드립니다.
❷ 돌아가신 후에 저에게 메일 쓰는 거 잊지 마세요.
❸ 아빠 엄마를 만나면 저를 대신해서 그들에게 안부를 전해 주세요.
❹ 친구를 배웅하는 것은 당연하죠.
❺ 조심해서 잘 다녀와요. 잘 가요.

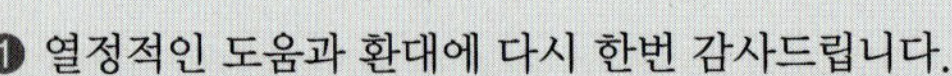

mission 01 마지막 인사 나누기 🎤

1 ❶ O　　　❷ O　　　❸ X　　　❹ O

  Track 121

男 <u>这次在上海真给你添了不少麻烦。</u>	남 이번에 상하이에서 정말 신세를 많이 졌습니다.
女 别这么说，有什么麻烦的？	여 그런 말씀 마세요. 신세라니요.
男 <u>非常感谢你的热情帮助和款待。</u>	남 친절하게 도와주시고 대접해 주셔서 정말 감사합니다.
女 不要这么客气。你这一走我还真有点儿舍不得呢。	여 그렇게 사양할 필요 없어요. 당신이 가신다니, 정말 좀 섭섭하네요.
男 我也是这样啊。	남 저도 그래요.
女 欢迎你有机会再来。	여 기회가 있을 때 또 오세요.

mission 02 헤어질 때

★ ❶ a   ❷ b   ❸ b

  Track 122

❶ 一路顺风！	❶ 잘 다녀와요.
❷ 这是我们为你准备的礼物。	❷ 이것은 우리가 당신을 위해 준비한 선물입니다.
❸ 我们常联系吧。	❸ 우리 자주 연락해요.

mission 03 유학 가는 친구 배웅하기

★ ④

  Track 123

男 几点的飞机？	남 몇 시 비행기예요?
女 一点半。	여 1시 반이요.
男 时间还早着呢，<u>还有两个半小时。</u>	남 시간이 아직 이른데, 두 시간 반이 남았어요.
女 一大早把我送到机场，把你累坏了，回家休息吧。	여 아침 일찍 나를 공항까지 데려다 주느라 피곤하죠. 돌아가서 쉬세요.
男 不用了，等你进去了，我再回家。	남 괜찮아요. 당신이 들어가면, 집에 갈게요.
女 我们找个地方喝杯咖啡吧。	여 우리 장소를 찾아서 커피 마셔요.
男 先托运行李，然后再喝。	남 우선 짐을 부치고, 그러고 나서 마시죠.

mission 04 환송회 계획하기 1

1

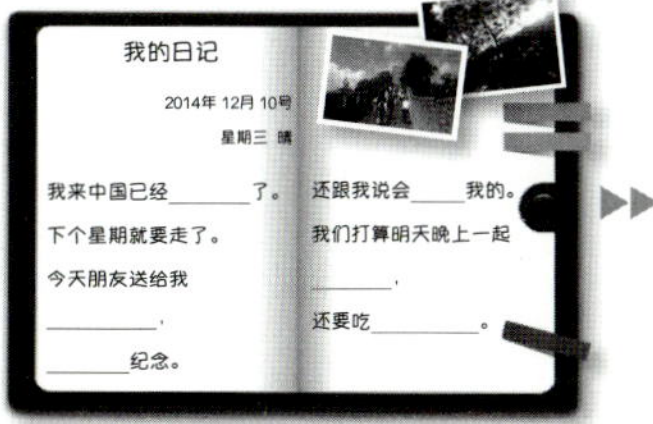

我的日记

2014年 12月 10号 星期三 晴

我来中国已经（一年）了。下个星期就要走了。
今天朋友送给我（一本书），（留作）纪念。还跟我说会（想）我的。
我们打算明天晚上一起（喝酒），还要吃（羊肉串）。

男 真没想到你这么快就要走了。
女 一年的时间一转眼就过去了。
男 这本书给你留作纪念吧。我会想你的。
女 我们常联系吧，有空打打电话。你要是想来韩国玩儿，别忘了告诉我。
男 当然。明天晚上我们喝点儿酒吧。
女 好啊，喝啤酒，吃羊肉串吧。

남 이렇게 빨리 당신이 가게 될 줄은 정말 생각도 못했어요.
여 1년이란 시간이 눈 깜짝할 사이에 지나갔네요.
남 이 책을 당신에게 기념으로 드릴게요. 보고 싶을 거예요.
여 우리 자주 연락해요. 시간 있으면 전화할게요. 만일 한국에 놀러 올 일이 있으면, 나한테 알리는 거 잊지 마요.
남 당연하죠. 내일 저녁에 술 마셔요.
여 좋아요. 맥주 마셔요. 양꼬치도 먹고요.

mission 05 환송회 계획하기 2 

1 ❶ a ❷ c

男 三十号我要回国。
女 怎么不早告诉我呢？
男 不好意思，这是临时决定的。
女 时间过得真快啊。
男 真舍不得离开你们这些朋友。
女 临走前，我们得为你送行。
男 感谢你们给了我这么多帮助。送行就省了吧。
女 不行，咱们一定得聚一聚。

❶ 男的什么时候要回国？
❷ 男的走之前，女的要为男的做什么？

남 30일에 저는 귀국해요.
여 어떻게 미리 나한테 알리지도 않았어요?
남 미안해요. 갑작스레 결정한 거라서요.
여 시간이 정말 빠르네요.
남 정말 친구들을 떠나기 섭섭하네요.
여 떠나기 전에 당신을 위해서 송별회를 할게요.
남 많은 도움을 주셔서 고마워요. 송별회는 생략해요.
여 안 돼요. 우리 꼭 모여요.

❶ 남자는 언제 귀국하나요?
❷ 남자가 떠나기 전에, 여자는 남자를 위해 무엇을 하려고 하나요?

mission 06 현지회화로 마무리하기

1 녹음 원문 및 정답

马 力 你什么时候回韩国？
小 米 快了。下星期就要回国了。
马 力 你是星期六走还是星期天走？
小 米 我打算星期天走。星期六朋友们要给我送行。我要和朋友们好好儿吃一顿饭。

마리 너 언제 한국으로 귀국해?
샤오미 곧이야. 다음 주면 곧 귀국해.
마리 너는 토요일에 떠나 아니면 일요일에 떠나?
샤오미 나는 일요일에 갈 작정이야. 토요일에 친구들이 송별회를 해준다고 했거든. 친구들하고 밥 한 끼 잘 먹어야지.

马 力	和刚来到中国的时候比起来，你的汉语进步特别大，你现在汉语说得非常流利。	마리	막 중국에 왔을 때와 비교하면, 너의 중국어는 굉장히 많이 늘었어. 너는 지금 중국어를 말하는 게 매우 유창해.

马 力　和刚来到中国的时候比起来，你的汉语进步特别大，你现在汉语说得非常流利。

小 米　谈不上很流利，不过确实有进步。我刚到中国的时候，中国人说的话差不多都听不懂。

马 力　你到了韩国，就跟我联系吧。有时间刷微博，我上去看看你的照片。

小 米　好的。在韩国用wifi很方便，联系一定会没问题。

马 力　问你爸爸妈妈好。祝你好运。

小 米　保重身体!

마리　막 중국에 왔을 때와 비교하면, 너의 중국어는 굉장히 많이 늘었어. 너는 지금 중국어를 말하는 게 매우 유창해.

샤오미　유창하다고 할 정도는 아니고 확실히 늘기는 했지. 막 중국에 왔을 때는 중국 사람들이 하는 말을 거의 못 알아들었어.

마리　한국에 도착하면 나한테 연락해. 시간이 있으면 웨이보에 들어와. 내가 들어가서 네 사진을 좀 보게.

샤오미　알았어. 한국에서는 와이파이를 쓰는 게 편리하니까, 연락하는 건 분명히 문제가 안 될 거야.

마리　부모님께 안부 전해 드려. 행운을 빌게.

샤오미　몸 건강해.

3 ❶ 下星期天回韩国。
　❷ 星期六小米的朋友们要给小米送行，一起吃饭。
　❸ 和刚到中国的时候比起来，小米的汉语进步特别大，现在说得非常流利。

4 ❶（X）马力打算星期天给小米送行。
　❷（O）小米的汉语和刚到中国的时候比起来，进步很大。
　❸（X）小米现在也有时听不懂中国人说的话。
　❹（X）马力想，小米回国以后，联系起来就不方便了。

핵심 표현 이해하기

1 해석하기 당신은 단것을 좋아하세요? 아니면 안 단것을 좋아하세요?
　중작하기 你要出去吃还是在家里做着吃?

2 해석하기 그녀는 예쁘다고 할 정도는 아닙니다. 단지 귀엽습니다.
　중작하기 今年夏天谈不上热。

3 해석하기 결혼을 축하합니다.
　중작하기 祝你春节快乐。

1

男 你明天就要回国了，我真舍不得你。 女 我也很舍不得你，后会有期。 问 女的明天要干什么? 　Ⓐ 旅行　　　Ⓑ 写信 　Ⓒ 回国　　　Ⓓ 打电话	남 당신은 내일이면 귀국하네요. 정말 섭섭해요. 여 저도 섭섭해요. 나중에 기회가 되면 만나요. 질문 여자는 내일 무엇을 할 건가요? 　Ⓐ 여행하다　　Ⓑ 편지를 쓰다 　Ⓒ 귀국하다　　Ⓓ 전화하다

 공략　내일 여자가 귀국을 한다고 하니 남자는 섭섭하다고 하네요. 여자는 다음에 만날 것을 기약하자고(后会有期) 답했습니다.

단어　后会有期 hòu huì yǒu qī 나중에 기회가 되면 또 만납시다

2

女 大家的济州之行就要结束了。我在这里感谢大家一路对我工作的支持和理解。 男 多亏你当导游，这次玩儿得很开心。 问 女的可能做什么工作? 　Ⓐ 司机　　　Ⓑ 医生 　Ⓒ 老师　　　Ⓓ 导游	여 여러분의 제주도 여행이 곧 끝이 납니다. 저는 여러분이 여행 내내 저의 업무에 보내 주신 성원과 이해에 매우 감사 드립니다. 남 당신이 가이드를 해준 덕분에, 이번에 즐겁게 놀았습니다. 질문 여자는 어떤 일을 하는 사람인가요? 　Ⓐ 기사　　　Ⓑ 의사 　Ⓒ 선생님　　Ⓓ 관광 가이드

 공략　남자의 말에서 보기에 제시된 단어 导游가 동일하게 나오네요. 여자의 직업은 관광 가이드죠.

단어　济州之行 Jìzhōu zhī xíng 제주도 여행 | 支持 zhīchí 몡 응원, 지지 | 理解 lǐjiě 몡 이해 | 多亏 duōkuī 뿐 덕분에 | 导游 dǎoyóu 몡 관광 가이드

3

男 时间不早了，我该走了。你不用送我了。 女 我送你去车站吧。 问 男的可能要去哪儿? 　Ⓐ 机场　　　Ⓑ 公司 　Ⓒ 家　　　　Ⓓ 学校	남 시간이 늦었네요. 가야겠어요. 저를 배웅하실 필요 없어요. 여 제가 정거장까지 데려다 줄게요. 질문 남자는 아마도 어디를 가려고 하나요? 　Ⓐ 공항　　　Ⓑ 회사 　Ⓒ 집　　　　Ⓓ 학교

남자가 시간이 늦었다면서 가야겠다는 말을 하고 있습니다. 이런 표현은 장소를 떠나기 전에 할 수 있는 말로 이 자리를 떠나 집으로 가겠다는 말이겠죠.

4

女 我看你心情不好，有什么事吗？
男 我的好朋友下个星期要去美国留学了，所以我有点儿难过。
女 你的朋友在美国要呆多久？
男 这次去，可能五年回不来了。

问 男的现在心情怎么样？

Ⓐ 难过　　　　Ⓑ 开心
Ⓒ 愉快　　　　Ⓓ 无聊

여 기분이 안 좋아 보이세요. 무슨 일이 있어요?
남 제 친한 친구가 다음 주에 미국으로 유학을 가요. 그래서 좀 괴로워요.
여 친구가 미국에 얼마나 있을 건데요?
남 이번에 가면, 아마 5년 동안 돌아오지 못할 거예요.

질문 남자의 지금 기분은 어떤가요?

Ⓐ 괴롭다　　　　Ⓑ 기쁘다
Ⓒ 유쾌하다　　　　Ⓓ 따분하다

친한 친구가 유학을 간다고 하죠. 이럴 때 대부분은 섭섭하거나 속상할 거예요. 중국어로 속상하거나 괴로운 것을 难过라고 합니다. 5년 동안 돌아올 수 없다니 많이 속상하겠죠.

难过 nánguò 〔형〕 괴롭다, 슬프다

5

男 小王怎么没通知我昨天开会？
女 你没接到通知？所以你昨天没来啊。
男 是不是故意的？这个人怎么这样？
女 他不是那种人，可能工作一忙就忘了吧。你消消气。

问 男的现在心情怎么样？

Ⓐ 伤心　　　　Ⓑ 生气
Ⓒ 郁闷　　　　Ⓓ 高兴

남 샤오왕은 어떻게 어제 회의가 있다는 것을 나한테 통지하지 않았죠?
여 통지를 못 받았어요? 그래서 어제 안 왔었군요.
남 일부러 그런 거 아닐까요? 사람이 어떻게 이럴 수가 있어요?
여 그는 그런 사람이 아니에요. 아마 일이 바빠서 잊어버렸나 봐요. 화 풀어요.

질문 남자의 지금 기분은 어떤가요?

Ⓐ 상심하다　　　　Ⓑ 화가 나다
Ⓒ 우울하다　　　　Ⓓ 즐겁다

남자가 '是不是故意的？这个人怎么这样？' 이런 말을 한 것으로 보아 화가 났음을 알 수 있죠? 회의가 있음을 통지 받지 못해서인데요, 여자가 消气라고 말을 하네요. '화를 풀다'는 말입니다. 이 말이 결정적인 단서가 되겠네요.

接到 jiēdào 〔동〕 받다 | 故意 gùyì 〔부〕 일부러, 고의로 | 消气 xiāo qì 〔동〕 화를 풀다

MEMO